KB213893

커쇼의 어라이즈

W미디어

철이 철을 날카롭게 하는 것 같이
사람이 그의 친구의 얼굴을 빛나게 하느니라
(잠언 27:17)

클레이튼 커쇼가 선발로 출전한 바로 다음 날. 경기장 문이 열리고 관중들이 입장하기 훨씬 전부터 클레이튼은 벌써 경기장에 나와서 다음 선발 경기를 준비하고 있다. 사실 경기장에 나와서 몸을 풀고 훈련하는 클레이튼의 모습이 그리 특별한 일은 아니다 — 대부분의 선발 투수들은 다음 등판 전에 훈련을 소화한다. 선발 투수가 웨이트 트레이닝을 하고, 컨디션을 조절하고, 투구 연습을 하는 일은 늘 있는 일이다. 사실 거의 대부분의 선발 투수들이 이런 스케줄을 철저히 지키기 때문에 그들은 보통 스스로에 대해 고집이 세고, 꼼꼼하다는 평가를 듣는다. 심지어는 너무 맹목적으로 훈련에 매달리는 게 아닌가 하는 오해를 사기도 한다. 그렇게 지나칠 정도로 철두철미하게 준비하는 선수들을 보고 보통 사람들은 미쳤다고들 한다. 그런 면에서 클레이튼은 완전히 미쳤다고 부를 수 있을 만큼 준비가 철저하다.

　나는 누구보다 클레이튼의 이런 철저함을 잘 알고 있다. 클레이튼이 선발 경기를 뛴 다음날, 나는 늘 클레이튼과 같이 연습을 하기 때문이다. 우리는 양쪽 파울 기둥 사이를 거리와 속도, 간격을 각각 달리해 가며 같이 달린다. 우리는 서로를 채찍질해 가며 연습하고 있지만, 솔직히 나는 그저 클레이튼에게 뒤처지지 않으려고 노력할 뿐이다. 왜냐하면 경기장 안과 밖에서 너무도 철두철미한 클레이튼의 성격 탓에 자기 자신에게 요구하는 수준이 엄청나게 높기 때문이다. 그래서 클레이튼에게 보조만 잘 맞춰준다 해도 나는 대성공이다. 만약 내가 클레이튼에게 뒤처지지 않으려고 노력하다면, 분명히 나는 비단 야구 선수로서 뿐만 아니라 다른 면에서도 크게 성장할 거라고 믿는다.

　나는 클레이튼과 이렇게 경기장 안에서 달리기 연습을 하는 시간이 즐겁다. 서로 조용한 시간을 즐길 수 있기 때문이다. 사실 우리 같은 야구 선수들은 클럽하우스에서 늘 어수선하고 소란한 분위기 속에 익숙해져 있기 때문에 조용히 서로 이야기할 시간이 거의 없다. 클레이튼과 나는 어제 있었던 경기에 대해서 이것저것 서로 이야기를 나눈다. 클레이튼은 어제 경기에서 기분은 어땠는지, 어떤 구질이 통했는지, 그리고 어떻게 특정 타자들을 공략했는지를 나에게 들려준다. 우리는 또한 우리 팀과 경기 내용, 현재의 성적, 경기에서 이기기 위한 전략 등에 대해서도 대화를 나눈다. 하지만 우리끼리 하는 이야기 중에서 가장 중요한 부분은 아무래도 살아가는 이야기다. 클레이튼과 나는 성경에 대해서나 우리 팀의 목회 담당 브랜던 캐시가 주재하는 주말 성경 스터디에 대해서 이야기한다.

프로 무대에는 기독교를 믿는 프로 선수들만이 겪는 특별한 시련과 유혹이 존재한다. 커쉬Kersh(커쇼의 애칭)와 함께 있을 때 나는 내가 겪고 있는 두려움이나 의심, 그리고 힘든 점을 허심탄회하게 털어놓는다. 커쇼 또한 마찬가지로 자신의 어려움을 나에게 털어놓는다. 우리는 야구 때문에 겪는 가족의 부담감과 경기를 따라다니는 아내들이 얼마나 희생하고 있는지에 대해서도 대화를 나눈다. 나는 그에게 야구 선수 아빠로 사는 일의 어려움을 털어놓고, 클레이튼은 고향 텍사스에서 홀어머니 밑에서 힘들게 자란 어린 시절 이야기를 털어놓는다. 이렇게 우리는 서로 조언을 주고받으며 의지하는 사이다. 달리기 연습이 끝나면 우리는 그 날 저녁 경기를 준비한다.

달리기 연습이 끝나도 클레이튼은 절대 가만히 쉴 줄을 모른다. 클레이튼은 단순히 훌륭한 투수가 되려고만 노력하는 게 아니라, 훌륭한 팀 동료가 되기 위해서도 수고를 아끼지 않는다. 클레이튼은 자기가 등판하지 않을 때에도 늘 선수 대기석의 가장 높은 자리에서 경기가 끝날 때까지 우리 선수들을 격려하고, 파이팅을 외친다. 많은 선수들, 특히 선발 투수들은 클럽하우스나 '선수 휴게실'로 숨어 버리는 경향이 있는데, 클레이튼은 끝까지 자리를 지킨다.

클레이튼은 팀 동료들을 진심으로 응원하고, 팀 승리를 기원한다. 등판하는 날은 그의 이런 자세가 더욱 돋보인다. 등판일 전까지 많은 연습량을 소화한 클레이튼은 등판일에 클럽하우스로 걸어 들어오면서 특유의 '등판일 표정'을 짓는다. 어떤 투수들은 그저 팀 동료들에게 자기가 경기를 중요하게 생각한다는 점을 일부러 보여주려고 이런 표정을 짓지만, 클레이튼은 다르다. 우리 팀의 모든 선수들은 클레이튼이 얼마나 이 경기에 열정이 있는지, 또 이 경기를 얼마나 중요하게 생각하는지 그의 진심을 느낄 수 있다. 클레이튼의 강한 동기와 열정을 보고 있으면 우리도 클레이튼을 위해 승리해야겠다는 열의가 생긴다. 클레이튼은 골로새서 3장 23절의 "무슨 일을 하든지 마음을 다하여 주께 하듯 하고 사람에게 하듯 하지 말라"는 말씀을 그대로 실천하고 있다.

클레이튼의 야구에 대한 이런 열정을 잘 알고 있는 나는 지난 해 (2011년) 초에 클레이튼과 엘런이 아프리카로 2주 동안 선교여행을 떠난다는 말을 듣고 정말 많이 놀랐다. 나는 예전부터 엘런이 선교활동에 열정이 있다는 사실을 잘 알고 있었다. 선교활동이 엘런의 영적인 성장에 어마어마한 영향을 미쳤다는 사실도 잘 알았다. 그런데 갑자기 커쇼도 선교여행을 떠난다니 믿기가 힘들었다. 나는 그 말을 듣고 '에이, 말도 안 돼! 커쉬가 선교여행을 간다고?'라고 생각할 수밖에 없었다. 왜냐하면 오프 시즌은 프로 선수들에게 가장 중요한 훈련 기간이기 때문이다. 게다가 아프리카 한가운데서 어떻게 몸을 만들고 공 던지는 연습을 할 수 있단 말인가! 하지만 클레이튼이 예전에 내게 해준 말을 떠올려보니 그럴 수도 있겠다는 생각이 충분히 들었다. "기독교인으로서 우리는 우연히 야구 선수가 되었을 뿐이에요. 기독교인이 먼저이지 야구가 먼저가 되어서는 안 됩니다." 이렇게 클레이튼은 단순히 열정적인 사람이 아니라 옳은 가치를 위해 열정적인 사람이다.

　나는 여러분도 클레이튼처럼 열정적으로 옳은 가치를 위해 도전해 보라고 권하고 싶다. 삶의 모든 면들을 하나님께 영광을 돌리기 위해 노력하는 그런 도전 말이다. 편안한 삶에서 빠져나와 해외의 가난한 사람들을 도울 수 있는 방법을 찾아보는 건 어떨까? 그게 아니더라도 자기가 사는 동네에서 그런 기회를 찾아봐도 좋다. 기독교인이라면 누구나 이런 일에 가장 먼저 동참하고, 앞장 설 수 있다. 커쇼 부부는 하나님 나라인 아프리카에서 수년째 봉사활동을 벌이고 있다. 나이에 비해 너무나 현명한 커쇼 부부의 지혜 가득한 이야기에 다 함께 귀를 기울여 보자. 간단히 말해서, 나는 커쇼와 함께 있을 때의 내 마음 가짐을 여러분들과 나누고 싶다. 커쇼와 달리기 연습을 할 때나 커쇼의 모든 면들을 생각할 때 나는 늘 다음과 같은 자세로 임한다 ― 그래, 한 번 따라잡아 보자! 이 책을 읽고 여러분도 나와 같은 마음이 들기를 기원한다.

A. J. 엘리스(LA 다저스 주전 포수)

헌사

가족과 친구들에게 먼저 감사한 마음을 전합니다.
우리 이야기는 가족과 친구들의 이야기이기도 합니다.
그들이 없었다면 결코 해내지 못했을 겁니다.
사랑합니다.

호프, 그리고 그와 비슷한 사연을 가진
모든 아프리카 아이들에게 이 책을 바칩니다.
우리는 호프와 아이들에게 무한한 영감을 얻었습니다.

마지막으로, 가치 있는 큰 꿈을 좇고 있는
젊은 독자들에게 이 책을 바칩니다.
우리도 당신의 꿈과 함께 하고 싶습니다.

CONTENTS

| 머리말 |

과연 나이 스물세 살에 어떤 성취를 이루어내는 게 가능할까? 세상 사람들에게 이런 질문을 한다면 아마도 "뭐, 특별한 건 없겠지!"라고 대답할 것이다. 아무도 젊은 사람이 큰일을 해낼 거라고 기대하지 않는다. 뭔가 좀 특별한 일을 하려고 하면, 어른들은 그건 너무 순진한 생각이라고 기를 죽인다. 또 큰 포부라도 밝히면, 젊은 사람은 아직 세상을 잘 모른다고들 말한다. 그래서 젊은 사람은 꿈을 꾸지도, 특별한 일에 뛰어들지도 못한다. 세상이 돌아가는 원리는 간단하다. 인기와 돈, 그리고 직업에서의 성공. 이런 것들만 좇으면 그만이다. 세상이 이렇기 때문에 젊은 사람은 다른 중요한 가치가 있다고 믿기가 정말 힘들다.

　우리 부부도 예전에 세상 사람들의 이런 말들을 자주 들었다. 하지만 우리는 여러분에게 상식과 조금 다르게 생각해보라고 말해주고 싶다.

14

젊다는 것은 강한 자신감이 있다는 뜻이다. 젊은 사람은 강한 자신감으로 무슨 일이든 할 수 있다는 용기를 낼 수 있다. 젊음이 아름다운 이유가 바로 거기에 있다고 생각한다. 젊은 사람들 중에는 남들과 다른 뭔가 특별한 일을 하려는 사람들이 많고, 실제로 그들은 큰 성취를 이루어낼 수 있는 능력이 있다. 아직 젊은 우리 부부도 남들과는 다른 삶을 살고 싶은 마음이 간절하다.

젊은 친구들이 이 말의 뜻을 잘 이해할 수 있을지 모르겠지만, 남들보다 앞서 성공하는 것이 인생의 전부는 아니다. 언제였는지 정확히 기억은 안 나지만, 우리 두 사람은 수년 전부터 세상의 상식에 도전하기 시작했다. 우리는 인생에 중요한 질문을 던져보고 나서 인생을 충만하고 재미있게 살 수 있다는 해답을 얻었다. 물론 여러분은 세상의 상식을 따라야 한다는 압박감을 받고 있을 것이다. 우리도 예전에 그런 압박감을 받았고, 지금도 계속 받고 있다. 하지만 우리는 특별한 꿈과 열정을 잃지 않으려고 계속 노력하고 있다. 우리는 여러분도 우리가 예전에 그랬듯이 "내 인생이 남들과 달라 보여도 괜찮을까?"라고 스스로에게 반문해보기 바란다.

인생을 다르게 보려면 반드시 새로운 시각을 가져야 한다. 우리 두 사람은 기독교인이기 때문에 기독교인의 방식으로 세상을 이해한다. 예수님에 대한 믿음으로 세상을 바라보면 세상이 완전히 달라 보인다. 그러면 인생에서 돈과 지위가 전부가 아님을 깨닫게 된다. 우리는 인간관계는 물론이고, 하나님과의 관계 속에 있을 때 가장 큰 기쁨을 느끼고, 인생의 깊은 의미를 발견한다.

우리 부부는 정말 말도 안 될 것 같은 인연으로 만났다. 우리는 겨우 열네 살 때 처음으로 데이트를 했다. 철모르는 사춘기를 보내던 고등학교 1학년 때였다. 그리고 정확히 8년 후에 우리는 정식으로 결혼했다. 우리는 어린 시절부터 고등학교 때까지 우리가 함께 성장한 이야기를 주로 들려주고자 한다. 우리는 이제 하나님께 영광을 돌리기 위해서 사는 일이 우리 삶의 목적이라고 믿으며 인생을 항해하고 있다.

이 책을 통해서 우리 두 사람이 살아온 이야기를 여러분에게 전하고자 한다. 야구와 인간관계, 아프리카 선교여행에 얽힌 다양한 이야기를 읽고 우리 두 사람의 삶을 조금이나마 엿볼 수 있기를 바란다. 하지만 무엇보다도 인생에서 뭔가 가치 있는 일을 하고 싶었던 우리 두 사람의 열망과 고민을 함께 나누고 싶다. 예수님을 믿는 사람이라면 우리는 여러분이 지금 있는 곳에서 믿음대로 살아가길 바란다. 반면 아직도 예수님을 잘 모르겠다는 사람이 있다면 우리 역시 노력 중이라는 사실을 기억해주길 바란다. 이 책에 나오는 우리가 하나님께 배운 교훈들이 그런 사람들에게는 도움이 될지도 모르겠다. 물론 야구를 사랑하기 때문에 이 책을 고른 사람도 있을 것이다. 우리도 야구를 너무나 사랑한다. 우리의 야구 사랑 이야기도 이 책의 중요한 부분이다. 메이저리그를 향한 우리의 재미있고 영감을 주는 에피소드들도 즐겁게 읽어주면 좋겠다. 혹시 아프리카에서 무슨 일이 벌어지고 있는지 관심이 많은 독자들이 있다면 우리의 경험을 설레는 마음으로 같이 공유하고 싶다.

16

어떤 이유로 이 책을 선택했든 우리는 여러분이 즐거운 마음으로 우리와 함께 하길 바란다. 마운드 위에서 벌어지는 다양한 이야기에서부터 잠비아 흙길 위에서 일어난 감동적인 이야기까지 모두 즐길 수 있기를 소망한다. 사람마다 살아가는 이야기는 다 다르지만, 그 이야기들은 모두 들을 만한 가치가 있다. 누구나 각자의 사연과 이루고 싶은 목표가 있다. 우리는 젊은이들이 자기 인생의 목표를 이룰 수 있다는 믿음과 희망으로 힘차게 일어설 수 있다고 확신한다. 그런 믿음이 있다면 누구나 가치 있는 소명을 발견할 수 있다. 우리는 여러분이 받기보다는 나눔으로써 얻는 기쁨을 누릴 수 있기를 소망한다.

"여호와께서 우리를 위하여 큰 일을 행하셨으니 우리는 기쁘도다"(시편 126:3). 하나님은 지금까지 우리 인생에서 많은 것을 베푸셨다. 그래서 우리는 하나님을 위한 삶을 살면서 그에 보답하고자 한다. 하나님께 우리가 그토록 많이 받은 만큼 하나님께 영광을 돌리고 싶다. 우리는 하나님을 향한 길을 걸어오면서 크나큰 기쁨을 얻고 있다. 바로 지금 여러분이 서 있는 그 자리에 하나님이 주신 삶의 목적이 있다. 우리가 지나온 삶의 여정을 읽고 여러분이 기쁨과 용기를 얻었으면 좋겠다. 우리와 함께 웃고, 우리와 함께 야구를 즐기고, 우리와 함께 아프리카를 알아가길 기대한다. 하나님이 여러분을 위해 어떤 계획을 세워두셨는지 한 번 곰곰이 생각해보자. 힘차게 일어나서 하나님의 계획을 보고, 우리와 함께 가치 있는 삶을 향한 여정에 오르자.

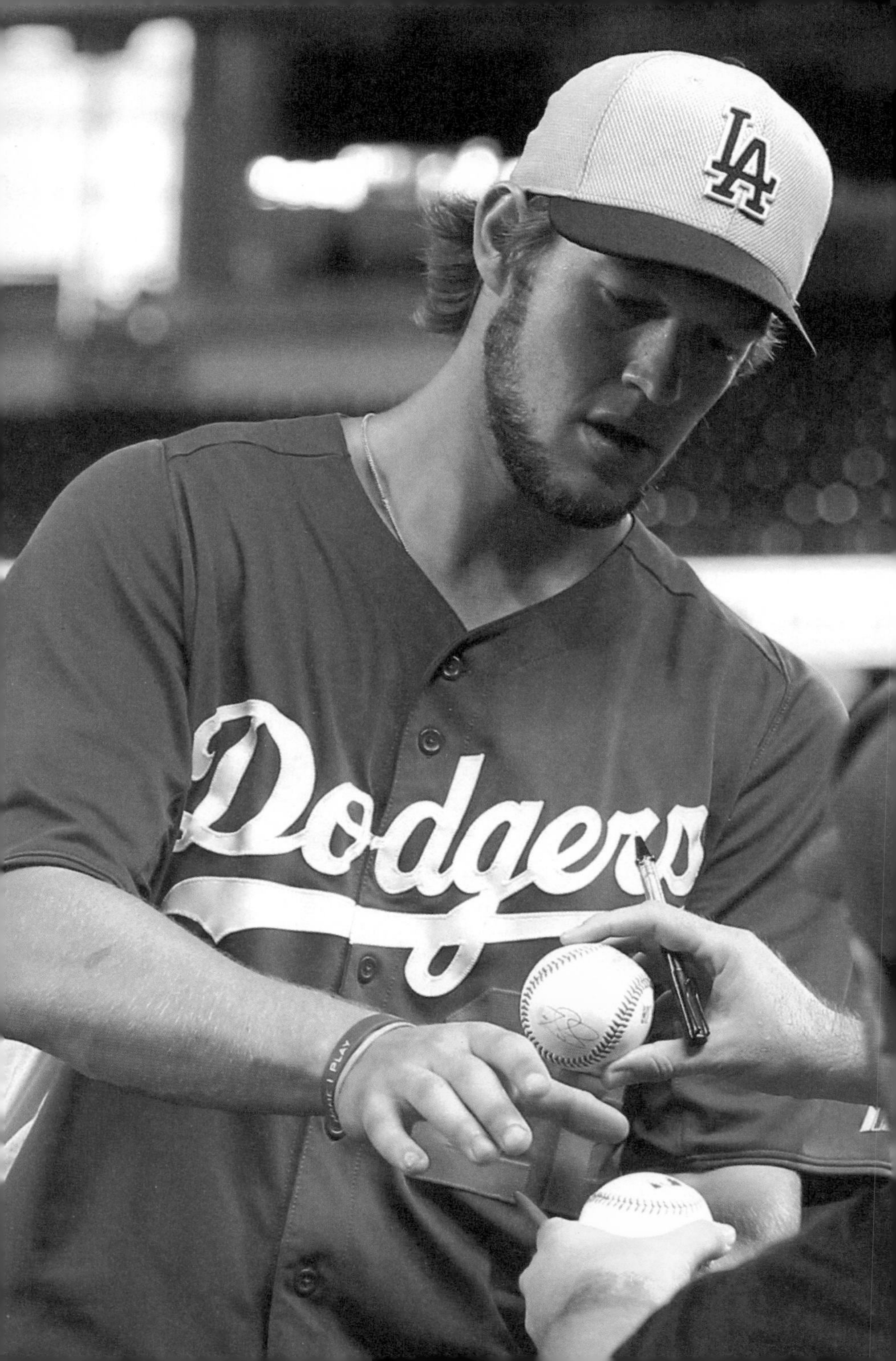
LA
Dodgers

누구든지 네 연소함을 업신여기지 못하게 하고

오직 말과 행실과 사랑과 믿음과 정절에 있어서 믿는 자에게 본이 되어

(디모데전서 4:12)

1
백만 명 중의 한 명

클레이튼 커쇼

인생에서 우리는 예상치 못한 순간에 맞닥뜨리는 경우가 많다. 그런 순간이 다가오는 것을 직감할 때도 있다. 하지만 뜻밖의 순간은 대개 우리 몰래 살금살금 다가온다. 때로는 작고 대수롭지 않게 보이는 순간들이 한데 모여 인생 전체를 바꿔놓기도 한다. 황혼이 되어야만 인생에서 특별한 순간의 무게감을 느낄 수 있는 것은 아니다. 바로 눈앞에 특별한 순간이 다가올 수도 있다. 나는 이제 겨우 스물세 살이다. 하지만 나는 내 인생의 특별한 순간이 언제인지 지금도 분명히 말할 수 있다. 바로 내게 용기와 심적 고통, 그리고 겸손함을 가져다 준 순간들이었다. 그런 순간들 덕분에 나는 내게 근거 없는 자신감과 고집스러운 면이 있다는 걸 깨달았다. 나는 이제야 하나님이 나의 청소년기에 얼마나 많은 은혜를 베푸셨는지 조금 더 분명히 알게 되었다. 하나님 덕분에 나는

20

그 시기에 많은 것을 배우고, 또 불리함을 극복하는 투지를 얻었다. 내가 잊지 못하는 특별한 순간이 하나 있다.

나는 그때 멀쑥한 키에 약간 통통한 열네 살 고등학교 신입생이었다. 중학교 3학년 때 제법 덩치가 있는 '남자들'로 통하던 나와 친구들은 그 시간을 마음껏 즐기면서 보냈다. 하지만 불과 1년 사이에 우리는 덩치가 제일 작은 학생들이 되어 버렸다. 마치 제일 키 작은 토템 상像이 된 것 같은 기분이 들었다. 다른 학생들은 고등학교 생활의 리듬에 잘 맞춰가고 있는 듯 했다. 미식축구팀, 야구팀, 농구팀 선수들은 자신감이 넘치고 머리도 똑똑했다. 모두 상급생들이었다. 고등학교라는 새로운 환경에서 낯선 얼굴들을 만난 우리들은 주눅이 들었다. 무엇보다도 수많은 학생들 사이에서 인정받아야 한다는 압박감 때문에 더욱 기를 펴지 못했다. 물론 수업시간에 우리가 인정받을 수도 있었다. 하지만 우리는 공부보다는 운동 쪽에 훨씬 더 관심이 많았다.

텍사스 주에서 미식축구는 그 어떤 스포츠보다 영향력이 크다. 심지어 야구보다 더 인기가 많을 정도다. 덩치가 큰 편이었던 나는 처음에는 미식축구가 내게 딱 맞는 운동이라고 생각했다. 무슨 운동을 하든 친구들 사이에서 어서 빨리 두각을 나타내고 싶었다. 내가 다니던 하이랜드 파크Highland Park 고등학교에서 미식축구팀은 유명했다. 우승 경험이 많았고, 훈련도 체계적이었다. 따라서 학생들이 앞 다투어 미식축구팀에 들어가고 싶어 했다. 나와 친구들은 다른 학생들에게 빨리 우리 이름을 알리고 싶었다. 또한 우리가 뭔가 대단한 사람들이란 걸 증명해 보이고 싶었다. 그런 면에서 미식축구는 고등학교 생활을 시작하는 아주 멋진 방법이었다. 팀 내에서 경쟁하고, 동료들과 연습하고, 학교를 대표해서 출전하다 보면 강한 동료애와 자부심이 생겼다. 하지만 야구만큼 내 마음을 사로잡는 스포츠는 없었다.

나는 중학교 친구들 대부분과 함께 고등학교에 입학했다. 개학 첫날에는 낯선 얼굴도 몇몇 있었지만, 중학교 3학년 때 친구들이 거의 그대로 고등학교 친구가 되었다. 내게는 초등학교 3학년 때부터 뭉쳐 지낸 절친한 친구들이 여러 명 있었다. 우리는 늘 같이 운동하고, 같은 차를 타고 학교에 가고, 요상한 춤도 같이 췄다. 고등학교에 입학하기 전까지 우리는 여학생에게 그렇게 관심이 많지 않았다. 하지만 우리 멤버가 점점 늘어나면서 여학생도 알아두면 나쁠 게 없다는 분위기가 생겼다. 여러 여학생들 중에서 내 눈을 사로잡은 여학생이 한 명 있었다. 바로 엘런이었다. 엘런은 재미있고 자신감 넘치는 여학생이었다. 엘런과 시간을 보내는 게 너무 즐거웠던 나는 엘런과 같이 있으려고 무슨 짓이든 하려고 했다. 결국 나는 매주 월요일 저녁 13주 동안 진행되는 학생 리더십 수업에 참여하기로 결정했다. 물론 내 스타일에는 안 맞는 수업 같았다. 하지만 엘런에게는 안성맞춤인 수업이었다. 학교에서는 그 수업을 리더십 역량이 있는 1, 2학년 학생들에게 추천했는데, 엘런은 리더십이 뛰어났다. 그 수업을 엘런과 같이 들으면 무척 재미있을 것 같았다.

리더십 수업은 매주 월요일 저녁에 몇 시간씩 진행됐다. 우리는 수업

시간에 고등학생으로서 우리가 할 수 있는 지역사회 참여와 봉사활동, 솔선수범과 같은 주제들을 토론했다. 지루하기만 하던 나는 그 사이에 명찰 뒷면을 긁적거리며 무료한 시간을 달랬다. 그러던 어느 월요일 저녁, 그 날의 수업 주제는 자신의 꿈과 롤 모델이었다. 내 인생의 아주 특별한 순간이 다가오고 있었다. 선생님은 교실을 돌아다니시면서 학생들에게 자기 꿈은 무엇인지, 지금까지 자기 인생에 가장 큰 영향을 준 인물은 누구인지 한 명씩 붙잡고 물어보셨다. 학생들은 저마다 논리 정연하게 자신의 꿈이 무엇이고, 롤 모델은 누군지 이야기했다. 대부분 선생님이 듣기에 좋은 그런 인물들이었다. 드디어 내가 발표할 차례가 왔다. 학생들은 모두 의자를 내 쪽으로 돌렸다. 선생님이 내 대답을 듣고 뭐라고 하실 수도 있었지만 나는 그때 앞서 얘기한 대로 근거 없는 자신감으로 가득 차 있었다. 나는 모든 사람들 앞에서 내 인생의 롤 모델은 프로 운동선수라고 말했다. 그런 뒤 내 꿈은 프로 야구 선수가 되는 것이라고 당당하게 선언했다.

교실 뒤에서 상황을 지켜보던 학생들 몇몇이 키득거렸다. 하지만 나는 내 뜻을 굽히지 않았다. 내 마음속 어딘가에 내 꿈은 남들 앞에서 말하고 추구할 만하며, 심지어 옹호할 만한 가치가 있다는 확신이 있었기 때문이다. 선생님은 내 발표를 너그럽게 들어주시더니 몇 가지를 지적해 주셨다. 선생님은 누구에게나 개인의 목표는 중요하지만 항상 그 실현 가능성을 염두에 둬야 한다고 말씀하셨다. 선생님이 내게 확률을 상기시켜 주신 것이다. 운동선수로 대학에 진학하는 학생은 가뭄에 콩 나듯 하고, 설사 대학팀에 들어간다고 해도 프로팀에 들어가기란 그야말로 하늘의 별 따기라는 것이다. 선생님은 야구 선수로서 마이너리그에서 메이저리그로 승격하는 가능성에 대해서는 아예 말씀조차 않으셨다 — 물론 나는 그 희박한 확률에 대해서도 잘 알고 있었다. 잠시 교실 안이 쥐 죽은 듯 고요해졌고, 학생들은 약간 불안해하는 듯 했다. 잠시 나는 엘런이 옆에서 내가 하는 말 한 마디 한 마디를 전부 듣고 있다는 사실을 깜박했다. 나는 약간 비꼬듯이, 선생님이 지금 제 꿈을 짓밟고 계시다고 말했다. 선생님은 재빨리 분위기를 바꾸려고 내게 힘을 실어주는 말씀을 하셨다.

"클레이튼, 나는 네가 그 실현 가능성을 이해했으면 좋겠구나. 네가 꿈을 이룰 확률은 백만 분의 일이란다. 하지만 중요한 건 네가 거기에 포함된다고 믿고 있다는 사실이야. 백만이라는 숫자는 생각하지 말고, 네가 성공한 바로 그 한 사람이 된다고 상상해 보렴. 네가 단 한 명의 주인공이 되는 거야."

나는 선생님의 말씀에 웃음 짓고 고개를 끄덕였다. 그때 선생님의 말씀을 그저 내 꿈을 옹호해주려는 궁색한 변명쯤으로 치부해버릴 수도 있었다. 하지만 그 순간 내 안에서 뭔가가 번쩍였다. 선생님의 그 조언으로 나는 내 꿈에 집중할 수 있는 영감을 얻었다. 선생님은 정확히 맞는 말씀을 하셨다. 네가 그 주인공이 되어라! 나는 주인공이 된 내 모습을 마음속으로 상상하기 시작했다. 선택 과목으로 신청한 리더십 수업에서 만난 선생님 한 분을 통해서 하나님께서는 내가 내 소명에 더 가까운 직업을 선택할 수 있도록 내 열정에 불을 지펴 주셨다.

사도 바울은 제자 디모데에게 보낸 편지에서 다음과 같은 강력한 메시지를 전했다. "누구든지 네 연소함을 업신여기지 못하게 하고 오직 말과 행실과 사랑과 믿음과 정절에 있어서 믿는 자에게 본이 되어"(디모데전서 4:12). 사도 바울이 디모데에게 전한 내용은 내가 그 날 저녁에 리더십 수업에서 얻은 교훈과 정확히 일치한다. 나이는 전혀 중요하지 않다. 누구든 영향력 있는 사람이 될 수 있다. 꿈을 향해 한 발 앞으로 나아가기 전까지 꿈은 그저 꿈에 불과하다. 그러나 꿈을 향해 나아가는 순간 꿈은 목표가 된다. 오늘날 우리 사회는 좀 더 멋지고, 안락하고, 성공하는 인생을 위해서만 목표와 동기를 가지라고 이야기한다. 굳이 오래 생각할 필요도 없다. 세상은 우리를 향해 '인생은 당신 것이다'라고 끊임없이 외친다. 하지만 나는 가만히 '그런 인생이란 도대체 어떤 거지?'라고 물을 수밖에 없다. 개인적인 성공도 중요하지만 어느 정도까지만 그렇다. 나는 그 날 리더십 수업시간에 확률의 잣대로 내 스스로를 규정짓지 않겠다고 다짐했다. 그 날 친구들은 내 꿈과 동기에 대해서 하루 종일 왈가왈부했지만, 하나님께서는 이미 내 인생을 위한 계획을 세워두셨다. 나는 하나님께서 나를 규정해 주시길 원했다. 그리고 나는 하나님을 위한 삶을 살고 싶었다.

고등학교 1학년이던 나는 아직 어렸고, 배울 것도 참 많았다. 물론 지금도 배울 것이 많다. 그때 나는 리더십 강의를 듣는 평범한 10대 학생에 불과했다. 하지만 나는 그 수업에서 다른 학생들에게 본보기가 될 기회를 얻었다. 나는 내가 야구를 사랑한다는 것을 잘 알고 있었고, 진정으로 프로 야구 선수가 되고 싶었다. 그 가능성이 희박하다는 사실도 잘 알고 있었다. 하지만 나는 꿈을 이루기 위해서는 무슨 일이든 할 각오가 되어 있었다. 게다가 현실에 타협하거나 다른 이들을 밟고 올라서지 않으면서도 내 꿈을 이룰 수 있다면 그건 전적으로 하나님의 은혜가 될 터였다.

많은 시간이 흐른 지금까지도 나는 그 시절을 떠올린다. 나는 그 순간에 감사하고, 열네 살의 고집 센 어린 학생에게 현실이란 어떤 것인지를 일깨워준 그 선생님께 감사한다. 그리고 무엇보다도 내 가슴에 꿈을 깊이 새겨주신 하나님께 감사한다. 나는 그렇게 어린 시절부터 나를 지켜보는 사람들(물론 엘런도 여기에 포함된다)을 위해 모범이 되는 삶을 살기 위한 여정을 시작했다. 나는 그때 개인적인 성공을 넘어, 단순히 남보다 앞서는 삶이 아닌 헌신하는 삶을 살기를 간절히 바랐다. 리더십 수업시간에 멋도 모르고 자신만만해 하던 고1 학생에게 그것은 어쩌면 너무 고상한 꿈이었을지도 모른다. 하지만 나는 큰 포부를 밝혔던 그 순간이 있어 너무 감사하다. 하나님 덕분에 그 순간 나는 내가 감히 백만 명 중의 한 명이 될 수 있다고 믿을 수 있었다.

2

당신의 꿈이 늦춰질 때

엘런 커쇼

나는 지금 고향 집 내 방에 앉아 있다. 이 집은 내가 성장하고 결혼하기 전까지 23년 동안 계속 살았던 곳이다. 내 방은 고등학교 시절 모습 그대로 남아 있는 것 같다. 나는 지금 내 무릎에 중3 때 찍은 사진첩을 올려놓고 있다. 당시에는 일회용 카메라를 들고 다니면서 일상의 소소한 일들을 사진으로 남기는 것이 유행이었다. 사진첩을 보고 있자니 얼굴이 화끈거린다. 차라리 친구들을 따라 사진을 찍지 않았는 게 더 나을 뻔 했다. 사진뿐만 아니라 그때는 왜 그렇게 이상한 유행을 따라했는지 아무리 생각해도 도무지 이해가 안 간다. 그때는 왜 내 암갈색 머리카락을 '탈색' 하는 게 예쁘다고 생각했을까? 그때는 왜 치아 교정은 휴일에만 하는 걸로 고집했을까? 물어볼 필요도 없이 전부 패션 때문에 그랬을 거다. 어머니는 내가 머리에서 발끝까지 벨벳을 걸친 채 집 밖을 나가도록 내버려 두셨다. 배꼽이 훤히 들여다보이는 데도 말이다! 사진 첩 때문에 나는 늘 인생에서 겸손이 무엇인지 제대로 느끼고 있다.

중3은 참 재미있는 시기다. 늘 어린 아이 같은 기분으로 살던 나는 이때부터 내가 좀 컸구나 하는 생각이 들었다. 이때는 학교에서 늘 저학년으로 지내다가 학교에서 가장 높은 학년이 되는 시기이기도 하다. 우리는 그렇게 중3이 되었다. 당시 열세 살이던 나는 남학생 친구들과 어울리기 시작했고, 이성에 대한 흥미도 생겼다. 하룻밤 사이에 남자애들은 무뢰한 철부지에서 신비하고 흥미 있는 존재로 바뀌었다. 여름만 지나면 우리는 이제 고등학생이었다. 친구들과 나는 곧 우리 인생에서 최고의 시기가 다가온다며 들떠 있었다.

하지만 진정한 고등학생이 되기에는 아직 가야 할 길이 멀었다. 치아 교정의 마지막 단계에 있던 나는 고등학교에 입학하기 전에 치아 교정이 끝나기를 빌고 또 빌었다. 게다가 나는 신체 어느 부위보다도 다리가 가장 빨리 성장했기 때문에 신체 비율이 엉망이었다. 이런 변화들은 나중에 다시 사진을 보고 나서야 파악이 가능하다. 당시 사진들을 살펴보면 패션의 변천사도 확인할 수가 있다. 그렇게 우스운 사진들을 많이 찍어 놓고도 내 형제자매들은 앞으로도 계속 그 시절의 내 특이한 패션 취향에 대해서 나를 놀려댈 게 분명하다. 하물며 내 옷장에 있는 호피 무늬 옷이 그때 유행이 안 지나갔더라면 지금 나는 어떻게 됐을까?

어쨌거나 중학교 3학년 시절은 내 인생에서 아주 중요한 의미가 있다. 중학교 3학년 때 난생 처음으로 아프리카의 진정한 가치를 깨달았기 때문이다. 아프리카는 단순히 지리 수업시간에 배우는 여러 대륙 중 하나가 아니었다. 갑자기 아프리카는 내게 중요한 지역이 되었다. 그 해 뭔가가 내 마음 속을 휘젓기 시작했고, 그 때문에 결국 내 삶은 완전히 달라졌다.

중학교 3학년 때 친구들과 나는 학교가 끝나면 예외 없이 '오프라 윈프리 쇼'에 대한 이야기를 함께 나누었다. 나는 늘 집에 도착하자마자 간식거리를 들고 전설적인 토크 쇼 진행자인 오프라 윈프리의 모습을 TV로 시청했다. 다음 날이면 우리는 수업 시작 전에 복도에 모여서 오프라 윈프리가 전하는 긴급 뉴스에 대해 잡담을 나누곤 했다. 그런데 어느 날 오후, 오프라 윈프리 쇼를 보고 있는데 유독 내 시선을 끄는 장면이 있었다. 아프리카를 찾아간 오프라 윈프리의 모습이었다. 오프라 윈프리는 길거리 이곳저곳을 방문하고 있었고, 극심한 가난을 겪고 있는 아프리카의 실상이 그대로 드러났다. 오프라 윈프리는 가던 길을 멈추고 현지인들과 대화를 나누면서 그들의 생활이 어떤지 묻기도 했다. 나에게 가장 인상 깊었던 장면은 오프라 윈프리가 아름답고 매혹적인 얼굴을 가진 아프리카 아이들과 포옹하려고 무릎을 꿇는 장면이었다.

오프라 윈프리의 특집 방송을 지켜보는 동안 나는 심장이 멎을 것 같은 충격을 받았다. 나는 아프리카 국가들의 절박한 상황과 화면을 가득 채운 아프리카 사람들에게 완전히 사로 잡혔다. 그리고 내가 정말 안전한 곳에 살고 있다는 사실을 그 어느 때보다도 절실히 느꼈다. 나는 그동안 가난이 뭔지 전혀 모르는 온실 속에서 자라왔던 것이다.

그 날이 마치 어제처럼 생생하게 기억이 난다. 보석처럼 밝게 빛나는 아이들의 모습에 나는 완전히 매료되었다. 물론 마음 한편으로는 흥분되고, 겁도 났다. 그때 오프라 윈프리가 방송에서 무슨 말을 했는지 지금은 거의 기억이 나지 않는다. 하지만 화면 속 아프리카 아이들의 모습은 아직도 생생하다. 아이들의 모습을 보는 순간, 내 안에서 뭔가 꿈틀거리기 시작했다. 나는 그때까지 한 번도 생각해보지 못한 꿈이 내 안에 있다는 사실을 발견했다. 하나님께서는 다른 사람을 돕고 싶다는 열망을 내게 심어주셨다. 그 날 내 마음속에서는 번쩍 하는 불빛이 일어났고, 그 불빛은 내 인생을 송두리째 바꾸어 놓았다. 그 날 그렇게 내 꿈이 태동했다.

우리는 저마다 가진 꿈이 있다. 은혜로운 하나님께서는 우리 모두에게 서로 다른 흥미로운 꿈을 부여해주셨다. 때때로 그 꿈이 오랫동안 우리 가슴 속에 파묻혀 있는 경우도 있다. 하지만 꿈이라는 씨앗은 변함없이 늘 그 자리에 있다. 꿈이라는 씨앗이 조금씩 자라 꽃망울을 맺기 시작할 때 그 모습은 정말 아름답다. 클레이튼 커쇼의 꿈은 프로 야구 선수가 되어 마운드를 밟는 것이었고, 내 꿈은 아프리카 땅을 밟는 것이었다. 당시 중학교 3학년이던 우리 두 사람은, 각자의 서로 다른 꿈이 어느 날 현실이 되고 또 한 곳에서 만나리라고는 꿈에도 생각하지 못했다. 하지만 하나님께서는 우리 두 사람을 위해 이미 오래 전에 그런 계획을 세워두셨던 것이다. 당신의 가슴 속에도 분명 꿈이 있다. 아직까지 당신은 꿈을 말로 표현할 수 없을지도 모른다. 아마도 꿈이 마음속 깊이 파묻혀 있기 때문일 것이다. 아직 드러나지 않은 꿈을 발견하기 위해 힘껏 마음의 밭을 파보라고 권하고 싶다. 그 꿈을 발견하고서 '아하!' 하는 감탄사를 터뜨리는 당신의 모습이 너무나 기대된다.

나는 아프리카를 방문한 오프라 윈프리의 모습을 그 후 몇 년 동안 백만 번도 더 생각한 것 같다. 어쨌든 내가 언젠가 아프리카로 가게 될 거라는 직감이 강하게 들었다. 미래의 어느 날, 내가 아프리카의 그 먼 지투성이 거리를 돌아다니며 매력적인 눈을 가진 아프리카 어린이들과 포옹하는 장면이 머릿속에 떠올랐다. 나는 아프리카 어린이들이 내 인생을 통째로 바꿔버릴 것 같다는 예감이 들었다. 물론 그때가 될 때까지 나는 기다려야만 했다. 나는 그때 열네 살의 어린 학생에 불과했다. 아직 대서양은 고사하고 찻길을 마음대로 건너는 것조차 여의치가 않은 나이였다. 우리 부모님은 자녀들의 꿈을 적극적으로 지원해주실 분들이지만, 혼자서 아프리카로 떠나겠다고 하는 일은 발레 수업을 듣고 싶다고 하는 것과는 차원이 다른 문제였다. 열네 살이었던 그 해에 나는 아프리카로 떠나겠다는 꿈이 생겼지만, 그 후 5년 동안 그 꿈은 미뤄졌다. 나는 아직 부모님이 나를 떠나보낼 준비가 안 됐다는 걸 잘 알고 있었다. 마음속 어딘가에는 하나님께서 내게 시키실 일이 아직 더 있구나 하는 생각도 들었다. 하지만 내 꿈은 분명했다. 하나님께서 내 꿈에 불을 지펴주셨고, 그 불꽃은 점점 타올라 내 삶의 목표가 되었다. 비록 지금은 아프리카에 갈 수 없지만, 나는 적당한 때가 오면 이 시기가 갖는 의미를 이해할 수 있을 거라고 믿었다.

놀랍게도 우리가 삶의 목표를 미뤄야만 할 때 하나님께서는 절대 우리를 포기하지 않으신다. 사실 하나님께서는 기다리는 시간을 통해서 우리가 더 큰일을 계획할 수 있도록 해주신다. 성경에는 기다림의 시기의 의미가 잘 나타나 있다. 다윗은 한낱 보잘것없는 양치기에서 이스라엘의 위대한 왕이 되었다. 다윗은 양치기 신분으로 하나님을 섬겼고, 그 시기를 견디면서 하나님의 민족을 이끄는 목자로 거듭날 준비를 했다. 양의 숫자를 세고 맹수의 위험을 물리치느라 수많은 밤을 지새운 그 인고의 시간은 결코 헛되지 않았다. 그 시간들은 다윗에게 너무나 소중했다. 하나님께서는 그 시간 동안 보잘것없는 직업을 가진 한 평범한 소년에게 아주 특별한 능력을 주셨다. 다윗은 양을 보살피면서 하나님이 자신의 목자이심을 깨달았다. 그리고 하나님과의 특별한 관계를 통해서 다윗은 성도들을 이끄는 방법을 터득하기 시작했다. 시편 23편은 하나님의 말씀에 귀 기울이는 기다림의 시간을 통해 얻은 영감을 바탕으로 다윗이 하나님의 자신에 대한 사랑을 기리며 쓴 시다.

여호와는 나의 목자시니 내게 부족함이 없으리로다 그가 나를 푸른 풀밭에 누이시며 쉴 만한 물 가로 인도하시는도다 내 영혼을 소생시키고 자기 이름을 위하여 의의 길로 인도하시는도다 내가 사망의 음침한 골짜기로 다닐지라도 해를 두려워하지 않을 것은 주께서 나와 함께 하심이라 주의 지팡이와 막대기가 나를 안위하시나이다 주께서 내 원수의 목전에서 내게 상을 차려 주시고 기름을 내 머리에 부으셨으니 내 잔이 넘치나

이다 내 평생에 선하심과 인자하심이 반드시 나를 따르리니 내가 여호와의 집에 영원히 살리로다 (시편 23)

하나님께서는 오래 전부터 다윗을 위해 뭔가 특별한 계획을 세워두셨고, 다윗이 양치기로 보낸 세월은 그가 하나님의 계획을 따르는 데 필요한 귀중한 시간이었다. 당시 열네 살이었던 내게 하나님께서는 몇 년 후에 꽃이 될 씨앗을 심어주셨다. 만약 당신의 꿈이 늦춰지고 있다면 하나님은 지금 당신을 위해서 멋지고 아름다운 계절을 준비하고 계신 것이다. 기다림의 시간조차 그 안에는 하나님의 뜻이 깃들어 있다. 자비로운 하나님께서는 모든 일을 조율하고 계시기 때문이다. 2007년 여름, 나는 태어나서 처음으로 대서양을 건너 혼자 여행을 떠났다. 5년 동안의 긴 기다림이 없었다면 결코 해내지 못했을 일이다.

우리는 이런 기회가 하늘에서 떨어진 복처럼 찾아오기를 가끔씩 바라기도 한다. 마치 호박이 넝쿨째 굴러 떨어져 들어오길 바라는 마음과 같다. 나도 그런 '운 좋은' 기회가 오지 않을까 하고 기다렸다. 이를테면 언젠가 모험심이 강한 친구가 눈앞에 턱하니 나타나서 그 친구와 함께 잠비아로 떠나게 되기를 은근히 기대했다. 하지만 이런 내 욕심이 금방 채워지지 않을 것이란 걸 나는 잘 알고 있었다. 그 대신 나는 적극적으로 내 꿈을 이룰 방법을 찾아야만 했다. 마냥 기다리는 게 아니라 꿈을 좇아야만 했다.

내 사랑하는 친구 샬럿은 이미 아프리카의 잠비아에 다녀온 적이 있었다. 그리고 그 이후에 삶의 방향이 크게 달라졌다는 걸 나는 잘 알고 있었다. 아프리카로 떠나는 꿈을 이번 여름에 또 미루고 싶지 않았다. 그때 샬럿이 내게 사랑스럽게 격려해 주었다. 샬럿은 비행기 타는 일에 두려움을 느끼던 나를 진정시켜 주었고, 잠비아에서 먹을 음식에 대해서도 조언해 주었다. 샬럿은 또한 내가 아프리카에서 정이 든 아이들과 헤어질 때 마음이 얼마나 아플지 그 심정도 미리 헤아려 주었다. 샬럿의 도움으로 나는 잠비아로 떠날 준비를 마쳤다. 이제 혼자 힘으로 잠비아로 떠날 차례였다. 주체할 수 없는 감정이 몰려왔다. 이제부터 '혼자 먹는 식사'도 감수해야만 했다. 하지만 하나님께서 여기까지 나를 인도해 주셨고, 아프리카에 가서도 늘 나와 함께 해주실 거라고 생각하니 마음이 안정되었다. 그리고 하나님의 은혜로 TV에서 만나게 된 그 보석 같은 아프리카 아이들의 모습을 다시 떠올리는 사이, 나는 마침내 아프리카에 도착했다. 나는 아프리카에서 더 이상 이름 없는 통계수치나 2차원 영상 속의 이미지가 아닌 따뜻하고 생동감 넘치는 아프리카 사람들을 만났다. 이제 나는 그들의 이름과 생생한 얼굴, 그리고 가슴 아픈 사연들을 늘 기억하고 있다.

다윗은 일생을 하나님의 뜻에 따라 살다가 죽었다(사도행전 13:36 참조). 하나님이 허락하신다면 나도 그렇게 살고 싶은 마음이 간절하다. 몸에 비해 다리가 유독 긴 사춘기 소녀였던 내가 하나님 덕분에 꿈을 발견했다. 하나님이 정해주신 꿈을 발견하는 일은 이루 말로 다 할 수 없는 기쁨이다. 그리고 나서 나는 5년 동안 하나님의 뜻이 펼쳐지길 묵

묵히 기다렸다. 몇 년 후에 비행기를 타고 마침내 잠비아에 도착했을 때, 나는 기다린 보람을 그 자리에서 바로 느낄 수 있었다. TV에서 딱 한 번 밖에 안 본 풍경이 이상할 정도로 낯익었다. 태어나서 처음으로 잠비아의 공기를 마셨고, 아프리카 땅을 내 두 발로 직접 밟았다. 마치 고향에 온 기분이었다.

3
나는 누구인가?

클레이튼 커쇼

어릴 때 내가 태어나서 처음으로 야구 선수로 뛴 팀은 다저스다. 다저스 유니폼을 입을 때만큼 내 자신이 자랑스러운 경우는 없었다. 게임이 끝나면 우리는 과자와 탄산음료를 손에 들고 같이 차에 올라탔다. 친구들과 나는 목청껏 '호랑이의 눈Eye of the Tiger'을 부르며 차 창문 밖으로 모두 고개를 내밀었다. 어릴 때 다저스 선수로 뛰던 시절은 한 편의 드라마 같았다.

어릴 때 리틀 야구 리그는 내 인생 전부나 다름없었다. 스포츠라면 뭐든지 다 좋아했지만, 친구들과 야구를 할 때가 제일 즐거웠다. 우리는 다양한 메이저리그 팀에 배정되었고, 팀에 따라 모자와 유니폼을 받았다. 유니폼을 받은 나는 진짜 메이저리그 선수가 된 것 같아 기분이 날아갈 것만 같았다. 우리는 자기가 가장 좋아하는 선수의 번호를 선택했다. 나는 항상 22번이었다. 22번은 당시 텍사스 레인저스에서 1루수로 뛰던 최고의 왼손타자 윌 클라크Will Clark의 등번호였다. 우리에게는 야구팀에 들어가서 유니폼을 입는다는 사실 자체가 멋진 일이었다. 나는 학교와 리틀 야구 리그에서 여러 팀을 돌며 봄, 여름, 가을 시즌을 보내며 성장했다. 시즌마다 나는 새 유니폼을 받았고, 새로운 친구들과 같은 팀을 이루었다. 시즌이 바뀌면 운동화 크기와 색상, 그리고 팀 동료도 바뀌었다. 투수들의 공이 빨라지면서 공을 치기도 점점 더 어려워졌다. 야구에 대한 내 강렬한 열망을 빼면 바뀌지 않는 것은 아무 것도 없었다.

나는 한 시즌이 끝나면 그동안 썼던 야구 모자를 낡아빠진 운동화와 땀으로 얼룩진 야구 유니폼 더미 속에 던져 넣었다. 어머니는 책장에 내가 받아온 온갖 종류의 트로피들을 진열하는데 여념이 없으셨다. 새 시즌이 되면 오래된 트로피는 새로운 트로피를 진열하려고 뒤로 보냈다. 하지만 내게 어느 것 하나 소중하지 않은 트로피는 없었다. 나는 입었던 유니폼 상의를 천장에 붙여서 마치 모자이크처럼 걸어둘 정도로 유별나게 야구를 사랑했다. 세월이 많이 지난 지금, 어린 시절에 모은 트로피와 유니폼을 보면 남다른 감정이 든다. 그 속에는 야구를 하면서 친구들을 만나고, 기술을 익히고, 야구를 더 잘 하고자 열망했던 내 어린 시절의 아름다운 추억이 담겨 있다. 그 작은 트로피들이 내게 얼마나 소중한 물건인지 이제 와서 새삼 깨닫게 된다. 플라스틱에 금박을 입힌 트로피를 하나하나 보고 있으면 여러 가지 추억들이 떠오른다. 결정적인 삼진, 더블 플레이, 녹초가 되어 집으로 돌아오던 우리 모습, 끝내기 홈런으로 우승하고 경기장에 있는 풀장에 뛰어들었던 기억…. 오래 된 트로피들은 야구에 대한 내 사랑을 보여줄 뿐만 아니라, 내가 언제 어느 팀에서 뛰었는지 그 생생한 추억을 떠올리게 한다.

빨리 감기 버튼을 누른 듯 시간은 참 빨리 지나갔다. 어릴 때 쓰던 땀에 전 모자들은 지금 고이 상자에 담겨 뒤죽박죽 섞여 있는 트로피 옆에 놓여 있다. 과거에 그 트로피들은 나에게 특별한 의미가 있었다. 트로피가 야구 선수로서의 나를 대변해 준다고 느꼈기 때문이다. 유니폼도 마찬가지였다. 카디널스는 진홍색, 다저스는 파란색, 무스탕Mustang은 빨간색, 하이랜드 파크 고등학교는 감청색과 황금색이 그 상징이었다. 내가 무슨 색깔 유니폼을 입고 있는지 또 동료가 누구인지에 따라 내가 어떤 사람인지가 결정되었다. 나는 지금까지 과거가 어떻게 흘러갔는지 대충 짐작이 간다. 한 어린 소년은 한 팀에서 다른 팀으로 옮겨갈 때마다 새로운 얼굴들과 순간들을 만났고, 그런 경험이 쌓여 자신의 정체성을 만들어 갔다. 그 소년은 야구 경기에서 영감을 얻었지만 그것보다는 자기 자신이 누구인지를 훨씬 더 알고 싶어 했다.

인생은 '나는 누구인가?'라는 질문의 연속이다. 우리가 알든 모르든 우리는 이 질문에 답하려고 많은 시간을 보낸다. 어린 시절은 물론이고, 우리는 지금도 자신이 누구인지 알려주는 무언가를 꼭 붙잡으려고 애를 쓰고 있다.

자기가 누구인지 파악하는 일은 정말 평생이 걸리는 작업이다. 우리는 학교, 친구, 가족은 물론이고, 스포츠 팀을 통해서도 정체성을 만들어 간다. 하지만 그 중심에 예수님이 없다면 정체성에 기둥이 없는 것이나 마찬가지다. 나는 고등학교 시절에 스티브 커완Steve Kirwan이 주재하는 스포츠 플러스SportsPlus 성경 수업에서 하나님에 대해서 더 많이 알게 되었다. 이 성경 수업에서 나와 친구들은 서로의 기도 제목을 듣고 서로의 내면을 이해하는 기회를 얻었다. 또한 하나님 안에서 자신을 발견한다는 것이 어떤 의미인지도 배웠다. 나는 하나님 안에서 내 정체성을 찾으려고 고군분투해야만 했다. 물론 지금도 그런 노력을 계속하고 있다. 인생에서나 메이저리그에서나 늘 변화가 일어나는 듯하다. 하지만 아무리 나의 팀과 팀 동료, 그리고 사는 도시가 바뀌더라도 하나님 안에 머무는 내 정체성만은 결코 흔들림이 없다. 나에겐 그것이 중요하다. 변화는 늘 일어나기 마련이므로 거기에 맞게 적응하는 일은 살아가는데 좋은 훈련이 된다. 아무리 신중한 사람이라도 학교나 팀이 바뀌는 불확실성 앞에서는 불안하기 마련이다. 사람마다 사정이 다 다르지만 나는 환경에 잘 적응하는 일이 어떤 면에서는 우리 모두의 공통 관심사라고 확신한다. 불안해하지 않고 환경에 잘 적응하려면 하나님 안에서 정체성을 찾는 일이 제일 중요하다.

사실 모든 사물은 변하고, 사람은 성장하며, 학교를 졸업하면 친구들은 전국 각지로 뿔뿔이 흩어진다. 때때로 우리는 새로운 출발점 앞에 서 있다는 느낌을 받게 되고, 그때마다 인생의 다음 시기에 자기가 어떤 사람이 되고 싶은지를 자신에게 스스로 묻는다. 마이너리그에서 뛰게 되었을 때 나도 그런 느낌을 받았다. 내가 텍사스 출신의 좌완 투수라는 사실, 그리고 여느 선수들처럼 마이너리그에서 메이저리그로 올라가기를 열망하는 선수라는 사실을 빼놓고는 기독교인으로서의 내 정체성에 대해 관심을 갖는 사람은 아무도 없었다. 나는 우연히 만약 하나님이 내 삶의 중심이 되지 않는 한 사람들은 내가 기독교인인지 아닌지 모를 것이라는 생각이 들었다. 마치 내가 누군가에게 탁구 대결을 신청하지 않는 한 내가 탁구를 좋아하는지 좋아하지 않는지를 다른 사람들이 전혀 모르는 것처럼 말이다. 나는 겉으로는 다른 선수들과 전혀 차이가 없는 한 명의 야구 선수에 불과했다.

고등학교에서 내가 '나는 누구일까?'라는 오래된 질문과 씨름하는 동안 하나님은 내게 특별한 깨달음을 주셨다. 나는 인생은 변화무쌍하기 때문에 친구나 자아 혹은 개인의 정체성에 의지할 것이 아니라 좀 더 원대하고 변하지 않는 무언가에 중심을 두어야 한다는 사실을 깨달았다. 마태복음에서 예수님은 제자들에게 인자the Son of Man가 누구인지 먼저 질문을 하신다. 하지만 조금 뒤에 예수님은 자신의 존재가 그 어떤 존재보다 중요하다는 걸 강조하시면서 질문을 살짝 바꿔 이렇게 다시 물으신다.

이르시되 너희는 나를 누구라 하느냐 시몬 베드로가 대답하여 이르되 주는 그리스도시요 살아 계신 하나님의 아들이시니이다 (마태복음 16:15-16)

예수님은 다른 사람들이 누구냐가 아니라 자신이 누구인지를 제자들에게 물으셨다. 하나님과 자기 자신이 어떤 관계 속에 있는지 알게 되면, 자기 자신과 자신의 정체성을 바라보는 시각이 크게 달라질 것이다. 하나님의 존재를 더 잘 이해할수록 나는 내 스스로를 더 잘 이해하게 된다. 하나님은 내 아버지이시고, 나는 하나님의 자녀이기 때문이다. 예수님의 도움으로 나는 구원받았다. 나는 하나님이 어떤 분이신지 알기 때문에 하나님 안에서 늘 안전하다. 세상 모든 것들은 변하지만, 예수 그리스도는 어제나 오늘이나 영원토록 동일하신 분이시다(히브리서 13:8 참조).

우리는 하나님이 주신 일생을 통해서 존재를 탐구하고, 예수 안에서 자기 자신을 찾아간다는 사실을 알 필요가 있다. 하나님께서는 의심할 여지없이 우리가 인생에서 일상적인 욕망을 극복하고 보다 순탄한 길을 걷기를 바라신다. 따라서 예수님을 자기 정체성의 중심에 놓기 위해 노력하는 일은 그 어떤 일보다 더 값지다.

물론 일상의 요구에 맞춰 살아가는 내 모습도 있다. 나는 날마다 반복되는 생활 속에서 친구, 아들, 남편 그리고 야구 선수로서의 역할도 맡고 있다. 가끔은 각각의 역할이 서로 부딪칠 때가 있는데, 그럴 때마다 나는 내가 누구인지 또 한 번 헷갈린다. 정체성이란 늘 이렇게 잊어버리기가 쉽다. 일상에서 내가 맡은 역할들은 물론 중요하지만, 내 삶의 궁극적인 목적은 아니다. 만약 아들, 남편, 야구 선수로서의 역할을 인생의 궁극적인 목적으로 삼는다면 나는 쓸데없는 부담을 끌어안고 사는 꼴이 된다. 물론 가족, 친구, 직업은 우리 인생에서 큰 축복이다. 하지만 그런 역할들이 나의 존재를 정의하지는 못한다. 예수님이 궁극적인 삶의 목적이 될 때, 나를 둘러싼 사람과 사물은 하나님이 의도하신 대로 내 인생에서 자유롭게 그 역할을 할 것이다.

예수님 안에서 자기 자신을 확인하면 큰 평화와 단순함을 얻을 수 있다. 나는 경기를 망치거나, 나에 대한 부정적인 기사를 읽어도 개의치 않는다. 다른 사람의 평가가 전부가 아니란 걸 잘 알기 때문이다. 실패와 비판은 단지 내가 발전하고 있다는 사실을 알려주는 작은 신호일 뿐이다. 예수님 안에서 내 자신을 확인하면 나의 일상과 경기 그리고 인간관계가 물 흐르듯 자연스럽게 흘러간다.

매일 아침 스스로에게 '나는 누구인가?'를 진지하게 묻고, 그 질문 앞에 솔직해져 보자. 의식을 하든 하지 않든 당신은 매일 이 질문에 어떤 방식으로든 답을 하고 있다. 만약 당신이 이 질문을 예수님께 한다면 당신은 머지않아 존재의 완전한 안식처를 찾게 될 것이다. 예수님 안에서 자신의 정체성을 찾는 사람은 인생에서 깜짝 놀랄 만한 자유와 기쁨을 누리게 될 것이다.

4
떠나야 할 시간

엘런 커쇼

2007년 6월 2일

클레이튼에게

이런! 나 내일 아프리카로 떠나! 지금은 댈러스의 내 방이야. 말라리아
약은 챙겼고, 화장지는 여행 가방 여기저기에 빠짐없이 넣어 뒀어(아프리카
에서 화장지가 떨어지면 큰일이니까). 비행기를 스물두 시간이나 타야 하니까
〈피플People〉 잡지도 넉넉하게 챙겨 가. 지금 긴장되면서도 막 설레. 아프
리카로 떠나는 게 늘 내 꿈이었던 거 잘 알지? 우리 서로 늘 꿈에 대해서
얘기했었잖아. 나와 너, 그리고 친구들의 꿈까지. 중3 때 내가 오프라 윈프
리 쇼에 빠져서 오프라 윈프리가 아프리카를 방문한 장면을 보고 내 인생
이 완전히 달라졌다고 말한 것 기억나니? 그 날 이후로 나는 언젠가 TV에

나온 그 보석 같은 아프리카 아이들을 직접 만날 수 있기를 꿈꿔 왔어. 그리고 내가 그곳에 갈 수 있는 용기가 있었으면 하고 늘 바래왔어. 내일이 바로 그 날이라니, 정말 믿어지지가 않아.

하나님께서 이렇게 특별한 열정을 내게 주셔서 너무 감사해. 내 심장은 말 그대로 기대감으로 쿵쾅거려. 이게 바로 하나님의 뜻인가 봐. 이제는 그 뜻을 부정할 수 없을 것 같아. 나는 기도 일기장에 언젠가 나의 이 강렬한 열망의 실체가 무엇인지 이해하게 되는 날이 오기를 간절히 소망한다고 수도 없이 적었어. 그리고 내가 과감히 뛰어들 수 있기를 간절히 바래왔어. 하지만 그 동안 변명거리를 만들고 또 만들었지. 수년 동안이나 문 밖에서 노크 소리가 났었는데도 말이야. 드디어 내일 내가 거기에 응답을 할 수 있게 됐어! 나의 이번 여름을 위해서 모든 일들이 서로 잘 맞아떨어진 것 같아. 내일 아침부터 말이야. 내일 비행기 안에서 낯선 사람 만나면 할 만한 재미있는 게임 같은 거 아는 거 없니?

넌 지금, 미시간 주의 미들랜드에서 또 한 번 힘겨운 마이너리그 여름 시즌을 보내고 있겠구나. 난 네가 올해 다시 한 번 승격돼서 너무 자랑스러워. 너의 꿈을 이룬 거잖아. 오프 시즌 때 집에서 너와 함께 보낸 시간은 정말 즐거웠어. 하지만 나는 지금 우리가 각자의 자리에서 최선을 다하고 있다고 늘 생각하고 있어. 넌 야구를 해야 하고, 난 아프리카로 떠나야 할 것 같으니까. 언젠가 우리 둘이 같이 아프리카에 갈 수 있으면 좋겠어. 하지만 지금은 하나님이 중심이 된 이 여행을 설레는 마음으로 혼자 떠나려고 해. 혼자 여행하는 게 두렵기도 하지만 이렇게 된 데에는 다 이유가 있을 거라고 믿는 중이야. 하나님께 온전히 의지하는 법을 배우라고 이 여행을 혼자 떠나게 하는지도 모르지. 내 꿈을 믿어줘서 고마워. 그리고 아프리카에 가 있는 동안 나를 위해 기도해줄 너에게 미리 감사해 둘게. 지구 반대편에 있는 하나님의 위대한 작품인 아이들 이야기를 네게 빨리 전해주고 싶어. 그리고 만약 내가 아프리카의 한 아이에게 푹 빠져서… 나중에 집으로 데려오더라도 놀라지 마. 알겠지!

사랑하는 엘런이

나는 이 e메일을 아프리카로 떠나기 전날 밤에 클레이튼에게 보냈다. 당시 클레이튼은 마이너리그에서 두 번째 여름 시즌을 준비 중이었는데, 이번엔 미시간 주 미들랜드에 있는 팀에서 뛰고 있었다. 나는 열네 살 때부터 꿈꿔온 여행을 막 떠나려는 참이었다. 나는 지난 수년간 부모님을 상대로 내가 해외여행을, 특히 그 중에서도 아프리카 여행을 할 만한 준비가 충분히 되어 있다고 설득했고, 이제는 떠나야 할 시간이었다.

나와 부모님은 내가 떠나는 이 엄청난 여행의 심각함을 좀 가라앉히려고 비행기 출발시간보다 훨씬 일찍 공항에 도착했다. 이제 진짜 시작이었다. 꿈에 그리던 그 날이 왔지만, 나는 불안했다. 하지만 하나님께서 원하신 자리에 내가 있다는 생각이 점점 더 강해지자 불안한 마음이 싹 사라졌다. 하나님의 의지대로 산다는 확신이 설 때보다 더 평화로운 순간은 없다.

나는 대학교 1학년을 막 끝마친 상태였다. 클레이튼과 나는 그 일 년 동안 장거리 연애를 하고 있었는데, 꽤 성공적이었다. 수업이 없을 때나 여학생 파티가 있을 때면 나는 비행기를 타고 클레이튼이 있는 마이너리그 경기장으로 향했다. 우리는 각자 서로 다른 세계에 살고 있었지만, 그렇기 때문에 더욱 할 얘기도 많았고, 서로의 소식을 궁금해 했다. 클레이튼은 새로운 친구들을 많이 사귀었고, 나 역시 그랬다. 나는 마이너리그를 넘어 메이저리그로 진출하고자 하는 클레이튼의 꿈에 귀 기울였다. 클레이튼 또한 언젠가는 두려움을 극복하고 아프리카로 떠나겠다는 내 꿈에 귀 기울여 주었다.

한 해 동안 아프리카에 실제로 가는 것에 대한 두려움보다는 아프리카에 가지 못하면 어쩌나 하는 두려움이 더 컸다. 만약 내가 그 열망을 무시한다면 나는 소명을 저버리게 될 터였다. 나는 그때까지 해외여행이나 선교여행을 가본 적이 한 번도 없었다. 게다가 나 혼자 어디를 여행해본 경험은 더더욱 없었다. 비행기 안에 아는 사람은 단 한 사람도 없었지만, 어쨌든 나는 부모님과 포옹을 나눈 뒤 작별인사를 했다. 그 순간 평화로운 느낌이 내 온 몸을 감쌌다. 내가 결심한 목표를 드디어 실제 행동으로 옮기고 있었기 때문이다. 5년 동안의 긴 기다림 끝에 내가 떠나야 할 시간이 다가왔다.

나는 잠비아의 수도 루사카Lusaka에 지회가 있는 한 선교 단체에 가입했다. 나는 잠비아에 있는 사람들과 마음을 나누고 싶었다. 그저 전도만 하고 떠나는 사람에 그치고 싶지 않았다. 매일 그곳 아이들과 많은 시간을 같이 보내고 싶었다. 나는 힘든 사연을 가진 아이들에게 하나님의 사랑이 어떤 것인지 최선을 다해 알려줄 준비가 되어 있었다. 선교 프로그램에는 일주일 내내 열 명의 고아들과 함께 시간을 보내는 일정도 포함되어 있었다. 단 일주일에 불과했지만 나는 그 기간 동안 그곳 아이들이 무조건적인 사랑을 경험하고 아이로서 누릴 수 있는 기쁨을 맛보기를 간절히 바랐다.

나는 손 안의 새 여권을 꽉 움켜잡았다. 잠비아의 세관 도장이 내 여권에 찍힐 생각을 하니 짜릿한 전율감이 느껴졌다. 나는 부모님이 시야에서 사라질 때까지 손을 흔들었다. 기내에는 세계 각지에서 온 승객들로 가득했다. 비즈니스 여행을 하는 사람도 있었고, 집으로 돌아가는 사람도 있었지만 낯선 사람들뿐이었다. 내가 아프리카를 향해 가고 있다니! 이보다 더 짜릿한 경험은 없을 것 같았다. 내가 탄 비행기는 런던을 경유해 아프리카에 도착할 예정이었다. 좌석에 앉은 나는 성경과 펜, 일기장을 꺼낸 뒤 얼른 배낭을 치웠다. 나는 자리에 앉아 펼쳐진 일기장 페이지 맨 위에 '첫째 날, 아프리카로 떠나다'라고 적었다. 그러고 나서 그 짧은 문장이 주는 웅장함을 곰곰이 생각해 보았다. 나는 드디어 아프리카로 떠난다. 그것도 나 혼자서. 지난 5년 동안 내 마음을 짓누르고 있던 부름에 나는 응답하는 중이었다. 성경에 엄지손가락을 집어넣자 지난해에 나에게 용기와 확신을 심어준 익숙한 구절이 눈에 들어왔다.

옷시야 왕이 죽던 해에 내가 본즉 주께서 높이 들린 보좌에 앉으셨는데 그의 옷자락은 성전에 가득하였고 스랍들이 모시고 섰는데 각기 여섯 날개가 있어 그 둘로는 자기의 얼굴을 가리었고 그 둘로는 자기의 발을 가리었고 그 둘로는 날며 서로 불러 이르되 거룩하다 거룩하다 거룩하다 만군의 여호와여 그의 영광이 온 땅에 충만하도다 하더라 이같이 화답하는 자의 소리로 말미암아 문지방의 터가 요동하며 성전에 연기가 충만한지라 그 때에 내가 말하되 화로다 나여 망하게 되었도다 나는 입술이 부정한 사람이요 나는 입술이 부정한 백성 중에 거주하면서 만군의 여호와이신 왕을 뵈었음이로다 하였더라 그 때에 그 스랍 중의 하나가 부젓가락으로 제단에서 집은 바 핀 숯을 손에 가지고 내게로 날아와서 그것을 내 입술에 대며 이르되 보라 이것이 네 입에 닿았으니 네 악이 제하여졌고 네 죄가 사하여졌느니라 하더라 내가 또 주의 목소리를 들으니 주께서 이르시되 내가 누구를 보내며 누가 우리를 위하여 갈꼬 하시니 그 때에 내가 이르되 내가 여기 있나이다 나를 보내소서 하였더니 (이사야 6:1-8)

나는 곧 내가 이사야와 같은 처지라는 사실을 깨달았다. 나는 이사야가 분명히 느꼈을 경이감을 새로운 방식으로 느꼈다. 전지전능하신 하나님께서는 지금 이사야에게 가서 하나님의 말씀을 전하라 하고 계시다. 그렇게 벅찬 소명을 받은 이사야는 분명 두려웠을 것이다. 하지만 신념과 자신감으로 가득 찬 이사야는 "내가 여기 있나이다. 나를 보내소서"라고 하나님께 대답했다. 나는 비행기가 이륙할 때까지 그 짧은 두 문장을 일기장에 쓰고 또 썼다.

떠나야 하는 순간이 왔을 때 한 발짝도 앞으로 나아가지 못하면 가슴은 답답함으로 미어진다. 하지만 하나님의 계획은 완벽했다. 나는 아프리카를 가슴에 담고 기다린 지 정확히 5년 만에 잠비아로 가는 비행기에 올랐다. 돌이켜보면 그때 누군가 내게 하루 더 기다리라고 했다면 아마 더 기다릴 수 없었을 것이다. 그만큼 나는 그때 더 넓은 세상을 보고 뭔가 원대한 일에 참가하고 싶은 마음이 간절했다. 텍사스를 벗어나 일상을 탈출하는 일 또한 내 마음을 설레게 했다. 집에서 나는 너무나 판에 박힌 생활을 했다. 심지어 인생의 새 장이 활짝 열린 대학생활에도 너무 익숙해져 버렸다. 하지만 잠비아 생활은 대학생활과는 비교가 안 될 정도로 힘이 들 게 분명했다. 하지만 예전과는 180도 달라진 나는 아프리카 여행에 빨리 뛰어들고 싶었다. 아프리카는 꿈에만 그리던 곳이었지만 왠지 그곳은 이미 내 몸의 일부처럼 느껴졌다. 아프리카는 내가 꼭 가야만 하는 곳이라는 걸 나는 본능적으로 알고 있었다.

비행기가 공항을 떠나려고 움직이자 나는 코를 창문에 대고 밖을 바라보았다. 이런 일이 실제로 일어나고 있다는 사실에 겸손한 마음이 들었다. 나는 무릎 위에 놓인 일기장을 들여다봤다. "내가 여기 있나이다. 나를 보내소서." 때때로 믿음이 도약하는 기분은 마치 그랜드캐니언 아래로 몸을 던지는 사람의 기분과 비슷할 것 같다. 이것이 바로 내가 아프리카로 가는 첫 비행기 안에서 느낀 점이다. 대서양을 건너는 긴 비행시간 동안 나는 미지의 세계에 대한 두려움과 불안감을 해소하고, 앞으로 다가올 시간들을 설레는 마음으로 상상해 보았다. 하나님의 뜻을 향해 나아가면 우리는 서로 맞서는 두 가지 감정을 느낄 수가 있다. 바로 두려움과 설렘이다. 만약 그때 내가 두려움에 굴복했다면 어떻게 됐을까? 아마 아프리카로 가는 천금 같은 기회를 날려 버렸을 것이다.

당신의 삶에도 하나님께서 믿음을 갖고 지금 첫발을 내딛으라고 말씀하시는 장소가 있을 것이다. 그곳이 불확실하고 위험할 수도 있지만, 나는 당신이 그런 위험을 감수하기를 바란다. 하나님이 당신을 위해 세우신 계획에 따르면 당신의 삶은 아름답고 생기 있게 변할 것이다. 하나님의 계획에 따르려면 때로는 큰 믿음의 도약이 있어야 한다. 그래서 나는 대서양을 향해 두 팔을 벌려 뛰어들었다. 떠나야 하는 순간이 왔을 때 당신도 나처럼 믿음을 가지고 앞으로 나아가기를 바란다. 아프리카를 향해 뛰어든 내 인생이 바뀌었듯이, 당신을 필요로 하는 곳을 향해 믿음을 가지고 뛰어든다면 당신의 인생 또한 완전히 달라질 것이다.

5
위대한 왕이신 하나님

클레이튼 커쇼

어릴 때 나는 대부분의 시간을 집 밖에서 보냈다. 어느 계절이든 늘 밖에는 즐길 거리가 있었다. 댈러스에서는 겨울에 눈이 오는 경우는 드물지만, 눈이 조금이라도 내리면 친구들과 나는 눈싸움을 하며 즐거운 시간을 보냈다. 매년 여름에는 연례행사처럼 이웃집을 돌아다니며 '풀장놀이pool hopping(야간에나 집주인이 없는 주간에 옆집 풀장에 몰래 뛰어들어 노는 놀이 – 옮긴이)'를 했다. 우리는 풀장이 있는 집이면 어디나 담장을 훌쩍 뛰어 넘어 그곳에 차례차례 풍덩 뛰어들었다. 그런가 하면 가을은 미식축구의 계절이었고, 봄은 야구의 계절이었다. 밖에 나가서 노는 시간이 많아질수록 세상에 대한 내 지식도 점점 더 늘어났고, 계절의 변화도 실감할 수 있었다.

언젠가 나는 세상이 얼마나 경이로운 곳인지 생각해봤다. 세상을 가득 채운 사람과 사물, 산과 나무와 바다…. 어떻게 이 모든 것들이 생겨났을까? 이런 질문은 당시 나로서는 감당하기 어려운 주제였다. 내 앞에 펼쳐진 이 아름다운 모습들이 그저 진화에 불과하다는 사실을 믿기 어려웠다. 로마서 1장 20절에는 "창세로부터 그의 보이지 아니하는 것들 곧 그의 영원하신 능력과 신성이 그가 만드신 만물에 분명히 보여 알려졌나니 그러므로 그들이 핑계하지 못할지니라"라고 되어 있다. 우리는 세상에 있는 모든 것에서 하나님의 신성함을 볼 수가 있다. 온 세상은 나에게 창조주의 존재를 알려주었다. 만들어 둔 눈사람이 조금씩 녹을 때, 도로 위에서 계란이 프라이가 될 때, 새로운 시즌의 개막전에서 내가 마운드에 올라 설 때 나는 이런 생각을 했다. '이 모든 변화 뒤에는 특별한 뭔가가 있어. 분명 누군가가 계시니까 이렇게 계절의 변화가 있는 거 아니겠어?'

창조에 대해서 고민하면서 나는 처음으로 '특별한 뭔가'와 하나님에 대해서 생각했다. 그런 고민 때문에 내가 세상을 바라보는 방식이 완전히 달라졌다. 세상 모든 것이 그냥 탄생했다고? 나는 그 말을 믿을 수가 없었다. 나는 분명 우연히 태어난 게 아닌 데 말이다. 이 세계도 단순히 우연하게 탄생한 게 결코 아니다. 하나님께서는 자신이 만드신 모든 사물 속에서 하나님의 존재를 보여주심으로써 내 마음을 사로잡으셨다.

나는 어릴 때부터 매주 일요일마다 교회에 나갔다. 그리고 주일 학교에서 하나님의 말씀에 익숙해졌다. 하지만 그때 내 믿음이 독실한 것은 아니었다. 하나님의 말씀은 내가 자라면서 함께 한 그 무엇이었다. 나는 여러 사람들이 하나님에 대해 내게 말해준 이런저런 이야기들을 모아 그것을 하나님의 말씀으로 이해했다. 하지만 시간이 지날수록 나는 믿음이 단순히 내 마음 속에만 존재하는 것이 아니라는 사실을 서서히 깨달아갔다. 그때까지 하나님은 내가 다가갈 수 없는 너무 먼 존재였다. 하지만 하나님은 이미 나를 잘 알고 계시고, 또 나를 위해 계획도 세워두신 분이라는 사실을 나는 천천히 이해했다. 그리고 그 분이 어떤 분인지, 나를 위해 세워두신 계획은 무엇인지 점점 더 알고 싶어졌다.

하나님과 내가 이미 아는 사이라는 사실을 깨달은 나는 하나님을 위대한 왕으로 생각하기 시작했다. 나는 하나님 은혜로 이 세상에 태어났기 때문에 내가 하나님께 절대 순종하는 것은 너무나 당연해 보였다. 시편 95장 3절에는 내가 그리는 하나님의 모습이 잘 나타나 있었다. "여호와는 크신 하나님이시요 모든 신들보다 크신 왕이시기 때문이로다." 하나님께서는 내가 상상할 수 있는 그 어떤 존재보다도 더 크고 강력하고 위엄 있는 분이셨다. 믿음이 깊어지면서 나는 나의 왕이신 하나님께 늘 경외와 존경의 마음으로 기도를 드렸다.

위대한 왕이신 하나님의 모습을 그려보고 나니 하나님에 대한 놀라운 사실을 이해하게 되었다. 전지전능하신 하나님께서는 이 세상 모든 것을 완벽하게 주관하고 계셨다. 그저 댈러스에서 편안한 10대를 보내고 있던 나에게조차 하나님께서 내 인생을 주관하고 계시고 있다는 깨달음은 아주 특별하게 다가왔다. 하나님의 은혜는 믿기 힘들 만큼 놀라웠다. 알고 보면 나는 하나님과 함께 하는 길을 갈 수도 있었고, 그냥 내 길을 갈 수도 있었다. 하지만 하나님께서는 이미 나에게 하나님을 알고자 하는 강한 열망을 심어주셨다. 그런 사실을 떠올리니 하나님이 아주 친절하게 느껴졌다. 고등학교 때까지 나는 하나님을 늘 안전한 거리에서 흠모했다. 내게 하나님이 필요하다는 사실은 이미 잘 알고 있었다. 하지만 하나님은 내게 위대한 왕이셨기 때문에 나를 마치 한 마리 벌레를 잡듯 대하실 수도 있다고 생각했다. 하나님에 대한 무한한 존경심을 가졌던 나였지만 그때는 왕으로서의 하나님 모습에만 너무 초점을 맞추었다. 그 결과로 나는 그때 하나님의 다양한 면모를 많이 놓치고 있었다.

내가 고등학교에 들어가자 하나님께서는 내 믿음에 힘을 실어줄 친구들과 멘토들을 내게 선물로 보내주셨다. 엘런이 바로 그런 친구들 중 하나다. 엘런과 가까워지면서 나는 엘런이 하나님을 대하는 관점이 나와는 많이 다르다는 사실을 알게 되었다. 하나님은 엘런의 친구였고, 엘런은 온종일 하나님과 대화했다. 하나님의 그런 모습이 신선하게 느껴졌다. 그때 나는 마침내 깨달았다. 위대한 왕이신 하나님의 모습만 바라보면 안 된다는 사실을 말이다. 하나님은 믿음직한 친구이자 인자하신 아버지의 면모도 갖추고 계셨다. 하나님을 하늘에 계신 아버지로 이해한 사건은 나에게는 마치 혁명과도 같았다. 하늘에 계신 아버지가 아니라면 누가 그토록 위대한 사랑을 나에게 보내줄 수 있었을까? 그때 나는 태어나서 처음으로 내 인생에도 불균형이 있다는 사실을 깨달았다. 나는 오직 하나님의 한 면만 보았다. 하나님께서는 위대한 왕이시지만 그와 동시에 그 이상의 존재이시기도 하다. 하나님께서는 나를 사랑하시고, 나와 친밀한 관계를 맺는 자애로운 아버지이신 것이다. 하나님께서는 아들 예수님을 보내 나를 찾아가도록 하셨다. 이처럼 하나님께서는 하나님의 다른 면모를 나에게 일깨워 주셨다.

혹시 내가 하는 기도를 듣고 내가 아직도 하나님을 위대하신 왕으로 여기고 있다고 생각하는 사람이 있을지도 모른다. 물론 하나님의 전능하심은 나를 아직도 놀라게 한다. 하지만 내가 하나님을 하늘에 계신 아버지로서 다가가려고 노력하고 있다는 사실을 이해해 주었으면 좋겠다. 나를 향한 하나님의 은혜와 사랑은 변함이 없다. 아직까지도 나는 친근한 아버지로서의 하나님보다는 위대하신 왕으로서의 하나님이 더 편하다. 하나님을 하나의 모습으로 정의하기에는 너무나 크신 분이라는 사실을 나는 점점 더 알아가고 있다. 이제 나는 하나님의 모든 면모를 사랑하고 싶다. 하나님의 한 가지 모습에만 초점을 맞추면 우리는 하나님의 면모를 축소하게 된다. 마치 하나님을 상자 안에 가두는 것과 같다. 하지만 진짜 하나님의 모습은 우리의 상상을 훨씬 뛰어넘는다. 우리 힘으로는 그 분이 얼마나 크신 분인지 가늠조차 할 수 없다. 하나님께서는 도대체 어떻게 그 많은 일들을 혼자 다 하실까?

나처럼 하나님의 한 면만 바라보고 싶은 유혹을 느끼는 사람도 있을 것이다. 하지만 하나님의 어떤 면모에 초점을 맞추든 하나님께서는 그것을 뛰어넘는 훨씬 더 크신 분이라는 사실을 기억하길 바란다. 나는 다행히 어릴 때부터 하나님의 말씀을 듣고 자랐다. 물론 그렇지 않은 사람도 있을 것이고, 그래도 괜찮다. 앞으로 하나님과 함께 하는 길을 걷기 위해서 꼭 기독교 집안에서 자라거나 교회를 다녔어야 하는 것은 아니다. 시작하기에 늦은 때란 없다. 이제 와서 되돌아보면 하나님께서 어릴 때부터 내 마음을 사로잡았다는 사실에 너무 감사하다. 하지만 최근 몇 년 동안 하나님께서 내게 주신 많은 가르침에 비하면 그건 아무것도 아니다. 하나님과의 개인적인 관계는 너무나 중요하다. 예수님을 알고 나서 내 인생은 180도 달라졌다. 고등학교 때도 그랬고, 야구 선수 생활을 하는 지금도 그 사실은 늘 변함이 없다.

어렸을 때 나는 내가 보는 세상과 계절 뒤에는 분명히 무언가 더 큰 존재가 있을 거라고 믿었다. 하나님 덕분에 나는 내가 하나님께 더 다가갈 수 있는 큰 의문을 품게 되었다. 나는 지금까지 위대한 왕으로서의 하나님 모습뿐만 아니라 친구이자 아버지이신 하나님의 모습도 많이 배웠다. 하나님을 알면 알수록 나는 하나님께서 얼마나 영광스러운 분인지 깨닫는다. 하지만 아무리 애를 써도 하나님이 어떤 분인지 완전히 이해하기란 불가능할 것 같다. 무한한 존재이신 하나님을 온전히 알고 싶은가? 정말 멋진 생각이다. 우리는 매일 하나님에 대한 지식을 늘려갈 수 있다. 하나님을 알면 알수록 우리는 하나님의 모습을 더 많이 발견하게 된다. 그리고 우리가 하나님의 모습을 점점 더 닮아가는 놀라운 변화를 경험하게 된다.

6
최고의 친구이신 하나님

엘런 커쇼

2010년 12월 4일. 내 결혼식 파티가 열렸다. 나는 가장 절친한 친구 스무 명을 초대했다. 내 최고의 친구들을 초대하는데 결혼식 파티를 작게 열 수는 없었다. 이 친구들은 내가 가장 사랑하고 또 신뢰하는 친구들이다. 가장 친한 친구 숫자가 뭐 그렇게 많으냐고 물을 수도 있지만, 나에게는 그게 너무나 당연했다. 나는 하나님에 대한 내 사랑을 잘 아는 친구들을 결혼식에 초대하고 싶었다. 예컨대 클레이튼이나 하나님에 대해 허물없이 이야기할 수 있는 친구들 말이다. 기본적으로 스무 명의 내 친구들은 그런 조건에 딱 맞아떨어지는 친구들이었다. 신부 들러리 대표는 내 언니 앤이 맡았다. 언니는 어느 누구보다도 나를 잘 아는 사람이다. 나는 어릴 때부터 언니와 같은 방을 썼고, 잠자기 전에는 늘 언니와 하나님에 대해 이야기를 나누었다. 언니 앤과 내 멋진 친구들이 내 결혼식을 빛내준 건 무엇보다도 큰 영광이었다.

어릴 때부터 시작해서 내 생활은 늘 친구들과의 주말을 중심으로 돌아갔다. 몇 년 동안 내게 가장 중요했던 질문은 '이번 주 금요일 저녁에는 누구랑 미식축구 보러 가지?'였다. 나는 내 친구들처럼 아주 활달한 성격이었다. 2남 2녀 중에 셋째로 태어난 나는 어린 시절부터 형제자매들 그리고 사촌들과 아옹다옹하며 성장했다. 우리 동네에는 친척들이 많이 살고 있었고, 누구나 즐길 수 있는 오락거리도 많았다. 2년에 한 번 우리 동네에서는 차량을 통제하고 축제를 벌였다. 덕분에 우리들은 차도 한가운데서 밖이 어둑어둑할 때까지 스케이트나 자전거를 타며 놀았다. 옆집 아이들과 같이 초등학교에 걸어서 등교하는 일도 너무 즐거웠다. 언니는 마치 아기를 태우듯이 나와 친구들의 가방을 빨간색 카트에 싣고 끌고 다니곤 했다. 동네 사람들과 함께 지내는 일은 내게 너무나 자연스러운 것이었다.

중학교에 올라 갈 무렵, 내 최고 관심사는 어떻게 친구들과 어울릴까였다. 그때 우리는 이제 막 온라인 채팅에 빠져 들었는데, 온라인 채팅으로 남자 아이들과 쉽게 말문을 틀 수 있었다. 그 이유는 간단했다. 글자를 썼다 지웠다 하다가 막히는 곳이 있으면 옆에 있는 친구에게 좀 물어보고, 그리고 나서 재치 있고 멋진 답장을 보내면 끝이었다. 온라인 채팅은 완벽한 의사소통 수단이었지만 거기에는 숨겨진 단점도 많았다. 여자 아이들은 실제로 사람을 만나서는 못할 과격한 말들을 채팅에서는 거리낌 없이 했다. 사귀는 첫 단계도 채팅 방에서 '나랑 데이트

할래?'라는 말로 시작했다. 채팅은 그렇게 단순했다. 남자 아이들 또한 여자 아이가 데이트 신청을 거부해도 별로 개의치 않았다. 채팅 방에서는 서로 감정이 상하거나 대화 내용을 복사해서 공유하거나 서로 오해하는 일이 많았다. 비극의 시작이었다.

몇 학년 때가 당신의 '최악의 해'였는지 기억나는가? 난 중학교 3학년 때가 최악이었다. 나는 그때 처음으로 친구들 사이에 끼는 일이 세상에서 제일 중요하다는 사실을 깨달았다. 나는 비참한 기분이 들었다. 내가 그동안 조건으로 친구들을 사귀어 왔다니! 여자 아이들은 쉽게 오늘은 친구였다가 내일은 적으로 돌변하곤 했다. 이 때문에 우리는 마치 살얼음 위를 걷듯 서로 눈치를 보았다. 그리고 서로를 치켜세워 주면서 모든 화제에 끼고 싶어 했다. 우리는 친구들 사이에서 따돌림을 당하지 않으려고 무슨 일이든 했다. 서로 말은 안 했지만 우리는 우정이 깨지거나 배신을 당할까봐 늘 조마조마했다. 중3 여느 여학생들처럼 나 역시 여학생들 사이에서 자리를 차지하려고 애를 썼다.

나는 끔찍한 중학교 3학년을 보내면서 마침내 마음의 고통은 누구도 피할 수 없다는 사실을 깨달았다. 나를 포함해서 여자 아이들은 자신의 말과 행동이 얼마나 남에게 상처를 주는지 알지 못했다. 그때까지만 해도 나는 친구들과 잘 어울리지 못하는 친구에게 손을 내미는 일이 얼마나 가치 있는지 전혀 몰랐다. 내가 중학교 때 '사람이 중요하다'는 사실을 알고 있었더라면 얼마나 좋았을까. 힘든 시기를 보내면서 나는 하나님께서 나에게 지금 무엇인가를 가르쳐 주고 계시다는 걸 깨닫기 시작했다. 나는 인간을 향한 하나님의 사랑에 대한 구절을 읽었다. "여호와는 긍휼이 많으시고 은혜로우시며 노하기를 더디 하시고 인자하심이 풍부하시도다"(시편 103:8). 그지없는 사랑과 자비. 하나님의 이런 모습이 내 마음을 사로잡았다. 나의 모습과는 너무나 동떨어진 단어들이었기 때문이다.

재산을 탕진한 아들에 대한 성경 이야기는 하나님의 사랑이 어떤 것인지 잘 보여준다. 하나님께서는 늘 잘못을 탓하지 않으시고, 남들이 싫어하는 사람조차 사랑하신다. 나는 성경 이야기에 깊이 빠져들었다. 누가복음 15장에는 방탕하게 살다가 아버지가 물려준 재산을 탕진하고 소식이 끊긴 아들 이야기가 나온다. 그의 아버지는 방종한 아들이 다시 집으로 돌아오자 믿기 힘들 만큼 자비롭게 자기 아들을 맞이한다. 아버지는 아들에게 가장 좋은 옷을 입히고 아들의 귀환을 축하하는 만찬을 연다. 아버지는 아들이 잘못했다고도, 그동안 쓸데없는 짓을 했다고도 말하지 않는다. 거기에는 잃어버린 아들을 다시 찾은 것에 대한 넘쳐흐르는 연민의 마음만이 있을 뿐이다. 사실 그 아들은 아버지의 사랑을 받을 자격이 없다. 그런 사랑을 받을 만한 행동을 보이지 않았기 때문이다. 하지만 아버지는 아들을 벌하기보다는 아들의 잘못과 부끄러움을 감싸줌으로써 아들이 아버지의 사랑이라는 선물을 받을 수 있도록 해준다. 아들을 구한 아버지의 모습은 우리의 죄를 씻어주려고 죽음을 택하신 예수님의 모습과 너무나 닮아 있다.

나는 하나님께서 내게 주신 사랑이 어떤 것인지 잘 안다. 부모님은 내게 하나님의 사랑을 매일 보여주셨고, 주일 학교 선생님들은 하나님의 사랑을 매주 일깨워 주셨다. 하지만 나는 내가 절실해져서야 비로소 무조건적인 사랑에 눈을 떴다. 중학교 3학년 때, 내 친구 관계가 삐걱거리자 하나님께서는 따뜻하게 나를 안아주셨다. 클레이튼은 지금도 하나님을 위대하신 왕으로 존경하는 마음으로 대한다. 반면 나는 하나님을 내 최고의 친구로 받아들이면서 중3 때의 위기를 벗어났고, 하나님 안에서 커다란 기쁨을 얻었다. 나는 그때 아주 어린 시절부터 알고 있던 하나님께 의지했다. 중학교 3학년은 내가 그동안 믿어온 하나님을 제대로 이해하는 계기가 되었다. 나는 그때부터 뭔가 일이 풀리지 않을 때는 하나님께 의지하기 시작했고, 하나님 안에서 크게 위로받았다.

하나님은 내가 그렇게 찾고 싶어 했던 믿음직한 친구였다. 예수님 안에서 사랑이 넘치는 친구를 발견한 나는 내 믿음을 더욱 잘 이해하려고 있는 힘껏 노력했다. 그리고 내가 충실하게 하나님의 길을 걸을 수 있도록 하나님께서 변함없이 나를 인도해 주시기를 기도했다. 하나님을 따르는 길에는 정답이 없기 때문에 나는 내게 가장 자연스러운 방법인 기도를 선택했다. 나는 마치 친구에게 이야기하는 것처럼 편안하게 기도를 드렸다. 나는 크게 소리 내어 기도하기도 했지만 보통은 일기장에 내 기도문을 써내려갔다. 나는 하나님께 내가 가진 문제와 불안한 마음을 몽땅 털어놓았다. 하나님께서 내 속마음을 훤히 알고 계시고, 불완전한 나를 그래도 사랑하신다고 생각하니 큰 위로가 되었다. 지금까지도 나와 하나님의 관계가 더욱 깊어지고 있다는 사실에 나는 감사한 마음이 든다.

지난 수년 동안 나는 열정과 영성 훈련의 관계에 대해서 많은 생각을 했다. 예전부터 이상하게 나는 기도할 때 마음이 제일 편했다. 하지만 왜 그런지 정확한 이유는 알 수가 없었다. 나는 하나님의 말씀을 읽고 공부하는데 의미 있는 시간을 보내려고 많이 노력했다. 뭔가 절실히 필요할 때 힘든 과정을 이겨내고 거기에 최선을 다하는 법이다. 하나님의 말씀을 읽고 하나님을 만나는 시간이 절실히 필요한 건 알지만 그런 열정이 약해지는 때가 많다. 하지만 그런 순간에도 하나님께 새로운 열정을 달라고 기도할 수 있다는 사실을 나는 요즘 배우고 있다. 내가 꾸준히 영성 훈련을 해가면서 하나님과 하나님의 말씀에 대한 열정이 점점 더 커져간다는 걸 느낀다.

최고의 친구이시기도 한 하나님의 모습을 발견한 덕분에 내 삶은 크게 변했다. 이 때문에 내가 하나님을 이해하고 예배하는 방식이 바뀌었고, 내가 사람들을 이해하는 시각도 달라졌다. 다른 사람에게 친구가 되어주는 일은 아주 중요하다. 예수님의 사랑을 다른 사람에게도 알려줄 수 있는 좋은 기회이기 때문이다. 대학 때 기숙사 친구들은 내게 가족 같은 존재였다. 친구들은 나의 장단점을 모두 알았고, 내 모든 면을 사랑했다. 배운 것도 한두 가지가 아니다. 나는 심지어 세탁기를 돌리는 법도 기숙사 친구들한테 처음으로 배웠다. 나는 그때까지 섬유 유연제가 세제와 어떻게 다른지도 잘 몰랐다. 집을 홀라당 태워먹지 않고 요리하는 법도 배웠다. 우리는 서로 농담을 주고받고, 옷을 바꿔 입을 정도로 친했다. 어떤 날은 친구 방에 모여 하룻밤을 꼬박 새우기도 했고, 때때로 깜짝 분장 파티를 벌이기도 했다. 우리는 주일 저녁마다 가족처럼 식사를 같이 했고, 서로의 꿈과 목표를 응원했다. 나는 기숙사 친구들 덕분에 기독교 공동체가 무엇인지, 믿음직한 사랑이 무엇인지 알 수 있었다. 기숙사 친구들은 하나님께서 내게 내려주신 값진 선물이었다. 친구로 맺어진 우리들은 서로가 서로를 끔찍하게 챙기는 한 가족이나 다름없었다. 내 결혼식에 이 소중한 친구들을 초대하는 것은 너무나 당연했다.

하나님께서 내게 주신 인생 최고의 선물은 독실한 기독교 신자인 내 기숙사 친구들이다. 그 친구들은 나를 한 인간으로서 성숙하게 만들어주었고, 나와 기쁨을 함께 나누었으며, 내가 잘못을 할 때에도 따뜻하게 감싸주었다. 나는 그 친구들 덕분에 하나님에 대한 사랑을 깨달았다. 나는 당신에게도 그런 친구가 있기를 기도한다. 나는 4년간 텍사스 에이앤엠A&M 대학교에 다니면서 내 가족 같은 영혼들을 만났다. 그곳에서 만난 내 친구들은 나를 하나님께서 원하는 사람으로 바꾸어 놓았다.

친구들과의 우정은 중요하다. 하지만 내가 하나님과 맺은 각별한 우정과는 비교할 수가 없다. 자신의 정체성을 하나님 안에서 찾으면 인생에서 사람과 사물이 제자리를 찾는다. 하나님과의 우정이 무럭무럭 자라날 때 우리는 이전보다 사람들을 더 아끼기 시작한다. 요한복음에 예수님께서는 사람을 사랑하는 것이 어떤 것인지 다음과 같이 말씀하신다.

> 내 계명은 곧 내가 너희를 사랑한 것 같이 너희도 서로 사랑하라 하는 이것이니라 사람이 친구를 위하여 자기 목숨을 버리면 이보다 더 큰 사랑이 없나니 너희는 내가 명하는 대로 행하면 곧 나의 친구라 이제부터는 너희를 종이라 하지 아니하리니 종은 주인이 하는 것을 알지 못함이라 너희를 친구라 하였노니 내가 내 아버지께 들은 것을 다 너희에게 알게 하였음이라 (요한복음 15:12-15)

내 친구가 되고자 하신 예수님의 열망으로 예수님께서는 십자가를 지셨다. 예수님께서는 친구를 위해 목숨을 버림으로써 이 세상에서 가장 위대한 사랑이 무엇인지 보여주셨다. 예수님께서 나를 위해 희생하셨다는 사실을 깨닫지 못하는 한 나는 절대로 내가 바라는 친구가 될 수 없을 것이다. 예수님의 사랑을 더 깊이 깨달을수록 예수님의 사랑을 다른 사람들에게 전하고 싶은 내 바람은 더욱 간절해진다. 만약 당신이 아직 그럴 준비가 안 됐다면 먼저 하나님을 최고의 친구로 생각해보면 어떨까? 그렇게 하면 사람을 대하는 당신의 태도가 확 달라질 것이다. 무엇보다도 당신의 삶이 놀라울 정도로 크게 달라질 것이다.

7
함께 성장하다
클레이튼 커쇼

고등학교 1학년 때 만난 동창과 결혼하는 경우는 꽤 드문 일이다. 하지만 내가 바로 그 주인공이다. 나는 그때 열네 살이었고, 보통 키에 약간 통통했다. 엘런과 나는 중학교 입학 때부터 몇 년 동안 비슷한 친구들 무리에서 놀았기 때문에 내 친구가 곧 엘런의 친구였다. 엘런은 친구들을 잘 챙기는 성격이었기 때문에 여자 아이들 중에서 돋보였다. 게다가 엘런은 여학생치고는 아주 재미있는 아이였다. 나는 그 점이 유독 마음에 들었다. 엘런은 워낙 잘 웃는 성격이라 내 썰렁한 농담에도 웃곤 했다. 나는 그게 믿어지지 않을 정도로 좋았다.

나는 하이랜드 파크 고등학교 복도에서 엘런에게 정식으로 사귀자고했다. 우리는 수업에 쫓기고 있었지만 그 타이밍이 완벽했던 것 같다. 나는 어색한 잡담을 나눌 겨를도 주지 않고 엘런에게 데이트 신청을 하면서 사귀자고 했다. 엘런은 차분하고 따뜻하게 친구 이상의 관계로 발전하고 싶다는 내 제안을 받아들였다. 긴장이 풀린 나는 학교 식당으로 갔다. 친구들이 내게 주먹을 불끈 쥐어보였고, 우리는 하이파이브를 했다. 드디어 내게 여자 친구가 생겼다. 엘런과 나는 밤마다 채팅으로 대화를 하며 단 한 순간도 떨어져 있지 않으려 했다. 그렇게 우리는 '데이트'를 했다. 정말 최고였다. 그때는 미처 몰랐지만 그 날 내 인생이 바뀌었다. 그것은 내가 여태껏 상상하지도 못한 일이 앞으로 펼쳐질 것이라는 징조였다. 정확하게 8년 후에 나는 교회 통로 끝에 섰고, 면사포를 쓴 엘런은 문을 지나 나를 향해 걸어왔다. 그런 일은 안 일어난다고들 말한다. 우리가 예외적인 경우라는 것은 잘 알지만, 어쨌든 우리 커플의 이야기는 그런 추측이 틀렸음을 증명해 보였다.

엘런과 나는 같이 성장했다. 우리는 물론 서로 '사귀는' 사이였지만 엘런은 내게 그냥 가장 친한 친구 같았다. 나를 있는 그대로 드러내도 좋은 그런 친구 말이다. 엘런은 내가 마음을 툭 터놓은 첫 친구다. 우리는 괴로움과 즐거움을 함께 했다. 동창회 댄스파티나 학교 댄스파티 사진에 나온 우리 둘의 모습을 보고 있으면 웃음이 절로 나온다. 첫 동창회 댄스파티 때 우리 둘의 모습은 꽤 꼴불견이었다. 나는 모카신 moccasin(부드러운 가죽으로 만든 납작한 신. 원래 북미 원주민들이 신던 형태 – 옮긴이)을 신고 분홍색 셔츠 위에 정장을 입고 있었다. 게다가 댄스파티 직전에 마지막 젖니가 빠져서 웃을 때 그 구멍이 훤히 보인다. 엘런은 머리에 '탈색'을 해서 머리카락이 희끗희끗했다. 그렇게 우리 두 사람은 그 해에 힘든 시간을 보냈다.

형제가 없던 나는 엘런의 가족들과 금세 친해졌다. 엘런의 형제자매들은 나를 가족처럼 대해 주었다. 엘런과 사귄 바로 그 해 여름에 나는 매년 바닷가로 떠나는 엘런의 가족여행에 초대받았다. 나는 지금도 그때 어떻게 나와 엘런이 가족여행에 함께 갔는지 잘 이해가 안 간다. 그때까지만 해도 엘런과 내가 주변 친구들 없이는 한 번도 따로 논 적이 없었기 때문이다. 나는 난생 처음으로 형, 누나, 사촌, 이모, 삼촌들에 둘러싸였다. 그 첫 가족여행이 부담스럽기도 했을 테지만, 나는 그 모든 순간들이 즐거웠다. 우리는 해변에서 사진을 여러 장 찍었는데, 사람들에 떠밀려서 사진을 찍어본 건 그때가 처음이었다. 내가 준비가 됐든 안 됐든 엘런의 가족들은 늘 나를 불렀다. 엘런과 나는 같이 성장하면서 가족들과 많은 시간을 보냈다. 우리는 가족 파티나 명절 때마다 함께 뭉쳤다. 엘런 가족과 우리 가족은 그렇게 서로 어울려 지냈기 때문에 엘런과 나는 서로 사귀는 사이 이상의 감정을 느꼈다. 우리는 커플이라기보다는 한 가족 같았다.

이런 이유로 나와 엘런의 관계는 다른 커플들과는 사뭇 달라보였다. 하지만 우리 두 사람은 친구들에게 그렇게 비춰지길 원하지 않았다. 우리는 처음부터 주변의 시선과 어떻게 다르게 행동할까를 고민했다. 고등학교에서 남녀가 사귀게 되면 그 주변 사람들은 어색해질 가능성이 크다. 우리 두 사람은 절대로 주변 사람들을 어색하게 만드는 커플은 되지 말자고 다짐했다. 우리는 누군가를 '가윗사람' 취급하는 게 너무 싫었다. 그 대신 우리 주변 사람들이 자신이 중요한 사람이라고 느끼고 환영받는다는 기분이 들도록 만들고 싶었다. 엘런은 주변 사람들이 중요한 사람이라는 기분이 들도록 만드는 재주가 있었다. 나도 엘런처럼 그렇게 하고 싶었다. 우리 두 사람은 그렇게 다른 사람의 기분에 대해서도 최대한 신경을 썼다. 우선 친구들과 가족들을 존중하는 것부터 시작했다. 하지만 세월이 흐른 뒤에 우리는 그런 태도가 완전히 다른 세계에도 잘 적용된다는 사실을 발견했다. 엘런은 나에게 다른 사람을 사랑하는 법을 많이 가르쳐 주었다. 연습을 하러 야구장에 나가거나 동료들과 클럽하우스에 함께 있을 때 나는 나보다 더 팀 동료들을 존중하려고 노력한다. 나는 고등학교 때 엘런 덕분에 다른 사람에게 내가 먼저 진실한 관심을 보이면 그 사람도 그에 반응한다는 교훈을 얻었다.

내가 엘런과 처음으로 아프리카에 갔을 때, 나는 엘런이 어떻게 사람들을 사랑하는지 눈으로 직접 볼 수 있었다. 다른 사람에게 인정받고 사랑받고 있다는 느낌을 주면 마음의 벽이 허물어지고 가까워지는 기회는 늘어난다. 잠바아에서 제니Jenny라는 이름의 고아와 포옹한 것이 기억난다. 제니는 두 팔로 내 목을 감았고, 우리는 오랫동안 거기에 가만히 앉아 있었다. 제니에게 특별한 느낌을 갖도록 하는 데는 그리 오래 걸리지 않았다. 그저 제니를 꼭 껴안아주는 것만으로 충분했다. 그것은 미국이나 아프리카나 별반 다르지 않았다. 하나님은 우리가 사람이 중요하다는 사실을 깨달을 때 놀라운 일을 해내신다. 우리가 아프리카에 선교활동을 하러 온 제일 큰 목적도 바로 사람을 사랑하는 일이었다. 또 다른 목적은 하나님의 사랑으로 아프리카 사람들의 삶에 변화가 일어나도록 돕는 일이었다. 엘런과 내가 만난 아이들은 늘 쓸모없는 존재라는 말을 들으며 자란 아이들이었다. 하지만 예수님은 늘 변화를 만들어 내시는 분이시다. 사람을 어떻게 대하느냐가 제일 중요하다. 나는 고등학교 신입생 때 얻은 이 교훈에 늘 감사한다. 엘런과 나는 밖으로 관심을 두고 싶었다. 우리는 사람들에게 어색하거나 접근하기 힘든 인상을 주고 싶지 않았다. 우리는 늘 친구들과 함께 하고 싶었다. 그것을 늘 우선순위에 두었기에 우리 관계가 특별할 수 있었다.

우리는 믿음도 함께 하며 성장했다. 하나님의 은혜 덕분에 엘런과 나는 어린 시절부터 둘 다 교회에 나가서 하나님의 말씀을 들으며 자랐다. 고등학생이 될 즈음에 우리는 둘 다 기독운동선수협의회Fellowship of Christian Athletes에서 주관하는 청소년 성경 캠프에 참가했다. 수백 명의 또래들 앞에서 친구들이 나서서 찬송가를 지휘하고 기도하는 광경은 정말 대단했다. 기독교를 믿는 친구들에 둘러싸여 고등학교 시절을 보낸 것은 우리에게 큰 축복이었다. 우리는 주중에 하나님께 기도하고, 주말에는 즐거운 시간을 보냈다. 우리가 하나님과 함께 성장해 나가면서 정체성에 대해서도 많이 배웠다. 어떤 인간관계이든 다른 사람을 우상으로 만들 위험성은 늘 존재한다. 나 역시 엘런과 내 친구들을 세상의 전부인 것처럼 생각할 가능성도 있었다. 엘런과 친구들은 정말 내 인생의 큰 부분이었다. 하지만 일찍부터 하나님은 내게 다른 누구도 내 존재를 규정하지 못한다는 진리를 보여주기 시작하셨다. 고등학교에서 우리는 자신의 존재를 친구들이나 이성 친구에게서 찾고 싶은 유혹에 빠진다. 그렇게 되지 않으려면 정말 힘든 싸움을 벌여야 하지만 그럴 만한 가치가 충분히 있다. 하나님 안에서 나는 있는 그대로의 내가 되는 법과 내 스스로를 편히 쉬는 법을 배웠다.

엘런과 나는 하나님에 대해서 서로 대화를 나누었다. 나는 고등학교에서 하나님을 중심에 두는 삶이 정말 중요하다고 생각한다. 언제나 일은 꼬일 때가 있다. 하지만 하나님에 초점을 맞추면 어떤 인간관계에서든 우여곡절을 겪더라도 그것을 극복할 수 있는 시각을 가지게 된다. 힘써 노력할 대상이 생기면 유혹과 싸우거나 다른 힘든 일들을 극복하기가 훨씬 쉬워진다. 엘런과 나는 순수함을 유지하고 하나님을 찬양하는 관계를 만들려고 최선을 다했다. 우리는 고등학생들 연애에서 흔히 일어나는 비극을 막으려고 하나님 안에서 힘을 얻었다. 각별한 노력을 할 용기가 있다면 그 사람은 이미 강을 거슬러 헤엄칠 준비가 된 것이다. 모든 일이 순조로웠다고 말하기는 어렵지만, 그래도 우리가 노력했던 방식을 바꾸고 싶은 마음은 조금도 없다.

하나님과 함께 하는 고등학교 생활로 인해 우리가 연애하는 방식도 완전히 바뀌었다. 나는 지금의 우리 결혼생활에도 하나님께 긍정적인 변화를 달라고 늘 기도한다. 나는 고등학교 때 결혼을 이야기하는 사람이 있으면 자지러질 정도로 깜짝 놀랐다. 열여섯 살에 과연 누가 결혼에 대해서 진지하게 이야기하겠는가? 지금이야 그런 대화도 나눠봄직하다고 생각하지만 당시 십대인 나로서는 동창회에 커플로 같이 가는 일을 넘어서는 우리의 미래를 상상하기란 거의 불가능했다. 지금 와서 돌이켜보면 그때 그렇게 생각하길 참 잘했다는 생각이 든다. 엘런과 나는 그때 우리 미래에 대해서 아무런 계획을 짜지 않았다. 결혼 이야기는 엘런이 대학교 졸업반 때 내가 프러포즈를 해야겠다고 마음먹은 후에야 나왔다. 그런 이유로 우리는 정말 온전히 고등학생답게 학창시절을 보냈다. 애도 어른도 아닌 어정쩡한 상태는 최대한 피했다. 그 덕분에 우리는 하이랜드 파크 고등학교 생활을 정말 멋지게 보낼 수 있었다. 미식축구 경기, 학교 댄스파티, 스포츠 응원에 열광하며 즐거운 시간을 보냈다. 나는 그때 우리가 너무 빠른 약속을 해서 앞서 가지 않은 것이 너무 기쁘다. 나중에 우리가 심각하게 결혼을 생각하게 되었을 때, 우리는 결혼할 준비가 충분히 되어 있었다. 하나님은 우리를 그저 좋은 친구로서 함께 시간을 보내게 한 뒤에 우리를 서로의 동반자로 묶어 주셨다.

2010년 12월 4일. 나는 긴 복도 끝에 서서 엘런을 맞이할 준비를 했다. 내 옆에는 내 인생에서 가장 친한 친구 열 명이 서 있었다. 초등학교 때부터 알고 지낸 절친한 친구들이었다. 너무나 멋진 순간이었다. 10대 때부터 알고 지낸 여자 친구와 결혼을 하게 되다니! 게다가 나는 여자 친구보다 더 오래 알고 지낸 고향 친구들에 둘러싸여 있었다. 나는 아직까지도 주변에 고향 친구들이 참 많다. 그런 친구들을 내게 주신 하나님께 감사한다. 잠언 13장 20절에 "지혜로운 자와 동행하면 지혜를 얻고 미련한 자와 사귀면 해를 받느니라"고 하였다. 이 친구들은 지금까지 나와 많은 시간을 함께 걸어왔다. 우리는 어리석은 실수에서 서로 교훈을 얻고 함께 지혜를 모았다. 무엇보다도 우리는 무슨 일이든 늘 함께 해왔다.

고등학교 때 엘런과 나는 다른 친구들과의 깊은 우정도 지키자고 맹세했다. 나에게는 내 친구들이, 엘런에게는 자기 친구들이 필요했다. 오늘날까지도 친구들은 우리 결혼생활에 큰 축복이다. 우리는 우리 둘만을 바라보지 않고 친구들과 함께 성장했다. 10대들은 보통 근시안적 사고로 이성 친구와 사귀는 데에만 몰두한다. 너무나도 우연히 그렇게 된 것이긴 하지만 엘런과 나는 결코 그렇게 하지 않았다. 사실 고등학교 때 엘런과 나는 단둘이서 데이트 한 경우가 거의 없었다. 우리는 늘 친구들과 함께 다녔다. 당신의 인간관계를 잘 아는 친구가 옆에 있다는 것은 참으로 중요하다. 당신을 잘 알고, 당신이 하나님께 집중하도록 만들어 줄 친구가 필요하다. 결혼식 때 내 옆에 있던 고향 친구들은 나와 어린 시절부터 함께 했기 때문에 나를 아주 잘 안다. 엘런과 내가 그때 그런 우정을 지키려고 애썼다는 사실이 지금도 너무 기쁘다.

엘런과 나는 지금까지 인생의 많은 부분을 함께 해왔다. 게다가 우리는 아직도 젊다! 우리는 서로 적절한 거리를 유지하며 성장했다. 나는 엘런을 사랑했지만 그녀가 내 인생의 전부는 아니었다는 의미다. 나는 만족스러운 삶을 위해서 엘런에게만 의존할 수 없었다. 오직 예수님만이 나를 충만하게 하셨다. 엘런은 우리가 고등학교에서 인생이 무엇인지 배워갈 때 나를 하나님께로 이끌어준 친구였다. 누구나 10대 때 울

퉁불퉁한 길을 걷듯 방황을 한다. 우리 두 사람도 나름대로의 시련을 겪었다. 하지만 지금 와서 과거를 돌이켜볼 때 나는 그 시절을 절대 바꾸고 싶지는 않다. 성장하는 일, 특히 하나님과 함께 성장하는 일은 아주 중요하다. 내 인생에서 최고의 축복은 바로 그 일을 엘런과 함께 했다는 사실이다.

8

너의 상처는 곧 나의 상처

엘런 커쇼

그 여자 아이는 그윽하고 슬픔에 가득 찬 눈으로 나를 바라봤다. 한 마디 말도 없이 그 아이는 내게 자기 사연을 들려주고 있었다. 암갈색 눈에 서려 있는 슬픈 무언가 때문에 나는 잠을 이루지 못했다. 그 아이의 사연은 너무 듣기 고통스러워서 다음날 내가 잊어버리고 싶을 정도였다. 하지만 그 사연을 잘 기억해서 그 아이를 위해 기도하고 싶은 마음도 생겼다. 그 아이는 날마다 나를 찾아왔다. 나를 볼 때마다 그 아이의 표정은 부드러워졌다. 그 아이는 짧은 말로 자기 집과 삶이 어떤지 내게 말했다. 아이가 느끼는 세상은 어둡고, 기쁨이 없는 곳 같았다. 우리는 그 해 여름 금세 친구가 되었다. 매번 나타샤를 떠올릴 때마다 내 가슴은 미어진다.

패트리샤는 내가 몇 해 전 여름에 만난 아이다. 2009년에 나는 다시 아프리카로 갔다. 아이들이 캠프로 도착했고, 거기서 패트리샤를 찾는 건 어렵지 않았다. 눈 깜짝할 사이에 패트리샤가 먼저 내게 달려오고 있는 게 아닌가! 한 치의 망설임도 없이 달려와 내 품에 안긴 패트리샤는 내 목에 두 팔을 감았다. 패트리샤는 아무 말 없이 그대로 있다가 고개를 들어 내 얼굴을 그 작은 두 손으로 감쌌다. "보고 시퍼써요." 패트리샤는 엉터리지만 예쁜 영어로 내게 말했다. 다른 때라면 의기소침해 있었을 패트리샤가 미소를 지었다. 지금도 패트리샤의 충격적인 과거를 떠올리면 너무나 가슴이 아프다. 하지만 하나님의 은혜를 떠올리면 내 마음은 다시 밝아진다.

다이앤은 빨리 어른이 되어야만 했다. 다이앤은 겨우 열두 살 밖에 안 됐지만 어린 동생들을 보살피고 있다. 나는 다이앤이 자기 점심을 먹지 않고 주머니에 넣어두는 것을 종종 목격했다. 내가 다이앤에게 왜 그렇게 하냐고 물어보면, 다이앤은 가족을 위해서 챙겨둔다고 대답했다. 어느 여름에 한 번은 다이앤이 우리 친언니를 만난 적이 있다. 다짜고짜 다이앤은 언니를 꽉 껴안고 언니를 '엄마'라고 부르기 시작했다. 다이앤도 부모의 사랑을 간절히 원하는 수천 명의 어린이들 중 한 명이다. 이런 현실을 생각하면 마음이 너무 아프다.

아프리카에서 호프Hope라는 아이를 처음으로 만나고 나서 내 인생은 완전히 달라졌다. 인생을 통틀어 그 여자 아이만큼 비참한 광경을 본 적은 없다. 당시 열 살이던 호프는 다치고 병들어 거의 죽어가고 있는 듯 보였다. 호프는 후천성면역결핍증HIV 환자로 그 고통 때문에 다시는 이전과 같은 삶을 살지 못할 터였다. 호프만 생각하면 내 가슴은 수천 수만 갈래로 찢어진다. 호프는 내가 아프리카에 하나님의 큰 희망을 전하겠다고 결심하게 된 계기를 만들어준 아이다.

하나님이 중심이 된 원대한 소원을 빌게 되면 하나님 중심의 커다란 응답을 얻게 될 가능성이 크다. 나는 하나님께 아프리카를 위한 하나님의 사랑을 저에게도 주시리라는 큰 소원을 빌었다. 하나님은 하나님이 중심이 된 내 큰 소원을 들으시고 놀라운 방식으로 응답하셨다. 나는 당시에 내 기도로 내 가치관이 통째로 바뀔 거라고는 예상하지 못했다. 하지만 내 기도에 대한 하나님의 응답에 나는 완전히 압도당했고, 나는 완전히 다른 사람으로 탈바꿈했다. 오직 하나님만이 하실 수 있는 무언가를 우리가 요청할 때 우리는 기도로서 하나님을 찬양할 수 있다. 하나님만이 유일하게 내 인생을 통째로 바꿔 놓으셨다. 그리고 오직 하나님만이 내게 지구 반대편에 있는 아이들에게 연민의 마음이 들도록 만드셨다.

인생에서 하나님의 의지 한가운데에 놓여 있다고 느껴본 적이 있는가? 그때 우리는 놀랍게도 모든 것을 이해하고 흥분에 휩싸이게 되며, 또한 그것을 뛰어넘는 평화를 얻게 된다. 아프리카에 갈 때마다 나는 내 가슴이 시키는 일을 정확하게 하고 있다는 확신이 있다. 그 일이 바로 하나님을 찬양하고, 하나님의 사랑을 그 아이들에게 나눠주는 일이라는 것을 잘 알기 때문이다. 아프리카에서 내가 만난 아이들은 대부분 고아다. 에이즈와 영양실조로 아이들의 친구와 부모, 친척들이 무섭게 죽어가기 때문이다. 아이들의 상처는 너무나 깊고, 아이들의 욕구는 너무나 강하다. 이렇게 처참한 상황에서 오직 하나님만이 이 아이들이 희망을 이어가도록 도우실 수 있다.

매년 아프리카를 방문할 때마다 나는 작년에 본 여자 아이들을 다시 볼 수 있는 특권을 누리고 있다. 이 여자 아이들은 어린 시절부터 생존하는 법을 배우고, 그래서 아무도 신뢰하지 않는다. 이 아이들은 적들이 사방에 포진하고 있는 세상에 살고 있다. 자신을 보살펴주는 사람이 아무도 없다고 생각하는 어린 아이들은 스스로를 방어하는 법부터 배운다. 여름마다 아프리카를 방문한 지 몇 년이 지나자 하나님은 내가 어린 아이들과 보다 깊은 인간관계를 맺고 서로 마음의 벽을 허물 기초를 다져 주셨다. 시간이 흐르면서 여자 아이들은 서서히 나를 신뢰하기 시작했다. 내가 더 이상 위협적인 존재가 아니라는 사실을 깨달은 것이다. 이제 매년 그 아이들은 내게 자기 집과 삶에 대해 미주알고주알 이야기한다. 하지만 혼자 힘으로는 그들에게 많은 것을 해줄 수 없다는 생각에 늘 마음이 아프다. 그럴 때마다 나는 내게 이 아이들의 가슴 속에 심어줘야 하는 것, 즉 예수님의 사랑을 떠올린다. 나는 불과 1주일 동안만 아이들에게 사랑을 나눠주지만 예수님은 아이들에게 그 분의 사랑을 평생 베푸실 수 있다. 이 아이들에 대해 내가 감히 범접하기 어려울 만큼 큰 사랑을 베푸시는 하나님을 떠올리면서 나는 다시금 믿음을 굳건히 하고 하나님 앞에 겸손해진다. 나는 아이들에게 하나님의 존재를 알려주기 위해서 그곳에 갈 뿐이다. 그래서 우리는 매일 하나님에 대해서 이야기한다. 하나님이야말로 아이들이 정말 필요로 하는 분이다. 아이들의 마음속에 자라기 시작한 하나님의 존재는 내가 떠난 뒤에도 그들의 가슴 속에 계속 남아있을 거라는 확신이 점점 더 생긴다.

잠비아에 사는 고아를 한 번 안아보면 누구나 인생이 변할 만큼 놀라운 경험을 하게 될 것이다. 다행스럽게도 나는 그런 경험을 몸소 체험했다. 아프리카의 아이들 때문에 특별해진 내 삶에 대해서 하나님께 감사하다. 아프리카에서 빈곤의 참상은 참으로 어마어마하다. 하지만 당신이 한 사람 한 사람의 얼굴을 실제로 떠올릴 수 있다면, 빈곤을 단순히 전 세계에 만연한 무미건조한 단어쯤으로 치부할 순 없을 것이다. 빈곤은 아이들마다 현실적으로 매일 부딪치는 문제다. 빈곤을 겪고 있는 아이들마다 서로 다른 아픈 사연을 가지고 있다. 내가 잠비아에 첫 발을 내딛었을 때 나는 하나님이 가슴 아파하는 일에 나도 가슴 아파할 수 있게 해달라고 기도했다. 그리고 하나님이 기뻐하시는 일에 나도 기뻐하게 해달라고 기도했다.

아프리카에 매년 방문하게 된 나는 언제가 클레이튼도 동행하기를 기도했다. 2011년에 하나님은 바로 그 기도에 응답해주셨다. 내 마음의 반을 차지하고 있는 아프리카 어린이들을 클레이튼이 전혀 모른다고 생각하니 견딜 수가 없었다. 사실 클레이튼의 경기 일정을 미루는 일은 현실적으로 불가능에 가까웠다. 하지만 나는 클레이튼이 잠비아에서 도대체 무슨 일이 벌어지고 있는지를 아는 일도 아주 중요하다고 생각했다. 클레이튼이 지구 반대편에 사는 하나님의 놀라운 작품을 모르고 지나친다는 사실을 받아들이기 힘들었다. 나는 내가 보고 느낀 것들을 클레이튼에게도 보여주고 싶었다. 내가 아프리카에서 경험한 모든 일들을 클레이튼이 걱정스러워할 거라는 나의 추측과는 달리 클레이튼은 내 이야기에 바로 맞장구를 쳐주었다. 클레이튼도 내가 수년 간 이야기해준 아프리카의 실상을 빨리 가서 직접 체험해보고 싶다고 했다.

아프리카에 도착한 지 2시간 만에 우리는 교외의 빈민가로 곧장 향했다. 나는 지금껏 여름에 와서 만난 낯익은 얼굴들을 꼭 찾아야겠다고 생각했다. 클레이튼이 그 모든 것을 다 받아들이는 모습을 보면서 나는 처음으로 아프리카를 완전히 새로운 눈으로 보게 되었다. 클레이튼은 조용히 내 옆을 걸으며 주변을 믿기지 않는 듯한 시선으로 바라봤다. 나도 처음에 아프리카에 왔을 때 정확히 그와 똑같은 기분을 느꼈다. 손을 내밀어 그의 손을 잡은 나는 지금 당신이 느끼는 원초적인 감정과 생각을 잘 이해한다고 다독여 주었다. 누구나 어마어마한 오물과 빈곤에 찌든 삶을 처음으로 직접 목격하면 격렬한 감정이 일어나기 마련이다. 이런 경험을 한 번 하고 나면 그들이 얼마나 간절한 도움을 필요로 하는지 절실히 느끼게 된다.

오후에는 늘 조용하던 마을이 갑자기 생기가 돌기 시작했다. 맨발에 누더기 옷을 걸친 아이들이 뛰어왔다. 우리 뒤를 따르는 아이들도 있었다. 몇몇 아이들은 뛰어가서 우리가 마을에 온 소식을 사람들에게 알렸다. 아이들은 모두 클레이튼을 약간 두려운 눈으로 쳐다봤다. 마을을 방문하는 백인들이 보통 저렇게 크지는 않았으니까! 한 작은 잠비아 남성은 클레이튼과 거의 부딪힐 정도로 가깝게 걸으면서 클레이튼의 긴 보폭을 흉내 냈다. 머지않아 한 무리의 사람들이 우리를 에워쌌다. 우리는 계속해서 걸어갔고, 아이들도 우리를 따라 걸었다. 그 순간 내게 소중한 두 세계가 한 곳에서 만났다. 바로 클레이튼과 아프리카 아이들이었다. 클레이튼은 내 옆에서 걷고 있었고, 5년 전에 내 인생을 바꾼 주인공인 아이들은 우리를 둘러싸고 있었다. 나는 클레이튼이 정말 옆에 있는지 다시 한 번 확인하려고 그의 손을 꼭 잡았다. 클레이튼은 나를 내려다보며 "정말 믿을 수가 없는 걸!"이라고 말했다.

우리는 몇 년 전에 내가 만난 적이 있는 미리엄이라는 예쁜 여자 아이의 집으로 가는 길이었다. 우리는 곧 미리엄의 초라한 가옥에 도착했다. 그곳에서 미리엄은 엄마와 형제자매들, 그리고 다른 많은 고아들과 함께 살고 있었다. 어린 미리엄이 눈에 들어오자 나는 너무 기뻤다. 미리엄은 내 무릎 사이로 엉금엉금 기어왔고, 나는 지난여름에 그녀를 내려놓은 바로 그곳에서 미리엄을 다시 안았다. 미리엄은 내 머리카락을 손으로 빗더니 손가락을 빨았다. 그리고 내 팔에 있는 주근깨가 흙인 줄 알았는지 그걸 닦아내려고 문질렀다. 미리엄의 여동생인 제니는 유독 클레이튼에게 관심을 보였다. 제니가 클레이튼의 무릎 속으로 쏙 들어오자 클레이튼은 제니를 팔로 들어 올려 가슴에 안았다. 클레이튼이 아프리카를 가슴으로 느끼는 순간이었다. 클레이튼은 눈물을 글썽이며 나를 쳐다봤다. 나는 클레이튼에게 잠비아에서 고아를 품에 안게 되면 인생이 바뀔 수도 있다고 미리 경고했었다. 클레이튼도 이제 내 심정을 조금 더 이해할 수 있을 것이다. 수년 동안 내 마음을 짓눌러온 실체가 무엇인지 클레이튼도 그 무게를 느끼는 순간이었다. 제니를 품에 안은 클레이튼은 이제 아프리카 빈곤 문제가 남의 일이 아니라는 사실을 온몸으로 느끼고 있었다.

미리엄의 가족들과 오랜 시간을 보낸 후에 우리는 떠날 준비를 했다. 클레이튼이 일어섰지만 제니는 그 작은 팔로 클레이튼의 목을 꽉 잡고 달랑달랑 매달려 있었다. 클레이튼은 믿기지 않는다는 듯 다시 나를 쳐다보았다. "이러면 안 되는데…" 그가 이렇게 말하며 웃었다. 제니를 땅에 내려놓은 클레이튼은 웃으며 제니의 머리를 쓰다듬었다. 제니는 클레이튼 바로 코앞에 가만히 서서 그의 얼굴을 똑바로 쳐다보았다. 나는 절대 그 순간을 잊지 못할 것이다. 클레이튼 역시 제니를 절대 잊지 못할 것이다. 그 날 클레이튼의 마음속에서는 어떤 변화가 일어났다. 클레이튼은 다시 제니를 들어 올려 더욱 세게 껴안았다.

나는 지금도 하나님이 가슴 아파하시는 일에 나도 가슴 아파하게 해달라고 늘 기도한다. 나는 기도를 하기 전에 마음을 단단히 먹는다. 기도를 시작한 이후로 아프리카를 생각할 때마다 가슴이 미어질 듯 아프기 때문이다. 하지만 하나님이 사랑하시는 일을 함께 한다는 생각에 그런 아픔마저도 큰 축복이라 믿고 있다. 하나님이 가슴 아파하시는 일에 우리도 가슴 아파할 때 그 분께서는 우리에게 실천을 주문하신다. 가만히 앉아서 변화를 기다려서는 안 된다. 우리가 변화의 주인공이 되어야만 한다. 빈곤이 남의 일이 아님을 내가 깨닫기 시작했을 때 하나님은 나를 변화시키셨다. 내가 아이들의 이름과 얼굴, 아픈 사연을 떠올리게 되면서 하나님은 내 삶과 복음을 그들과 나눌 수 있는 놀라운 열정을 주셨다. 아프리카와 내가 아는 아프리카 아이들의 얼굴을 떠올릴 때마다 가슴이 찡하다. 이 밖에 달리 그 마음을 설명할 방법이 없다.

당신도 하나님이 주신 커다란 소명을 깨닫길 기원한다. 또한 당신의 마음을 사로잡고 영혼의 양식을 제공하는 일을 발견하기를 기도한다. 하나님의 크신 은혜와 도전으로 가득한 그런 일을 말이다. 아프리카뿐만 아니라 도움의 손길을 필요로 하는 곳은 여기저기 널려 있다. 자기가 속한 학교나 직장, 고향은 물론이고 아직까지 한 번도 들어본 적이 없는 곳에도 상처 받고 도움이 필요한 사람들이 많다. 하나님이 당신을 이끄는 곳이 어디든 그곳으로 가면 세상을 바꿀 수 있다. 그저 하나님의 부름에 귀를 기울이고, 진심으로 그 부름에 답하자. 절대 하나님이 한 사람을 통해 이룰 수 있는 큰일을 과소평가하지 말자.

겸손한 자에게 은혜를 베푸시니

클레이튼 커쇼

이른바 '고3병senioritis'**에 대해서 말해보고자 한다.** 나는 고3병이 심각했다. 나는 매일 아침 9시에 일어나 몇 시간 수업을 듣고 나서는 7명의 친구들과 함께 느긋하게 오랫동안 점심을 먹었다. 오후에는 '할로Halo' 게임을 하고 집에서 싸온 도시락을 맛있게 먹다가 운동 연습시간이 되면 운동장으로 땀을 뻘뻘 흘리면서 달려갔다. 내가 고3으로서의 내 역할을 심각하게 생각한 것은 분명하다. 그 해에 제일 중요한 일은 야구였다. 나는 그 시기를 유명한 하이랜드 파크 구장에서 보냈다.

하이랜드 파크 고등학교의 전용 야구장인 스코틀랜드 야드Scotland Yard의 조명은 밝고 뜨거웠다. 조명에서 나오는 열기 때문에 가뜩이나 뜨거운 텍사스의 여름 날씨는 더 후텁지근하게 느껴졌다. 경기장은 우리 동네를 관통하는 러버스 레인Lovers lane 거리 바로 옆에 위치해 있었다. 경기가 있는 날이면 어머니들은 외야석에 홈경기를 알리는 표지판을 써 붙였다. 이 표지판은 혹시라도 공이 경기장 밖으로 나가게 되는 경우를 대비해서 운전자들에게 미리 주의를 주는 역할도 했다. 경기장에는 세월의 흔적이 널려 있었다. 페인트는 벌써 몇 년 째 그대로였고, 새로 칠했다고 해봐야 몇 시즌도 더 지난 듯 보였다. 선수 대기석에 처음 앉았을 때 나는 큰 자부심을 느꼈다. 하이랜드 파크 스콧Highland Park Scots 야구팀에서 뛴다는 것이 꿈만 같았다.

정말 각별하게 기억에 남는 야구 시즌이 몇 개 있다. 최근 몇 년 사이에 나는 꿈만 같았던 일들을 실제로 경험하고 있다. 현재 다저스에서 뛰고 있으니 더 이상 바랄 것이 없다. 하지만 나는 고3 야구 선수 시절을 평생 잊지 못할 것이다. 친구들과 나는 하이랜드 파크 고등학교 야구팀에서 최고의 시즌을 보냈다. 어린 시절 리틀 야구 리그 때부터 다른 팀에서 뛰던 친구들이 드디어 하이랜드 파크 야구팀에서 한데 뭉쳤다. 그 시즌에는 마치 시간이 멈춘 것 같았다. 나는 그때 최고의 친구들과 함께 내가 제일 사랑하는 야구를 했다. 아직까지도 고3 때의 야구 시즌은 내게 가장 아름다운 추억으로 남아 있다.

고등학교 2학년이 되자 친구들은 대학과 앞으로 4년 동안의 미래를 이야기하기 시작했다. 친구들은 모두 유명 대학교 진학을 목표로 두고 있었지만, 당시 나의 목표는 야구였다. 나는 야구에 집중하기 위해서 1학년을 마치고 미식축구는 그만 두었다. 그 무렵 나는 미식축구에서 맡던 센터 역할이 지긋지긋했다. 다행스럽게도 나는 그때까지도 키가 무섭게 자라나고 있었다. 젖살은 거의 빠지고 턱수염이 조금씩 자라나던 그 시기에 나는 어쩌면 야구로 대학에 갈 수 있을지도 모른다는 생각을 하기 시작했다. 야구는 내 꿈을 이루는 수단이기도 했지만, 돈 걱정 없이 대학을 갈 수 있는 기회이기도 했다. 내가 야구 장학생으로 대학에 간다면 어머니와 나에겐 금상첨화였다. 따라서 나는 대학 진학에 충분할 만큼 뛰어난 야구 실력을 갖추는 것을 목표로 삼았다.

마침내 우리는 고등학교 3학년(클레이튼이 다니던 하이랜드 파크 고등학교는 4년제로, 우리나라 독자들의 편의를 위해 고등학교 3학년으로 옮겼다 – 옮긴이)이 되었고, 우리 야구팀의 실력은 모자람이 없었다. 우리 야구팀은 플레이오프에 진출할 만큼 실력이 뛰어났다. 야구장에는 친한 친구들 가족은 물론이고, 놀랍게도 메이저리그 스카우트들까지 내 투구를 보러 오기 시작했다. 나는 그들에게 별로 신경을 안 쓰려고 애를 썼지만, 스카우트들이 매번 내가 투구를 할 때마다 스피드 건을 꺼냈기 때문에 신경을 안 쓸 수가 없었다. 스카우트가 나를 지켜본다는 사실을 알고 있던 나는 그들이 내 투구를 다시 보러올 수 있을 만큼 좋은 공을 던지자고 다짐했다. 아니나 다를까 스카우트들은 다시 경기장을 찾았다. 시즌이 끝날 때쯤 이제 내 야구 인생이 끝나지는 않겠구나 하고 겸손하게 생각했다. 그때 나는 내가 적어도 야구로 대학에 갈 실력은 된다는 사실을 알고 있었고, 스카우트들은 내가 신인 드래프트에서 지명을 받을지도 모른다는 희망을 심어주었다. 그 모든 것이 믿기 어려웠다. 나는 그저 내가 속한 팀과 우리 팀의 목표를 위해 최선을 다했을 뿐이었다.

고등학교 야구팀에서 뛴 마지막 경기는 아직도 눈에 선하다. 우리 팀은 그때 상대 팀에 지고 있었고, 여차하면 플레이오프에서 탈락할 위기에 처해 있었다. 이닝이 점점 늘어날수록 우리 응원석은 침묵과 근심으로 가득 찼다. 나는 서서히 불길한 징조를 느꼈다. 이 경기에서 지면 그걸로 끝이었다. 마지막 이닝이 되자 모든 선수들이 선수 대기석 안에서 일어나 피할 수 없는 마지막 결과를 지켜봤다. 마지막 투구가 끝나자 원정 팀 선수 대기석에서 상대 팀 선수들이 환호성을 지르며 일제히 경기장 안으로 쏟아져 들어왔다. 12년 동안 친구들과 야구를 하며 경험해왔던 여느 장면들처럼 우리는 경기장에 멀뚱멀뚱 서 있었다. 그 순간 말 못할 이상한 감정을 느꼈다. 나는 앞으로 야구를 할 기회가 더 있었다. 하지만 친구들에게 그것은 정말로 마지막 경기였다. 그리고 그 날은 우리가 함께 뛰는 마지막 경기였다. 나는 앞으로 다가올 새로운 야구 인생에 대한 기대도 있었지만, 내 인생 최고의 친구들과 함께 한 이번 시즌과 같은 시간은 앞으로 절대로 다시 찾아오지 않으리란 걸 잘 알고 있었다.

겸허해지는 순간이었다. 우리 팀이 반드시 이긴다고 생각한 경기에서 얻은 패배였다. 내 야구 인생은 아직 끝난 게 아니라고 겸허히 받아들였다. 친구들과 함께 한 야구팀 생활도 마침내 끝이 났다는 사실도 겸허하게 받아들였다. 나는 당시 다음과 같은 성경 구절에서 힘을 얻었다.

젊은 자들아 이와 같이 장로들에게 순종하고 다 서로 겸손으로 허리를 동이라 하나님은 교만한 자를 대적하시되 겸손한 자들에게는 은혜를 주시느니라 그러므로 하나님의 능하신 손 아래에서 겸손하라 때가 되면 너희를 높이시리라 너희 염려를 다 주께 맡기라 이는 그가 너희를 돌보심이라 (베드로전서 5:5-7)

겸손함을 배우는 것은 늘 어려운 일이다. 겸손함을 배우는 과정일 때에는 그것이 더욱 어렵다. 하나님은 고3 시절의 마지막 야구 시즌에 내게 겸손함을 가르쳐 주셨다. 일이 갑작스럽게 끝나버렸을 때, 그 결과만 중요한 것이 아니다. 우리는 늘 선택할 수 있다. 우리는 일어난 일에 대해서 억울해 하고 실망만 할 수도 있고, 결과를 그저 하나님의 뜻으로 여기고 겸손하게 그 상황을 받아들일 수도 있다. 일이 늘 우리 바람대로 되지는 않는다. 그것이 어떤 기분인지 너무나 잘 안다. 만약 고3 마지막 시즌에 한 게임을 더 뛸 수 있었다면 나는 무슨 짓이든 했을 것이다. 하지만 그것은 하나님의 뜻이 아니었다.

하나님과 그 분의 계획 앞에 겸손할 때 우리는 더 좋은 상황에 놓이게 된다. 하나님은 그 분의 영광과 우리의 기쁨을 위해서 모든 일들을 계획하신다. 경기에서 패배하는 것이 하나님의 뜻이라면 나쁠 게 전혀 없다. 하나님은 겸손한 사람에게 은혜를 베푸신다. 그러나 우리는 교만한 마음으로 가끔씩 하나님의 뜻을 거스르면서도 하나님이 우리를 반대하신다고 주장한다. 이런 태도를 좋다고 말하기는 힘들 것이다.

찰스 스퍼전Charles H. Spurgeon(1834~1892) 목사는 참으로 일리 있는 말씀을 하셨다. "하나님께 은혜를 많이 입은 우리는 하나님께 그 영광을 돌려야 한다. 내가 믿음이 깊으면 하나님의 말씀을 그대로 따를 수 있다… 나는 무한한 영광을 왕이신 하나님께 돌릴 것이다." 하나님은 우리가 힘든 순간을 견뎌나갈 수 있도록 은혜를 베푸시고, 그래서 우리는 하나님께 그 영광을 돌릴 수 있다. 하나님의 시험 중에 똑같아 보이는 일은 하나도 없다. 하나님의 시험은 야구 시즌의 종료가 될 수도 있고, 병이 될 수도 있고, 헤어짐이 될 수도 있다. 나는 그것이 어떤 시험이든 내가 하나님 앞에 겸손하기만 하면 하나님은 우리가 그런 문제들을 헤쳐 나가도록 은혜를 베푸실 것이라고 굳게 믿는다. 고3 때 내가 그 사실을 더 잘 알고 있었더라면 얼마나 좋았을까? 고3 때 내가 겪은 힘든 패배의 기억조차도 나를 하나님께 더 가까이 다가가도록 하기 위한 하나님의 뜻이었다는 사실을 나는 서서히 깨달았다.

우리가 겸손함을 키우면 일이 계획대로 잘 안 풀리는 경우에도 우리는 하나님을 믿는 법을 알게 된다. 경기에서 패배했을 때 우리는 야구 시즌보다 더 큰일을 하나님이 계획하고 계신다고 믿게 되는 것이다. 하나님은 학교 성적이나 승패보다 우리의 삶에 더 관심이 많으시다. 우리가 하나님의 은혜로 겸손함을 배우면 경기에서 패배한다고 곧 세상이 끝나는 것이 아니라는 사실을 알게 된다. 물론 그럴 경우 시즌을 힘겹게 끝내게 되겠지만 하나님은 패배보다 훨씬 더 큰일을 계획하고 계신다.

고등학교 시절은 4년밖에 안 됐지만, 내 인생 최고의 순간이었다. 모든 사람들이 고등학교 시절을 나처럼 생각하는 것은 아니다. 지금 고등학교에 다니는 학생들은 어서 졸업부터 하고 싶을지도 모른다. 하지만 고등학교 시절은 한 인간으로서 성장하는 한편 하나님에 대한 믿음을 키워갈 수 있는 너무나 훌륭한 기회다. 이 시기를 소중하게 생각하고 시간을 최대한 잘 활용해보는 것은 어떨까? 졸업하려고 조바심내지 마라. 차라리 현재를 즐기고, 지금 만나는 친구들과 즐거운 시간을 보내라. 하나님께서 무슨 계획을 세워두셨는지 우리는 전혀 알 수가 없다. 4년은 마치 총알처럼 지나가서 어느 새 마지막 경기를 하고 있는 자신의 모습을 발견할 것이다. 그런 순간이 찾아왔을 때 당신에게 하나님만 계시면 충분한 사람이 되어 있기를 바란다. 당신은 이제 하나님만으로 충분하기 때문에 마지막 경기에서 져도 좋고, 자신이 가장 좋아하던 시즌이 끝나도 괜찮다. 하나님과 함께 걷는 일이 마지막 경기를 이기는 일보다 훨씬 더 값지다. 하나님 안에서 머무는 삶이 야구보다 더 가치가 있다. 하지만 우리가 그런 시각을 얻으려면 우선 충분히 겸손해야 한다. 하나님은 늘 우리에게 겸손함을 키워 갈 기회를 주신다. 하나님의 계획을 믿는 일보다 더 값진 일은 이 세상에 없다.

10
가족은 정하기 나름

클레이튼 커쇼

엘런과 나는 친구와 가족들이 섞여 있는 특별한 동네에서 성장했다. 하이랜드 파크는 비교적 작은 동네로, 주민 모두가 한 블록 이내에 살고 있다. 내게는 형제처럼 지내는 가장 친한 친구들이 있었는데 우리는 모든 것을 함께 했다. 우리는 승용차를 함께 타고 등교했고, 어떻게 된 일인지 수업도 같이 들었다. 그리고 오후 내내 우리는 친구 집을 옮겨 가며 놀았다. 저녁 식사는 놀던 친구 집에서 해결했다. 어머니들은 아들의 좋은 친구이자 왕성한 식욕을 자랑하는 남자 아이들에게 기꺼이 식사를 대접해주는 멋진 요리사이셨다. 그래서 우리는 식사를 어느 집에서 할까 궁리하곤 했다. 우리 집은 나와 어머니 달랑 둘뿐이었다. 하지만 나는 마치 우리 집이 열 군데 정도 되는 것 같았다. 나뿐만 아니라 우리 모두가 그렇게 생각했다. 우리 동네에서 집은 담벼락으로 구분되는 것이 아니라 거기에 누구와 함께 있느냐로 구분되었다.

여름은 우리에게 최고의 계절이었다. 나는 거의 매일 밤 서로 다른 친구 집에서 잠을 잤다. 하루가 끝날 때쯤 우리는 놀던 집에서 그냥 잠을 잤다. 물론 우리는 최신 엑스박스XBox 게임을 할 수 있는 친구 집에서 많이 잤다. 나는 여름을 가장 좋아했다. 학교 수업도 없었고, 길거리 농구를 즐길 시간도 많았고, 친구들과 놀 시간은 더 많았기 때문이다. 텍사스의 뜨거운 여름 날씨에 익숙했던 우리는 집에 딸린 수영장을 최대한 활용했다. 친구들에게 여름은 단체 스포츠에서 해방되는 시기였다. 하지만 나에게 여름은 더 열심히 운동에 집중하는 시간이었다. 나는 여름 야구 리그에 참가해서 댈러스 전역에서 온 친구와 가족들을 새로 만났다. 내 절친한 친구들 중에서도 여름 야구 리그에 매번 참가하는 친구가 몇 명 있었다. 우리는 그 해 각기 다른 학교에 진학해 야구장에서 상대 팀으로 만나는 경우도 있었지만, 우리는 여름이 돌아오면 늘 다시 뭉칠 궁리를 했다.

성장해가면서 나는 우리 가족이 다른 보통의 가족과는 조금 다르다고 생각했다. 그때는 다른 친구들도 나와 비슷한 생각을 한다는 것을 몰랐다. 완벽한 가족상에 대한 공식이 있는 것은 아니다. 덜컹거리는 중·고등학교 시절을 보내면서 나는 가족은 정하기 나름이라고 결론지었다. 내가 정한 가족의 기준에 따르면 나는 아주 축복받은 사람이다.

우리 가족의 중심에는 어머니가 있다. 나는 오랫동안 어머니와 함께 했기 때문에 어머니가 정말 대단한 분이란 걸 누구보다 잘 안다. 내가 가족을 떠올릴 때 가장 먼저 떠오르는 사람이 바로 어머니다. 철부지 때 나는 어머니의 관심을 한 몸에 받았다. 어머니는 내가 성장하는 데 필요한 부분들을 하나하나 가르쳐 주셨고, 삶의 방향을 알려 주셨으며, 내가 힘들 때 용기를 주셨다. 어머니와 내가 다른 곳에 살았더라면 생활이 더 편했을지도 모른다. 하지만 어머니는 하이랜드 파크 지역을 고집하셨다. 나를 좋은 학군에서 학교를 다니도록 하기 위해서였다. 그 덕분에 나는 명문 야구팀에서 뛸 수 있었고, 대학에서 야구를 계속할 수 있는 계기도 마련할 수 있었다. 어머니는 경기가 있는 날에는 어김없이 스코틀랜드 야드를 찾아와 제일 눈에 잘 띄는 관중석에 자리를 잡고 내 투구와 플레이 하나하나를 빠짐없이 지켜보셨다. 때때로 쉽지 않은 일이었을 텐데도 어머니는 나를 위해서 수고를 아끼지 않으셨다. 어머니의 큰 희생 덕분에 나는 훌륭한 교육을 받을 수 있었고, 좋은 친구들도 많이 사귈 수 있었다. 어머니의 희생이 없었다면 지금의 나도 없었을 것이다. 내가 다른 사람과 뭔가를 나누려 할 때마다 나는 아직도 어머니의 희생을 떠올린다. 가족은 정하기 나름이지만 이렇게 멋진 어머니의 아들로 태어난 것 역시 내게는 축복이다.

내게는 친구도 우리 가족이다. 내가 어릴 때 가까운 이웃에 조쉬라는 친구가 살았다. 조쉬는 후에 내 결혼식에 들러리를 서준 친구다. 어릴 때 조쉬와 나는 모든 것을 함께 했다. 학교가 끝나면 나와 조쉬는 어머니가 일을 마치고 집에 오실 때까지 우리 집에서 놀았다. 조쉬의 가족들 역시 나를 그 집 식구처럼 대했다. 다른 친구들과 그 가족들도 마

찬가지였다. 우리는 가출한 남자 아이들처럼 먹을거리, 게토레이, 전자
오락을 찾아 친구 집 이곳저곳을 돌아다녔다. 그렇게 나와 친구들은 형
제처럼 지냈다. 우리는 서로 장난치고, 함께 웃고, 서로를 놀려대기도
했다. 우리는 늘 괴로움과 즐거움을 함께 했다. '리틀 야구왕The Sandlot'
(1993)이라는 멋진 영화를 기억하는가? 이 영화는 동네 야구를 하는 아
이들의 이야기를 재미있게 그린 영화다. 나에게 어린 시절이란 마치 그
영화와 같다. 동네 전체가 우리의 놀이터였고, 우리는 각자의 왕국이
늘어서 있는 거리를 자전거로 달렸다. 하나님은 내가 우리 동네의 친구
들과 그 가족들의 도움으로 바른 길을 가도록 이끄셨다. 나는 친구들
가족의 모습을 보면서 가족을 이루는데 '정답'은 없다는 것을 깨달았다.
사람마다 가족의 정의는 달랐다. 다양한 형태의 가족을 지켜보면서 나
는 하나님이 내가 어떤 사람이 되길 원하시는지 깨닫기 시작했다. 그때
의 내 '형제들'은 아직도 내게 가장 친한 친구들이다. 그 친구들은 내 가
족이나 마찬가지다.

　나처럼 어릴 때부터 처가 식구들의 보살핌을 많이 받은 사람도 없을
것이다. 엘런의 가족은 내가 내 나름의 가족을 정의하는데 큰 영향을
미쳤다. 엘런과 나는 열네 살 때부터 데이트를 했기 때문에 가족의 도
움이 필수적이었다. 방과 후에 데이트를 하려면 가족 중 누군가가 우리
를 차로 태워다 주어야 했기 때문이다. 그런 상황은 마치 학교 댄스파
티에 부모님을 보호자로 모시고 가는 것과 비슷했다. 다만 차이점이 있
다면 우리는 데이트 할 때마다 부모님의 도움을 받아야만 했다는 사실

이다. 하지만 어린 고등학생에 불과했던 나에게 그 시절은 참으로 감사한 순간이었다. 우리 집은 어머니와 나뿐이어서 꽤 조용한 편이었다. 우리 집에는 어머니와 나, 그리고 충실한 애완견 네슬과 마이크밖에 없었다. 따라서 엘런의 집을 방문하면 마치 내가 여행을 온 기분이 들었다. 집은 늘 왁자지껄했고, 모두들 그런 분위기를 사랑했다. 엘런의 어머니는 20인분의 식사를 눈 깜짝할 사이에 차려내실 만큼 요리를 잘 하셨다. 나는 금세 엘런의 형제들과 친해져서 짓궂은 장난도 치고, 부모님의 관심을 받으려고 정답게 형제간의 경쟁도 벌였다. 우리 집에는 형이나 누나가 없지만 나는 엘런의 집에 가서 형제자매를 얻었다. 그때 나는 변성기에다 신입생 미식축구 선수로 뛰느라 삭발한 머리를 하고 있었다. 게다가 뒷머리에 새긴 22번 표식은 마치 나치의 문양처럼 보였다. 엘런 가족들에게 강한 첫 인상을 심어준 것이다. 엘런 가족들은 나를 자꾸 놀려댔다. 엘런의 아버지이자 지금은 내 장인어른인 멜슨 씨를 보면서 나는 가족을 위해 헌신하는 가장의 모습이 어떤 것인지 배웠다. 그 당시 나는 그 집이 곧 처가가 되리라고는 꿈에도 상상하지 못했다. 하지만 지금 와서 되돌아보면 그때 하나님이 큰 은혜를 베푸셨던 것 같다. 가족은 정하기 나름이다. 엘런의 가족은 어릴 때부터 내 가족이나 마찬가지였고, 내가 엘런과 결혼하면서 흠잡을 데 없는 진짜 가족이 되었다.

내가 야구를 사랑하는 이유 중 하나는 야구는 단체 스포츠라는 점이다. 어릴 때부터 벤치와 경기장에서 땀 흘린 친구들은 팀 동료 이상의 의미가 있다. 야구 동기들도 내 가족이나 마찬가지다. 언젠가 하이랜드 파크 야구팀에서 '우리는 형제들'이란 구호를 내건 해가 있었다. 내 생각을 그 구호가 그대로 대변해 주었다. 경험을 같이 공유하다보면 서로 의미 있는 관계가 된다. 팀 동료들과 경기에서 이기고 지는 경험을 함께 하면서 우리 사이에는 강한 유대감이 생겼다. 야구팀 학부모님들은 돌아가며 아이들을 위해 운전을 하고, 경기도 함께 관전했다. 우리 팀 선수가 멋진 플레이를 펼치면 그 선수의 어머니보다 더 열렬히 환호했다. 내가 지금까지 뛴 모든 팀의 구성원들은 가족이나 마찬가지다. 야구는 내 인생의 절반 이상을 차지하고 있기 때문에 지금까지 나에게 꽤 많은 가족이 생긴 셈이다. 지금까지 야구를 하면서 많은 친구들과 그 가족, 그리고 코치님들을 만나게 되어 너무 감사하다. 요즘 야구를 할 때도 하나님이 바라는 사람이 되라고 그들이 아직도 나를 응원해주는 것 같아 기쁘다.

최근에 새 가족이 생겼다. 바로 엘런과 내가 결혼하면서 탄생한 우리 가족이다. 우리 두 사람은 인생의 새 장에 걸맞게 '가족'을 다양하게 해석하려고 노력하고 있다. 엘런은 식구가 많은 왁자지껄한 집안에서 성장했기 때문에 육촌이나 팔촌 형제들까지 다 알고 있다. 나는 식구들이 대부분 혈육으로 맺어지지 않은 조용한 집안에서 성장했다. 이런 차이점에도 불구하고 우리 두 사람은 가족의 모습 속에 다양한 것들을 포함시키자는 데 동의했다. 일요일 저녁에는 다양한 사람들을 초대해 같이 식사를 한다. 강아지는 사람처럼 우대해주고, 카드놀이도 중요하다.

조립식 가구도 만들어 보고, 자기 전에는 드라마 '디 오피스The Office'를 시청한다. 하루의 끝은 기도로 마무리한다. 우리 가족의 모습이 어떨지 대충 짐작은 되리라. 하지만 앞으로 우리 가족의 모습이 어떨지 둘이서 하루에 하나씩 떠올려 보는 일이 가장 재미있다.

예전에 나는 가족이란 어떤 정해진 모습이어야 한다는 잘못된 생각을 했다. 물론 유전자나 성씨, 족보 같은 것도 중요하겠지만 가족은 그런 형식적인 요소들보다 훨씬 더 큰 가치가 있다. 오늘날 가족의 형태는 정말 다양하다. 양부모 가족도 있고, 한 부모 가족도 있다. 자기 친부모가 누군지조차 모르고 성장하는 사람도 많다. 그래서 나는 가족은 정하기 나름이라는 믿음을 아직도 지키고 있다. 결국 가장 중요한 것은 사람 간의 관계이다. 나는 요즘도 예수님 안에서 충만한 삶을 살려면 인간관계가 그만큼 중요하다는 사실을 배우고 있다. 하나님은 애초에 우리를 혼자 살도록 계획하지 않으셨다. 하나님은 우리가 공동체를 이루며 살아가길 원하신다. 나는 야구를 정말 사랑한다. 하지만 거기에 인간관계가 없다면 야구조차 악몽이 될 것이고, 아무리 좋은 직업을 가지고 있더라도 견디기 힘들 것이다.

내게는 일반적인 의미의 평범한 가족은 없다. 아마 분명히 당신도 내가 하는 말의 의미를 이해할 것이다. 가족의 정의는 사람마다 다르다. '아이 하나 키우는데 마을 하나가 필요하다'라는 말이 있다. 정말로 맞는 말이다. 내 고향 텍사스에는 내가 아주 어릴 때부터 나를 사랑하고 지원을 아끼지 않는 대가족이 있다. 어머니와 처가 식구들, 그리고 내 어릴 적 친구들과 야구 동기들까지. 내게 가족이란 혈육은 물론이고, 나를 사랑하고 지원하는 사람들 모두를 의미한다. 이들은 오랜 시간이 지나도 여전히 나를 반겨주고, 그들과의 끈끈한 정은 더욱 깊어졌다. 가족은 우리가 하나님이 원하는 사람이 되게 하기 위해서 그 어떤 희생도 감수한다. 내가 생각하는 가족의 정의는 아주 느슨하다. 다시 말해서 가족은 정하기 나름이다. 하나님이 우리에게 이미 대가족을 선물해주셨다는 사실을 깨닫는 것은 아주 멋진 일이다.

리틀 야구 리그에서 우승한 후

하이랜드 파크 고등학교 2학년 때 동창회에서

고등학교 1학년 때 모습. 사귄 지 한 달 정도 지났을 때다

고등학교 때 야구 경기를 마치고

어머니 마리안과 함께

고등학교 시절 플레이오프에서 퍼펙트게임을 기록할 당시 모습. 이날 15개의 삼진을 잡아 5회 콜드게임으로 끝났다

고등학교 시절 클레이튼 커쇼는 마운드에 오르지 않을 때 1루수를 맡았다

2007년 크리스마스 때 두 가족이 함께 한 모습

2006년 고등학교 졸업식에서

엘런 가족 소유의 목장에 간 클레이튼과 엘런

엘런 가족 소유의 목장에서 엘런 가족들과 함께

마이너리그 그레이트 레이크스 룬스 팀에서 첫 시즌을 뛰고 나서. 옆에는 팀 동료 프레스턴 매 팅리

클레이튼 커쇼가 선스 더블A 팀에서 뛸 때 플로 리다 잭슨빌을 방문한 엘런과 함께

2006년 6월, 클레이튼 커쇼는 다저스 구단과 정식 계약을 하려고 비행기를 타고 난생 처음으로 LA를 방문했다. 다저 스타디움에서 기자와 대화를 나누고 있는 클레이튼 커쇼

2008년 클레이튼 커쇼는 메이저리그로 승격되어 플로리다 베로 비치의 스프링캠프에 참가했다

엘런의 형제자매들. 왼쪽부터 오빠 제드, 언니 앤, 남동생 존

가족과 친구들이 2008년 5월 25일 클레이튼 커쇼의 메이저리그 데뷔전을 보러갔을 때

데뷔전을 끝내고 엘런과 재회하는 클레이튼 커쇼

첫 오프 시즌에 아프리카 아이들을 위한 기금을 마련하려고 야구 캠프를 연 클레이튼 커쇼

2008년 크리스마스 휴가 때 댈러스에서 고등학교 친구들과 함께

클레이튼 커쇼는 2011년에 최고의 좌완투수에게 주는 워런 스판상을 수상했다

클레이튼 커쇼가 완투 경기를 펼친 뒤 포수 로드 바라하스와 포옹하는 모습

2013 LA 다저스가 챔피언십시리즈 진출을 결정. 클레이튼 커쇼가 샴페인 파티를 마친 후, 그라운드에서 아내와 기쁨을 만끽하고 있다
(ⓒ2013, 조미예)

엘런이 텍사스 에이앤앰 대학교 친구들에 둘러싸여 있다

2009년 클레이튼 커쇼가 엘런에게 프러포즈 한 후 친구들과 함께

18세의 나이로 2007년 잠비아를 처음으로 방문한 엘런

2010년 두 사람이 함께 잠비아를 방문했을 때 만난 아이들

'커쇼의 도전'에 영감을 준 호프와 함께(위).
2011년에 두 사람은 잠비아 고아들을 위한 쉼터
건립을 위해 클레이튼 커쇼가 경기에서 삼진 아
웃을 잡을 때마다 100달러씩 기부하기로 했다

클레이튼 커쇼가 잠비아의 흙길 위에서 공을 던지고 있다. 오프 시즌 때도 꾸준히 운동을 해두어야 한다

잠비아 아이에게 야구 클러브를 끼워 주고 있는 클레이튼 커쇼

잠비아 아이들에게 야구를 가르치고 있는 클레이튼 커쇼

'커쇼의 도전Kershaw's Challenge' 소개

'커쇼의 도전'은 야구와 아프리카 선교라는 두 사람의 열정이 한 지점에서 만난 결과물이다. 2011년 1월, 갓 결혼한 신혼부부였던 클레이튼과 엘런은 처음으로 함께 아프리카를 방문했다. 이미 엘런이 몇 년 전부터 시작한 선교활동에 동참하기 위해서였다. 그 여행에서 클레이튼은 잠비아 사람들과 엘런의 인생을 바꿔놓은 고아들을 만났다.

텍사스에 돌아온 두 사람은 '커쇼의 도전'이라는 후원 프로그램을 만들기로 했다. 2011년 메이저리그 경기에서 클레이튼이 삼진을 잡을 때마다 100달러씩 기부하기로 결정한 것이다. 기부금은 곧바로 잠비아 아이들을 후원하는 목적에 쓰기로 했다. 두 사람의 꿈은 절망적인 상황에 놓여 있는 아프리카 어린이들과 고아들이 쉴 수 있는 쉼터를 설립하는 것이었다.

'커쇼의 도전'은 매년 새로운 목표를 정하고 있다. 하나님의 뜻대로 두 사람은 절실한 도움이 필요한 아프리카 아이들을 물질적, 정신적으로 돕기 위해서 계속 노력할 것이다. 우리는 그런 도움에 동참하려는 뜻이 있는 분들을 언제나 환영한다.

WWW.KERSHAWSCHALLENGE.COM

11
열정을 좇다

엘런 커쇼

고등학교 식당에서는 튀지 않는 게 상책이다. 거기에서 튀고 싶은 사람은 아무도 없고, 더군다나 별로 안 좋은 일로 이목을 끌고 싶은 사람은 더더욱 없다. 하지만 언제, 어떤 불상사가 일어날지 모르는 곳이 바로 학교 식당이다. 먼저 식판을 들고 온다. 떨어진 감자튀김을 밟거나, 치마 속으로 속옷이 비치지 않도록 조심하면서 평소에 식사하는 자리에 가서 앉는다. 그저 우아하게 자리에 앉는 것이 학교 식당에서의 유일한 목표다. 그게 가능하다면 약간 으스대며 걸어도 무방하다. 항상 같이 식사하는 친구 옆에 앉아서 식사를 한 후, 자리를 뜨면 끝이 난다. 밥 먹기 참 어렵다. 어쨌든 이렇게 하면 흠 잡을 데 없는 식사다. 정신이 똑바로 박혀 있다면 아무도 학교 식당에서 눈에 띄게 주목을 받고 싶어 하지 않는다. 사정이 이렇기 때문에 어느 넷째 주 점심시간에 내 친구월이 갑자기 탁자 위에 올라가는 것을 본 나는 뒤통수를 얻어맞은 기분이었다.

월의 휘파람 소리가 공기를 갈랐고, 왁자지껄하던 식당 안은 조용해졌다. 식당에 있던 모든 학생들이 도대체 이게 무슨 소동인가 하고 두리번거렸다. 월의 갑작스런 행동에 겁이 난 나는 숨을 가다듬었다. 월이 그렇게 거북한 자리에 스스로 나섰다는 사실이 내게는 충격이었기 때문이다. 하지만 희한하게도 월은 사람들의 시선에 별로 신경을 안 쓰는 것 같았다. 오히려 식당 안의 모든 시선이 자신에게 쏠린 것을 즐기는 듯했다. 이 모든 게 이상했다. 대화는 수군거림으로 바뀌었다. 월이 휘파람을 다시 한 번 불자 수군거림도 싹 사라졌다.

월이 소리쳤다.

"얘들아, 우리 지금 여기서 뭘 하고 있는 거지? 우리는 무엇을 하며 살고 있는 거냔 말이야?"

자리에 앉아 있던 나는 월의 용기가 믿어지지 않았다. 아무도 말이 없었다. 학생들은 의자에 기대어 월의 다음 말을 기다렸다. 월은 하나님을 위해 사는 인생과 하나님의 뜻을 찾는 일에 대해서 말했다. 식당 안에 있던 모든 학생들이 월의 말에 귀 기울이는 가운데 월은 학생들에게 하나님을 믿을 것과 하나님이 우리 삶에 큰 목적을 주셨음을 상기하라고 웅변했다.

우리 고등학교에서는 자기가 기독교인이라고 주장하는 학생들은 많았지만 실제로 기독교에 대해서 말하는 학생은 아무도 없었다. 학생들이 한창 점심 식사를 하는 와중에 윌처럼 의자 위에 올라서서 믿음에 대해서 말하는 사람은 더욱 없었다. 윌은 진심으로 삶이란 무엇인지 그리고 특별한 삶이란 어떤 것인지 한 번 생각해보라고 우리를 북돋웠다. 학생들은 어쩔 수 없이 몇 분 동안 윌의 말을 들을 수밖에 없었지만, 어쨌든 윌은 자기 요지를 전달했다. 말을 마친 윌은 식탁에서 훌쩍 뛰어 내리더니 평소대로 행동했다. 윌이 식당 밖으로 걸어 나갈 때까지 우리들은 말없이 서 있었다. 이야기와 움직임이 잠시 멈췄다. 아무도 금방 일어난 일에 대해서 어떻게 반응해야 될지 몰랐다. 우리 또래 중 한 명이 방금 믿을 수 없을 만큼 용감하고 대담한 행동을 했다. 모두들 벌어진 입을 다물지 못했다. 하지만 윌은 주변에 신경 쓰지 않았다. 자기가 세상에 전달하려는 메시지에 집중하기로 작정한 윌은 자신 있어 보였다. 윌은 그때 그 순간이 나를 포함해서 많은 친구들에게 얼마나 의미 있는 순간이었는지 전혀 몰랐을 것이다. 윌의 용기와 신념은 깊은 인상을 남겼다. 나는 아직도 그 날의 기억이 생생하다. 대부분의 또래들이 금요일 저녁이 오기만 기다리고, 친구들과 어울리는 것에만 관심을 쏟는 어린 나이에 윌은 자기 인생에서 뭔가 굉장한 일을 생각하고 있었다. 그것은 바로 가치 있는 삶과 하나님을 위한 삶이었다.

지금 성공한 영화 제작자가 된 윌은 이제 자신의 창의성과 재능을 영화를 만드는데 활용함으로써 하나님께 영광을 바치고 있다. 고등학교 시절부터 윌은 확실히 특별한 구석이 있었다. 우리 모두가 각자 삶의 목적이 있다고 굳게 믿던 윌은 삶의 목적에 대해서 이야기했다. 그리고 윌은 용감하게도 그 주제를 학교 식당의 많은 친구들 앞에서 꺼냈다. 윌은 우리 마음 속 어딘가에 숨어 있던 '내 인생의 목적은 뭘까? 내 삶이 의미 있다는 것을 어떻게 확신할 수 있을까?'와 같은 의문점들을 직접 말로 표현했다. 윌은 그 날 용감한 걸음을 내딛었다. 고등학교 생활의 중심은 자기 자신이라고 흔히 생각하기 쉽다. 조심하지 않으면 생각하고 행동하는 모든 일이 자기 중심적이 될 수가 있다. 자기 자신을 극복하고 싶다면 뭔가 가치 있는 삶을 살고 싶다는 열망을 가져야만 한다. 윌은 친구들 앞에서 창피함을 무릅쓰고 그러한 가능성을 우리들에게 일깨워 주었다. 하나님의 은혜로 윌은 목적 있는 삶을 원했다. 그리고 다른 사람들도 같은 길을 추구하길 바랐다. 윌은 고등학생으로서는 갖기 힘든 시각을 가지고 있었다. 그것은 바로 자기 중심의 가치관이 아니라 하나님 중심의 가치관이었다. 나는 아직도 윌과 가끔씩 소식을 주고받는다. 윌이 내 친구라는 것이 정말 자랑스럽다.

하나님은 자신의 자녀들이 현재 머무르는 자리에서 다른 사람들에게 영향력을 발휘하도록 하신다. 그런 사실을 좀 더 빨리 알았더라면 얼마나 좋았을까? 윌이 그때 학교 식당에서 한 말에 나는 강한 호기심이 일었다. 누구나 자기 자리가 있고, 삶에 더 큰 목적이 있다. 우리는 언젠가 우리도 목적을 갖게 되는 날이 올 거라고 생각만 하면서 시간을 한없이 허비하고 있다. 다만 오늘은 그 날이 아닐 것이라고 자위하면서 말이다. 우리에게는 자기 자신에 대한 비현실적인 기대가 있다. 우리는 정말 중요한 일을 먼저 하기도 전에 어떤 목표나 어떤 상태에 도달해야 한다고 생각한다. 인생의 의미와 목적만 찾다가 평생 시간을 보내는 사람도 있다. 하지만 정말 놀라운 사실은 우리가 발을 딛고 있는 지금 이 순간 바로 이 자리에서 삶의 목적을 찾을 수 있다는 것이다. 큰 목적이 있는 삶을 살기 위해서 인생의 다음 시기까지 기다릴 필요는 없다. 하나님의 뜻은 우리가 그 목적을 지금 이 순간 실현하는 것이다. 윌은 이미 고등학교 때부터 그런 시각을 가졌다. 고등학교 1학년 때부터 졸업할 때까지 어떻게 사느냐가 정말 중요하다는 사실을 윌은 이미 알고 있었다.

세상에 큰 영향력을 미칠 수 있는 사람은 내가 아닌 다른 누군가일 거라고 대부분 생각한다. 흔히 '세상을 확실히 바꾸어 놓는 사람이 나타날 거야. 하지만 난 아니야. 내 목적이 그렇게 원대할 리 없어!' 하는 식으로 생각한다. 하지만 만약 '우리'가 세상을 바꾸는 진짜 주인공이라면 어떻게 하겠는가? 세상에 큰 영향을 미치는 사람이 바로 '우리'라면 어떻게 하겠는가? 내가 아프리카 방문에 대한 꿈을 꾸기 시작하던 중3 때가 생각난다. 나는 그때 다른 누군가가 그곳에 가리라고 생각했다. 아프리카로 가서 병들고 가난한 사람들, 그리고 집 잃은 사람들을 위해서 놀라운 일들을 할 수 있는 사람은 분명 나보다 훨씬 더 역량이 뛰어난 사람일 거라고 믿었다. 아프리카에는 실제로 나보다 역량이 훨씬 뛰어난 선교사들이 많이 있었다. 하나님은 아프리카로 가는 대기 명단 끄트머리에 나를 집어넣으신 게 분명했다.

윌이 학교 식당에서 한 말을 듣고 나는 내 인생의 목적에 대해서 생각해 보았다. '아프리카로 가는 일'이 정말로 내 목적이면 어쩌지? 하나님이 나를 통해서 뭔가를 이루려고 하신다면? 그때부터 정확하게 1년 후에 나는 대서양을 건너 아프리카에 도착했다. 만약 내가 아프리카로 가는 일은 하나님의 뜻이 아닐 것이라는 내 머릿속 거짓말을 믿었다면 나는 결코 아프리카로 가지 못했을 것이다. 그랬다면 내 인생의 가장 큰 축복을 놓칠 뻔 했다. 잠비아 아이들이 없는 내 인생은 이제 상상조차 할 수가 없다. 악마는 우리가 인생의 목적 같은 건 없다고 믿기를 바란다. 하지만 그것은 전혀 사실이 아니다. 하나님은 우리들 한 사람 한 사람에게 삶의 목적을 주셨고, 그것을 깨닫는 데 어린 나이가 전혀 문제되지 않는다.

우리는 지금 이 자리에서 삶의 목적을 발견할 수 있다. 우리 주변의 사람과 환경은 모두 하나님이 주신 뜻이다. 하나님이 주신 목적을 깨닫기 위해서 인생의 다음 시기가 올 때까지 기다리지 마라. 하나님의 목적은 지금 이 자리에서도 찾을 수 있다. 지금이 인생에서 기쁜 시기이든 힘든 시기이든 하나님은 지금 당신에게 뭔가를 보여주고 계신다. 물론 그 뜻은 시간이 훨씬 더 흐르고 나서야 알 수 있겠지만 말이다. 우리가 자신의 목적을 깨닫고 바로 지금 이 순간 이 자리에서 목적을 실행하려는 의지를 갖는다면 그때부터 세상은 완전히 달라 보일 것이다. 이런 식으로 한 번이라도 생각해본 적이 있는가? 누구나 어느 곳에서든 세상에 영향을 미칠 수가 있다. 고등학교, 친구 모임, 과외 활동 등등 장소에 구애 받지 말고 오늘 당장 행동에 옮겨 보자.

우리가 하나님의 소명을 한창 수행 중일 때 우리는 하나님의 기쁨을 느낄 수가 있다. 나는 클레이튼을 보면서 그것을 많이 깨달았다. 하나님은 클레이튼에게 야구 선수라는 소명을 주셨고, 클레이튼은 그 소명대로 야구를 너무나 사랑한다. 명작 영화 '불의 전차Chariots of Fire' (1981)는 하나님이 주신 목적과 인간의 열정이 충돌하는 모습을 강렬하게 보여준다. 영화의 주인공인 에릭 리델은 위대한 운동선수의 본보기라 할 만하다. 에릭은 올림픽 육상 선수로 선교사 가정에서 태어났다. 하지만 에릭은 대를 이어 선교사의 길을 가는 대신 육상으로 자신의 열정을 좇는다. 에릭은 육상이 하나님이 주신 소명이라고 굳게 믿었던 것이다. 독실한 신자인 에릭의 여동생은 에릭에게 육상을 하려는 오빠를 말린다. 에릭의 여동생은 에릭이 육상을 포기하고 가족들과 함께 중국으로 건너가야 옳다고 생각한다. 하지만 에릭은 그런 여동생에게 심오한 대답을 들려준다. "내게도 하나님이 주신 소명이 있다고 믿어. 하지만 하나님은 내게 빨리 달리는 재능도 함께 주셨어. 나는 달릴 때 항상 하나님의 기쁨을 느껴." 우리는 과연 어떻게 하면 기쁜 마음으로 삶의 목적대로 살아갈 수 있을까? 이런 근본적인 질문에 대한 해답을 에릭은 이 영화에서 제시하고 있다. 에릭 리델은 처음에는 육상 선수로, 나중에는 중국에서 선교사로 하나님께 영광을 바쳤다. 하나님이 정해주신 길을 갈 때 우리는 그 안에서 하나님의 기쁨을 느낄 수가 있다.

클레이튼도 하이랜드 파크 고등학교에서 3학년 때 정확히 그런 길을 걸었다. 그때 클레이튼은 야구 인생에서 달콤한 시즌을 보내고 있었다.

하나님이 주신 소명, 즉 야구를 하면서 하나님의 기쁨을 느끼는 시기였기 때문이다. 지금도 클레이튼은 그때를 목적과 열정이 강하게 충돌한 시기였다고 기억한다. 클레이튼은 야구를 사랑했다. 클레이튼에게 있어 가장 절친한 친구들과 야구를 하는 것보다 더 큰 기쁨은 없었다. 당시 클레이튼과 친구들은 수업을 마치고 '대난투 스매시 브라더스Super Smash Brothers'라는 닌텐도 게임에 정신이 팔려 있다가 야구 연습을 하러 운동장으로 허겁지겁 뛰어가곤 했다. 그들은 운동장까지 아무 문제 없이 누가 빨리 도착하나 늘 내기를 했다. 나는 어느 날 오후 차를 타러 가는 길에 클레이튼과 친구들이 야구 연습하는 장면을 목격했다. 그들은 모두 서로를 놀리기도 하고, 즐겁게 웃으면서 야구를 하고 있었다. 그 친구들은 정말로 야구를 즐기고 있었다. 그들의 표정은 천진난만하고 기쁨에 넘쳤다. 아직도 그 친구들은 모이기만 하면 자신들의 그 '영광스러운 시절'을 이야기한다. 고등학교 3학년 이후로 별로 변하지 않은 모습도 있다. 그 친구들은 아직도 '스매시 브라더스'(이름이 정확한지는 모르겠지만) 게임을 하고, 야구공을 주고받으며 놀고, 가끔씩 장난으로 마치 중병환자인 것처럼 배에 튜브를 꽂는 시늉을 하기도 한다. 내가 기억하는 한 클레이튼은 항상 야구를 사랑했다. 클레이튼은 한 번도 야구를 일로 생각해본 적이 없다. 야구는 항상 클레이튼의 기쁨이자 열정이었다.

클레이튼은 야구를 할 때 하나님의 기쁨을 느끼고, 나는 아프리카에 있는 어린이들을 만날 때 하나님의 기쁨을 느낀다. 하나님의 뜻에 따라 살 때 커다란 기쁨을 맛보고, 하나님이 주신 소명에 최선을 다할 때 하나님은 기뻐하신다. 이런 원리를 다른 식으로 생각해봐도 좋다. 우리가 가장 좋아하는 일이 하나님이 주신 소명일지도 모른다. 당신은 어떤 일을 가장 사랑하는가? 아마도 바로 그 일을 통해서 하나님이 당신을 쓰고자 하시는지도 모른다. 내 친구 윌은 우리 모두가 똑같은 고민을 하고 있을 때 삶의 목적을 찾는 방법을 말해 주었다. 윌은 우리가 있던 바로 그 자리, 즉 고등학교에서부터 삶의 목적을 찾자고 말했다. 나는 그때 윌이 학교 식당에서 튀어 보일 위험을 감수하고 용감하게 일어서서 발언했다는 사실이 너무 기쁘다. 윌 덕분에 나는 내 삶의 목적을 고민하기 시작했다. 아프리카에 가겠다는 생각은 이미 내 마음속에 들어와 있었다. 한 친구의 용기 덕분에 나도 꿈을 실현할 수 있다고 믿게 되었다. 그리고 고등학생도 삶의 목적을 실현할 수 있다는 용기를 얻었다. 그 모든 것이 하나님의 은혜. 인생에서 뭔가 큰 일이 일어날 때까지 기다릴 필요는 없다. 하나님이 바로 여기, 지금 이 순간 우리 안에 계시다는 사실을 깨닫는 순간 우리는 삶의 목적을 발견할 수 있다.

12
그럴 리가 없어요

클레이튼 커쇼

인생이 바뀌는 결정적인 순간을 경험해본 적이 있는가? 그런 순간이 저 멀리서 다가오는 광경을 본 적은 있는가? 그게 아니라면 뜬금없이 그런 순간이 당신에게 다가왔는가? 우리는 가끔씩 인생에서 그런 순간이 다가오고 있음을 직감하기도 하고, 뜬금없이 그런 순간이 다가와서 인생이 갑자기 변하기도 한다. 우리는 저마다 평생 꿈꿔온 순간이 있다. 당신 안의 현실적인 목소리는 '그런 일은 절대 안 일어날 거야!'라고 말하고, 꿈을 좇는 또 다른 목소리는 '그래, 결국은 그런 순간이 오게 될 거야!'라고 말한다.

그 해 3월 나는 열여덟 살이 되었다. 그때는 우리가 하이랜드 파크 고등학교를 이제 막 졸업한 시점이었다. 우리들 대부분은 대학 입학을 눈앞에 두고 있었다. 나는 텍사스 에이앤엠A&M 대학교에 야구 장학생으로 입학하기로 되어 있었다. 나는 감독님과 교과 과정이 너무 마음에 들었고, 엘런 역시 같은 대학교에 합격했다. 이 정도면 내가 이 대학의 동문을 뜻하는 '애기Aggie'가 되기에 충분한 이유가 되었다. 이제 에이앤엠 대학교에 들어가서 무사히 졸업하는 것이 내 목표였다.

고3 때 치른 마지막 경기는 결국 패하고 말았지만, 이기고 지는 걸 떠나서 그 해는 내게 너무나 소중했다. 그때까지도 고등학교 시절의 잊지 못할 추억들이 많이 남아 있었다. 고등학교 2학년 때 나는 어쩌면 대학에 가서 야구를 계속할 수 있을지도 모른다는 희망을 품었다. 그래도 불투명한 미래와 경제적인 부분에 대한 걱정은 여전히 남았다. 어떻게 꿈을 실현시켜 가야 할지 막막했다. 그래서 오랜 시간 동안 곰곰이 생각해 보았지만 앞으로 나에게 뭔가 특별한 일이 갑자기 생길 것 같지 않았다. 미래를 고민할 때마다 불안이 나를 덮쳤다. 만약 그때 내가 앞으로 하나님이 내게 베푸실 큰 은혜를 미리 알았더라면 얼마나 좋았을까. 내 마음속에서 평소보다 빌립보서 4장 6절, 7절이 더 자주 떠올랐고, 나는 서서히 그 말씀을 믿기 시작했다.

아무 것도 염려하지 말고 다만 모든 일에 기도와 간구로 너희 구할 것을 감사함으로 하나님께 아뢰라 그리하면 모든 지각에 뛰어난 하나님의 평강이 그리스도 예수 안에서 너희 마음과 생각을 지키시리라 (빌립보서 4:6-7)

고3 시절에 하나님은 그 어느 때보다도 내 곁에 가까이 와 계셨다.

124

하나님은 나의 경제적인 고민과 앞으로 어떻게 해야 할지에 대한 걱정을 깨끗이 해소해 주셨다. 그리고 그 자리에 내가 이해하기 힘들 만큼 편안한 평화를 가져다 주셨다. 머릿속으로는 잘 이해가 되지 않았지만, 그때 나는 마음을 편안히 갖고 하나님을 믿으라는 하나님의 목소리를 들었다. 하나님은 내 의문과 기도에 한 번에 하나씩 응답해 주셨다. 사람들은 차츰 투수로 마운드에 선 나를 알아보기 시작했다. 그리고 스카우트들이 경기장에 나타나 나와 얘기를 나누려고 경기가 끝날 때까지 기다렸다. 너무나 꿈같은 일이었다. 당시에 나는 미래를 믿으려고 애쓰는 내 마음을 하나님은 전혀 모르고 계신다고 생각했다. 하지만 지금 와서 되돌아보니 그때 하나님은 확실히 내 인생을 꽉 붙들고 계셨다. 하나님은 나를 꼭 잡고 계시면서 하나님의 뜻을 의심하던 나에게 응답을 해주셨다. 그 해에 하나님이 베푸신 은혜는 정말 놀라웠다. 나는 그때 하나님은 내가 전적으로 믿어도 좋은 분이시며, 내가 상상할 수 없는 능력을 갖추신 분이라는 사실을 하나님께 배웠다. 그 사실을 좀 더 빨리 깨달았더라면 하는 생각이 든다. 만약 그랬더라면 고등학생 시절 삶이 힘들 때마다 그렇게 스트레스를 많이 받지는 않았을 텐데 말이다.

또한 메이저리그 드래프트 지명이 내게는 그저 희망에 불과할 때, 내 눈에 에이전트가 들어왔다. 나는 하나님의 은혜로 휴스턴에 있는 핸드릭스Handricks 스포츠 매니지먼트사의 '제이디J. D.' 스마트 씨를 만났다. 제이디와 나는 금세 친구가 되었고, 제이디는 나에게 드래프트 지명과 그 밖의 다른 가능성들을 하나하나 가르쳐주었다. 텍사스를 떠나본 적이 없는 열여덟 살 어린 야구 선수였던 나는 도움이 절실히 필요했다.

신인 드래프트 지명식이 있기 2주 전까지도 나는 에이앤엠 대학교를 바라보고 있었다. 사실 드래프트로 내 진로가 확 달라질 거라고 믿기가 어려웠다. 하지만 내게 뭔가 특별한 일이 벌어질 거라고 확신에 차 있던 제이디는 드래프트 절차와 그 밖의 가능성들을 의논하려고 나와 점심 약속을 잡았다. 머릿속에서 별의별 생각이 다 지나갔다. '내가 계약할 만한 가치가 있을까?' 하는 생각마저 들었다. 야구를 계속 할 수 있을지, 또 야구 선수를 해서 실제로 돈을 벌 수 있을지 아직도 의구심이 들었다. 꿈이 늘 우리 바람대로 이루어지는 것은 아니니까.

제이디와 나는 댈러스에서 햄버거로 소문난 칩스Chips에 갔다. 나는 햄버거를 앞에 놓고 구부정하게 앉아서 드래프트 절차에 대한 제이디의 설명을 들었다. 내 주의를 끌려고 설명을 잠시 멈춘 제이디는 내게 물었다.

"계약금을 얼마로 하면 좋겠니?"

나는 웃으면서 고개를 절레절레 흔들었다.

"점심 값 계산할 정도면 충분해요."

나는 이렇게 대답했다. 그건 정말 농담이 아니었다. 부자가 되는 게 당시 내 목표가 아니었다. 한참 동안 침묵을 지키던 제이디는 진지한 목소리로 내가 깜짝 놀랄 만큼 큰 계약금을 받을 만한 가치가 있는 선수라고 말해 주었다. 그 순간 햄버거를 손에 들고 있던 나는 숨이 멎을 것 같았다. 두 눈에는 눈물이 고였다. 나는 간신히 "그럴 리가요! 그럴

리 없어요!"라고 대답했다. 고개를 들어 제이디의 얼굴을 바라보자 만감이 교차했다. 제이디가 방금 내게 해준 말은 정말 믿어지지가 않았다. 그리고 겸손한 마음이 들었다. 하나님이 내게 베푸신 은혜를 생각하니 말문이 막혔다.

나는 어리둥절한 채로 식당을 빠져 나왔지만 하나님이 베푸실 미래에 대한 새로운 확신을 얻었다. 앞으로 어떻게 먹고 살아야 할지 늘 막막했던 나는 수도 없이 나를 위기에서 구해준 하나님의 면모를 다시 한 번 확인하고 있었다.

2006년 6월 6일. 신인 드래프트 지명식이 열리는 그 날이 드디어 찾아왔다. 드래프트 결과를 지켜보려고 엘런과 내 절친한 친구들이 전부 우리 집에 모였다. 우리는 텔레비전을 보면서 속보를 안 놓치려고 인터넷 방송도 켜두었다. 전화가 올지 모르니 전화기도 바로 옆에 놔두었다. 제이디는 전화가 걸려오면 어떻게 일을 처리해야 하는지 이미 나에게 단단히 일러둔 상태였다. 첫 번째 드래프트가 시작되자 구단은 각각 6명의 선수를 지명했다. 각 구단은 총 7명의 선수를 지명할 수 있었고, 다음은 7번째 선수를 지명할 차례였다. 곧 내게 인생이 바뀌는 결정적인 순간이 찾아왔다. 전화벨이 울린 것이다. LA 다저스 구단은 전화로 나를 7번째 선수로 지명할 것이라고 했다. 내 인생을 통틀어 그렇게 조마조마하고 흥분된 상태로 전화를 받아본 적은 없다. 침착해지려고 무척이나 애를 썼지만, 나는 두 문장에 한 번 꼴로 쉰 목소리를 냈다. 마음속으로는 어서 친구와 가족과 함께 왁자지껄하게 자축하고 싶은 생각뿐이었다. 수화기를 내려놓자마자 우리들은 환호성을 지르며 기쁨을 만끽했다. 내가 하나님의 뜻대로 LA 다저스에 입단하게 되었다는 사실에 방 전체가 흥분의 도가니가 되었다. 나는 아직도 갈 길이 멀다고 생각했다. 앞으로 할 일이 태산 같이 많았지만, 이 순간이 평생 잊지 못할 순간이 될 거라 믿어 의심치 않았다.

때때로 하나님의 은혜는 알아채기가 어렵다. 하나님이 정말 나타나실까 걱정하는 그 순간, 이미 하나님은 그곳에 계셨다. 당시 고등학생이었던 나로서는 그것을 알아챌 수 없었지만 하나님은 이미 나를 둘러싸고 계셨고, 내가 필요한 모든 것을 앞뒤에서 챙겨 주셨다. 물론 하나님의 뜻이 뭔지 전혀 모르겠다거나 하나님이 우리를 잊어버리신 건 아닌지 의문이 들 때도 있을 것이다. 그게 어떤 기분인지 나도 잘 안다. 하지만 항상 같은 자리에 계시던 하나님이 나를 위해서 놀랍고 흥분되는 일을 미리 계획하셨다는 사실을 깨닫게 되었을 때의 그 감동이란 이루 말할 수가 없다.

그런 감동적인 순간이 왔을 때, 나는 손으로 머리를 감싸며 "그럴 리가 없어요!"라고 외쳤다. 하나님의 은혜는 그토록 놀랍다. 그래서 하나님께 의지하는 삶은 늘 유익하다. 고등학교 때 하나님은 내가 감당하기 힘들 만큼 내게 큰 선물을 주셨고, 하나님을 믿는 법을 가르쳐 주셨다. 하나님이 내 꿈을 이루게 해주셨다는 사실이 놀랍기만 하다. 더욱 놀라운 것은 하나님이 은혜를 넉넉하게 베푸실 거라고 진실로 믿지 못했던 걱정 많은 한 어린 학생을 하나님은 인내로 기다려 주셨다는 사실이다.

13
웰컴 투 마이너리그
클레이튼 커쇼

다른 선수들은 태연하게 큰 방에 모여 텔레비전을 보고 있었다. 그들은 내가 뭘 하고 있는지 전혀 몰랐다. 우리는 장거리 이동 중이었고, 선수들은 모두 도시 중심가에 높이 솟은 호텔 8층에 투숙하고 있었다. 나는 마음껏 즐거운 시간을 보내는 중이었다. 욕실에서 계속 물소리를 내고 있던 내가 뭘 하는지 궁금했는지 다른 방에 있던 동료들이 나에게 소리를 질렀다. 나는 혼자 웃음을 지으며 "아무것도 아니야!" 하고 대답했다. 내가 뭘 할지 동료들은 전혀 눈치 채지 못했다. 갑자기 나는 물 풍선을 한 가득 안고 휘청거리며 쏜살같이 그 방 안으로 들어갔다. 발코니 문 뒤에서 물 풍선을 던지던 나는 아래 도로를 향해 물 풍선을 날리기 시작했다. "맞아라!" 하고 내가 소리쳤다. 처음에는 놀라서 말문이 막혀 있던 동료들도 곧 물 풍선 융단 폭격에 동참했다. 지나가는 차 지붕이나 인도에 물 풍선이 하나씩 떨어질 때마다 우리는 급히 몸을 숨겼다. 나는 웃겨서 배꼽이 빠지는 줄 알았다. 물 풍선 폭격 놀이는 정말 우스꽝스럽고, 완전히 정신 나간 짓이었다. 혹시라도 그게 걸렸으면 큰일 날 뻔 했다. 하지만 경기가 끝나고 할 일이 없는 젊은 운동선수들은 그런 장난도 가끔 치게 마련이다. 우리는 열심히 놀고, 그만큼 운동도 열심히 했다. 마이너리그 생활에는 어른도 다시 다 큰 애로 만들어 버리는 특별한 뭔가가 있다.

메이저리그 드래프트가 있기 하루 전날, 이제 내가 전국에 흩어져 있는 어느 도시로 떠나게 될지도 모른다는 막연한 생각밖에 없었다. 그 도시가 어디가 될지 전혀 감을 잡을 수 없었다. 다음 날 드디어 드래프트 결과가 나왔고, 나는 세상이 뒤집히는 듯한 경험을 했다. 그러자 내 관심은 내가 머물 도시와 새로운 팀에 쏠렸다. 그 팀은 바로 LA 다저스였다. 나는 그때까지 캘리포니아에는 한 번도 가본 적이 없었다. 하지만 로스앤젤레스로 가는 여행길이 꽤 즐겁겠구나 하는 예감은 들었다. 며칠 뒤, 나는 로스앤젤레스로 가는 짐을 꾸렸다. 불과 한 주 만에 인생이 이렇게 크게 달라지다니 정말 놀라운 일이었다.

로스앤젤레스로 떠날 준비를 하던 나는 마치 대학에 들어가는 기분이 들었다. 엘런과 내 친구들은 그 해 가을에 대학에 입학할 예정이었다. 여느 친구들이 대학에서 스스로를 시험 하듯, 나는 LA 다저스 생활을 내가 발전하기 위한 일종의 예행연습으로 생각하기로 마음먹었다. 어떤 식으로 짐을 싸야 할지 전혀 감을 잡지 못하던 나는 가방에 온갖

잡동사니를 다 집어넣었다. 로스앤젤레스 행 비행기 표가 예약되어 있었던 나는 구단 관계자들에게 좋은 첫 인상을 주려고 양복 한 벌과 괜찮은 옷 몇 벌을 꺼냈다. 언제 다시 집으로 돌아올지 모르는 가운데 어머니와 친구들에게 작별 인사를 하려니 묘한 기분이 들었다. 내가 LA에 도착해서 적응하고 있을 때쯤 엘런도 여름 학기 수업을 들으러 집을 떠날 예정이었다. 둘 다 가야 할 곳이 있다는 사실에 마음이 좀 놓였다. 엘런 역시 자기가 할 일이 있었기 때문에 내가 엘런을 두고 떠난다는 기분은 안 들었다.

이제 곧 LA 다저스에 입단한다는 생각에 평범한 비행기 여행조차 흥미진진했다. 이런 날이 올 줄은 정말 꿈에도 몰랐다. 로스앤젤레스에 도착한 나는 먼저 프레스턴 매팅리Preston Mattingly 선수를 소개받았다. 그와 나는 둘 다 다저스 드래프트 지명 선수라는 공통점이 있었고, 나와 함께 야구계에 뛰어들 선수가 있어 감사한 마음도 들었다. 뛰어난 양키스 선수로 이름을 떨친 아버지를 둔 매팅리는 나보다 메이저리그 무대에 조금 더 친숙했다. 나는 꿔다 놓은 보릿자루 같은 기분이 들었지만 어쨌든 이 세계가 뭔지 제대로 한 번 느껴보고 싶었다. 우리는 공항에 마중 나온 멋진 검은색 승용차를 타고 다저스의 홈구장인 다저 스타디움Dodger Stadium으로 향했다. 다저 스타디움에서 우리는 정식으로 계약서에 사인을 했다. 그런 뒤에 클럽하우스와 경기장, 사무실 등을 둘러봤다. LA 다저스는 정말 헌신할 마음이 들도록 만드는 팀이었다.

그 다음 며칠 동안 우리는 시내 구경을 하고 나서 전설적인 야구 선수였던 토미 라소다Tommy Lasorda 전 감독님을 만났다. 감독님은 아우라가 느껴지는 분이셨다. 감독님은 월드 시리즈에서 두 번 우승한 일화를 비롯해서 LA 다저스 감독 시절의 이야기를 끝도 없이 하셨다. 기자석도 둘러보았다. 거기에서 나는 '다저스의 목소리'라 불리는 빈 스컬리Vin Scully 씨와 악수도 나누었다. 빈 스컬리 씨는 LA 다저스 전속 공식 해설자로 62년째 중계방송을 맡고 있다. 종목을 막론하고 한 팀의 중계방송을 그렇게 오래 맡은 스포츠 해설자는 그 분이 유일하다. 이렇듯 깊은 역사와 전통이 흐르는 LA 다저스가 나는 정말 좋았다. 내가 그 일원이 되다니 믿을 수가 없었다. 내가 이 놀라운 기회를 얻을 자격이 있나 하는 의심마저 들었다. 어릴 때 독후감을 쓸 때나 접해봤던 전설적인 야구 선수들에 둘러싸인 나는 마치 꿈속을 걷는 듯 했다.

로스앤젤레스에서 보내는 주말은 그야말로 환상적이었다. 여기서 보내는 야구 인생은 꽤 달콤하겠구나 하는 생각이 들 정도였다. 팀으로부터 큰 환대를 받은 나는 열심히 뛸 준비가 되어 있었다. 매팅리와 나는 다저스 유망주 리그가 펼쳐지고 있던 플로리다의 베로 비치Vero Beach로 날아갔다. 로스앤젤레스에서 보낸 시간들 때문에 나는 새로운 내 야구 인생이 꽤 안락할 거라고 믿고 있었다. 물론 내가 그런 안락한 생활에 익숙한 것은 아니었다. 그저 메이저리그 세계는 이렇게 돌아가는구나 싶었다. 그래서 나는 우리가 승합차를 타고 플로리다 안에서도 인적이 드문 조용한 작은 도시로 향하자 약간 당황했다. 차를 타고 시내 안으로 들어서니 도심은 복잡한 로스앤젤레스와는 비교가 안 될 정도로 조용했다. 도로 표지판은 낡을 대로 낡아 있었고, 표지판마다 '다저 타운Dogertown'이라는 문구가 새겨져 있었다. 나는 처음 방문한 이 야구 도시에서 여름 야구 리그와 함께 살고 숨 쉬어야만 했다. 차는 낡은 기숙사처럼 보이는 건물 앞에서 멈춰 섰다. 집이 너무 좋아보여서 눈물이 날 지경이었다.

매팅리와 나는 각기 다른 방을 배정받았다. 나는 내 방으로 가서 앞으로 두 달 동안 내 룸메이트가 될 친구를 만났다. 기숙사 방은 마치 모텔 같았다. 큰 방 안에 침대 두 개만 덩그러니 놓여 있었다. '이런, 세상에!' 마이너리그에 오신 걸 환영합니다. 환경이 한 주 전과는 확실히 달랐다. 하지만 솔직히 베로 비치의 환경은 나에게 마치 글러브를 끼는 것처럼 딱 들어맞았다. 그곳은 내가 즐길 수 있는 분위기였다. 한마디로 말해서 고향에 온 기분이었다. 나는 그로부터 두 달 동안 베로 비치 유망주 리그에서 뛰었다. 베로 비치에서 두 시간 떨어진 곳에서 휴가를 즐기던 엘런 가족이 나를 보러 찾아왔다. 엘런 가족들이 오자 집 같은 분위기를 맛볼 수 있어서 좋았다. 내가 가족이나 친구들 도움 없이 내 꿈을 위해 고군분투하고 있는 건 아니구나 싶었다. 나는 매일 있는 야구 경기에 빠르게 적응했고, 저녁에는 동료들과 어울렸다. 우리는 전국 각지에서 모인 친구들이었지만 모두 하나의 관심사, 즉 야구라는 공통 분모가 있었기 때문에 금방 친해졌다.

마이너리그에서는 내 삶의 어떤 부분도 내가 통제하고 있다는 기분이 안 든다. 경기 일정에서부터 사는 곳, 승격(만약 그것이 가능하다면)하는 시기에 이르기까지 이 모든 것을 다른 사람이 정해준다. 베로 비치에서 첫 시즌을 보낸 나는 미시간 주 미들랜드에 있는 그레이트 레이크스 룬스Great Lakes Loons 팀으로 승격되어 모든 걸 다시 시작해야만 했다. 이번에는 호텔에도 못 들어가고, 3일 안에 숙소를 찾아 다음 시즌을 준비해야 했다. 다행히 거기에는 나와 비슷한 처지의 친구들이 몇 명 있었다. 우리는 경기장 주변의 아파트에서 우연히 만났다. 거기 모인 동료들 중에서 미들랜드 출신은 아무도 없었다. 어떤 때는 미시간 한복판에 서 있는 내 모습이 우습기도 했고, '내가 여기까지 와서 도대체 뭘 하고 있나?' 하는 생각도 들었다. 이 특별한 인연 덕분에 우리는 급속도로 친해졌다. 우리는 모두 정답게 웃으면서 텅텅 비어 있는 아파트 안으로 걸어 들어갔다. 운 좋게 우리는 가구를 장만할 기막힌 방법을 찾았다. 바로 근처 월마트였다. 우리는 곧장 월마트로 가서 테라스에 둘 탁자와 의자, 공기 주입식 매트리스, 쿠션 의자 몇 개 그리고 아담한 TV 한 대를 샀다. 이제 준비 끝이었다. 그 물건들만 들여놓고 우리는 네 달 동안 숙소 생활을 견뎌냈다. 미들랜드에서 운동하는 동안 다시 월마트를 들른 적은 딱 세 번, 공기 주입식 매트리스가 터져서 교체하러 갔을 때뿐이었다.

마이너리그 생활은 나에게 마치 대학생활 같았다. 나는 고향 친구들과 정말 잘 뭉쳤었다. 그렇게 끈끈하게 뭉치는 친구들을 다른 곳에서 만나기는 어려울 듯 보였다. 하지만 나는 미들랜드에서 만난 친구들과도 찰떡궁합이 되었다. 우리는 함께 레슬링 경기를 벌이며 뒹굴었고,

닌텐도 64를 손가락에 물집이 잡힐 때까지 했다. 이 친구들과 야구를 하면 너무 즐거웠다. 미들랜드에서 모든 걸 다시 시작하는 기분이긴 했지만, 집에 온 듯한 편안함도 함께 느꼈다. 그렇게 네 달이 금방 지나갔다. 엘런은 미들랜드에 몇 번 방문했는데, 우리가 사는 꼴을 보고 기겁을 했다. 하지만 우리한테 그곳은 완벽했다. 여자 친구가 있는 친구들 몇 명도 우리 숙소를 방문했다. 엘런과 나는 그때 처음으로 우리에게 야구 가족이 생겼다는 느낌을 받았다. 물론 그 시절 만난 친구들은 지금 각자 다른 팀에서 뛰고 있지만, 미들랜드에서 보낸 4개월 동안의 추억은 각별해서 지금도 우리들을 끈끈하게 묶어준다. 가끔 우리가 모일 때면 그 시절 이야기부터 시작한다. 내게는 미들랜드와 베로 비치에서 보낸 소중한 시간이 있어 너무나 감사하다.

마이너리그 생활을 하는 동안 내 자신감은 강해졌고 내 믿음은 깊어졌다. 인생의 새 장은 열렸지만 당시에는 모든 것이 낯설었다. 나는 새로운 방식으로 하나님을 생각했고, 어느 새 하나님과 함께 하는 시간에 더 많이 의지하고 있었다. 미래가 불확실할 때 하나님에 대한 믿음은 나에게 큰 버팀목이 되어 준다는 사실을 그때 깨달았다. 마이너리그 생활로 나는 정말 겸손해졌다. 그곳에선 결과를 내려면 최선을 다해야만 했다. 마이너리그 생활은 내게 내 또래 친구들처럼 성숙해지는 계기도 마련해 주었다. 나는 당시 열여덟 살에 불과했고, 배워야 할 것이 한두 가지가 아니었다. 가끔씩 하나님은 우리를 깜짝 놀라게 만드신다. 하나님은 내가 마이너리그에서 2년 동안 배우는 기간이 필요하다는 걸 알고 계셨다. 물론 내가 앞으로 가족 같은 야구 동료들이 필요하다는 것도 이미 알고 계셨다. 야구의 단 맛 쓴 맛을 하나하나 가르쳐주고, 심지어 내 믿음에 용기를 불어넣어 줄 수 있는 그런 동료들 말이다. 나는 내가 그런 경험이 필요하다는 걸 전혀 몰랐지만, 하나님은 잘 알고 계셨다.

마이너리그에서 생활한 2년 동안 내가 마이너리그 선수구나 하고 절감한 적은 한두 번이 아니었다. 텅 빈 아파트에서 홀로 바람 빠진 매트리스 위에 누워 있다 보면 어쩔 수 없이 쓴 웃음이 나왔다. 경기 일정을 위해 밥 먹듯이 장거리 이동을 하다보면 메이저리그에서 뛰어보고 싶다는 꿈은 더욱 강렬해졌다. 어쩌다 아이오와주의 클린턴까지 가야 하는 경우도 있었다. 그럴 때면 나는 달리는 야간 버스 바닥에서 불과 몇 시간 동안 쪽잠을 잤다. 버스 바닥에서 자는 잠을 예전에는 상상도 못했었지만, 그것도 야구에 대한 내 꿈을 실현시키는 과정의 하나였다. 내가 야구를 계속하는 한 앞으로 일이 잘 풀릴 것 같다는 생각이 들었다. 앞으로 몇 년 동안 더 좋은 결과가 있기를 바랐지만 서두르고 싶지는 않았다. 야구 선수로서 노력하고 성장하는 시간이 필요했다. 그 시기는 열여덟 살 어린 청년에게 필요한 시간이기도 했다. 다저스 구단에서 나를 언제 승격시키거나 강등시킬지 전혀 알 수 없었지만, 나는 그 문제 때문에 스트레스 받고 싶지 않았다. 나는 하나님이 이끄시는 곳에서 그저 즐기려고 노력했다. 나는 마이너리그에서 절친한 친구들을 만났고, 좋은 투수가 되기 위해 열심히 노력했다. 기발한 농담도 할 줄 알았다. 마이너리그에서 나는 인생에서 최고로 값진 시간을 보냈다.

14

내가 나 된 것은
하나님의 은혜로 된 것이니

엘런 커쇼

나는 어릴 때 특별한 가족 여행을 많이 다녔다. 우리 가족은 단 한번도 '평범한' 여행을 간 적이 없다. 한 번은 가족 18명이 티셔츠와 얼굴 가리개, 허리에 매는 작은 주머니를 단체로 맞춰 입고 관광버스를 빌려서 여행을 떠난 적도 있다. 그때 우리는 미국 서부 지역에 있는 국립공원은 물론이고 보이는 공원마다 다 들렀다. 우리 가족의 '서부 대장정'을 마치는 데는 장장 3주가 걸렸다. 특별한 경우만 빼고, 우리는 대부분의 시간을 함께 했다. 여행 중이던 어느 날, 우리는 실수로 삼촌 한 명을 죽음의 계곡Death Valley 국립공원에 남겨두고 왔다. 버스로 한 30분 달려가다가 경치가 아름다운 곳에서 내려보니 우리 가족의 공식 사진 기사이던 삼촌이 없는 게 아닌가! 우리는 제프 삼촌을 다시 찾으러 나섰지만 삼촌은 보이지 않았다. 제프 삼촌이 데스 밸리 우체국을 발견하고 나서야 우리는 재회할 수 있었다. 농담인지 진담인지 제프 삼촌은 자신이 만에 하나 계곡에서 살아나가지 못하게 되면 어쩌나 하는 마음에 우리 부모님에게 엽서를 부치려 하셨단다. 하루는 우리 어머니가 아이들에게 도박의 위험성을 가르치고 싶다고 하셨다. 라스베이거스 도박장에 간 우리 가족은 모두 일어서서 어머니가 슬롯머신 기계에 25센트짜리 동전 하나를 집어넣는 광경을 숨죽여 지켜보았다. 불빛이 번쩍이고 요란한 사이렌 소리가 들리더니, 어머니는 동전 하나로 1,500달러를 따셨다. 그때 어머니가 아이들에게 제대로 교훈을 주신 건지 의문이다.

나는 2남 2녀 중 셋째로 태어났다. 위로는 오빠 제드와 언니 앤이 있고, 아래로는 남동생 존이 있다. 어머니와 아버지는 자녀들을 위해서라면 산도 움직일 수 있을 만큼 자녀들에 대한 사랑이 크셨다. 그 사랑을 못 느끼는 날은 단 하루도 없었다. 나는 텍사스 주 댈러스에서 나서 자랐고, 어린 시절 내내 같은 집에서 살았다. 나는 어릴 때 누구나 사랑스러운 기독교 가정에서 태어난다고 생각했다. 우리 가족은 늘 주일에 교회를 갔고, 식사하기 전에는 하나님께 기도를 드렸다. 여덟 살 때 참가한 한 여름 캠프에서 나는 하나님이 내 구원자이심을 깨닫기 시작했다. 나에게는 지극히 당연한 경험이었다. 외국을 나가기 전까지 나는 한 번도 내 삶의 '평범함'에 대해서 깊이 생각해본 적이 없었다.

아프리카의 잠비아에서 나는 나와는 삶이 완전히 다른 남자 아이랑 여자 아이들을 만났다. 한 명의 부모만 있는 아이들이 많았다. 심지어 부모가 누군지 전혀 모르는 아이들은 더 많았다. 잠비아에서 고아들은 보통 원치 않는 아이들로 부모의 사랑을 거의 받지 못했다. 불현듯 나는 한 지붕 아래 어머니와 아버지가 함께 사는 가정에서 태어난 게 얼마나 큰 축복인지 깨달았다. 게다가 나는 세상의 아이들과 비교했을 때 건강하게 태어났다. 하지만 아프리카 아이들의 사정은 다르다. 나에게 에이즈란 그저 학교에서 배우는 전염병의 일종에 불과했다. 하지만 아프리카 어린이들에게 에이즈는 날마다 접하는 현실이다. 이 아이들은 자기 부모나 형제를 에이즈로 잃었을지도 모른다. 혹은 스스로가 에이즈에 감염된 피해자일 수도 있다. 에이즈에 감염되지 않으려고 나름대로 갖은 애를 썼겠지만, 결국 그렇게 하지 못한 것이다.

나는 내가 만난 많은 아프리카 어린이들이 하나님의 목소리를 전혀 듣지 못했다는 사실을 금방 알 수 있었다. 내가 아이들과 대화를 할 때마다 내 입에서는 요한복음 3장 16절이 마치 이미 내 가슴에 깊이 새겨져 있던 것처럼 술술 흘러나왔다. "하나님이 세상을 이처럼 사랑하사 독생자를 주셨으니 이는 그를 믿는 자마다 멸망하지 않고 영생을 얻게 하려 하심이라" 잠비아 아이들에게 하늘에 계신 아버지에 대한 개념은 완전히 낯설었다. 내가 그동안 너무나 당연하게 생각했던 사실이 이 아이들에게는 세상이 뒤집히는 듯한 충격으로 다가왔다. 그런 아이들의 모습을 목격하자, 내 삶에서 굳이 설명할 필요도 없던 당연한 일들이 갑자기 값지고 굉장한 일로 느껴졌다. 하나님은 잠비아 어린이들을 사용하여 내가 하나님이 주신 은혜를 깊이 깨닫게 하셨다.

사도 바울은 자신이 누구인지 깊이 깨달았다. 사도 바울은 고린도전서에서 자신의 성도들에게 이렇게 말했다. "내가 나 된 것은 하나님의 은혜로 된 것이니 내게 주신 그의 은혜가 헛되지 아니하여 내가 모든 사도보다 더 많이 수고하였으나 내가 한 것이 아니요 오직 나와 함께 하신 하나님의 은혜로라"(고린도전서 15:10). 하나님은 사도 바울을 궁지에서 구해 주셨다. 한때 하나님의 교회를 박해하고 파괴했던 사도 바울은 자기 인생에 일어난 큰 변화에 대한 공을 자기 자신에게 돌릴 수가 없었다. 사도 바울에게는 스스로를 구원할 만한 지혜와 능력이 없었다. 하지만 하나님의 은혜로 사도 바울은 완전히 다른 사람으로 거듭날 수 있었다. 예전에 사도 바울은 한 사람의 바리새인에 지나지 않았으나, 이제는 하나님이 내리신 큰 은혜를 입은 사람이 되었다. 사랑과 자비로 충만하신 하나님은 기회를 보고 계시다가 그를 완전히 탈바꿈시키셨다. 그의 인생을 다르게 설명할 수는 없다. 하나님의 은혜로 사도 바울은 완전히 다른 사람으로 거듭났다.

사도 바울의 말을 곰곰이 떠올려보니, 나도 그와 비슷하다는 생각이 들었다. 하나님이 나를 텍사스의 대가족 집안에서 태어나게 하신 것은 결코 우연이 아니었다. 그 덕분에 나는 어릴 때부터 예수님을 알아가기 시작했다. 큰 은혜가 아닐 수 없다. 내가 예수님을 알기도 전에 예수님은 이미 내 가슴 속에 계셨다. 내가 구원자가 필요함을 알기도 전에 하나님은 내 필요를 이미 알고 계셨다. 하나님의 이름조차 모르는 아프리카 아이들이 많다고 생각하면 울컥해지기도 한다. 하지만 나는 그때마다 하나님은 이미 그 아이들이 누군지 잘 알고 계신다는 사실을 떠올린다. 하나님은 그 아이들의 필요를 알고 계시고, 아이들의 머리카락 하나하나까지 세세하게 알고 계신다. 하나님은 그 아이들의 모든 것을 알고 계시며, 이미 그 아이들의 마음속에 들어가 계신다. 하나님의 은혜가 우리 앞뒤를 전부 감싸고 있다는 사실을 알면 마음이 편안해진다.

우리 삶에 미치시는 하나님의 위대하신 손길을 우리는 잊을 수가 없다. 우리는 하나님의 손길로 지구촌 방방곡곡의 가정에서 각자의 소명을 하나씩 받고 태어난다. 잠비아 아이들의 귀중한 삶을 떠올려 볼 때 그 아이들이 결코 나보다 불행하다고 생각하지 않는다. 나는 그들보다 물질적인 축복은 많이 받았지만, 물질 때문에 인생이 늘 더 행복해지는 것은 아니다. 오히려 우리가 흔히 '축복'이라고 부르는 것들 때문에 우리는 정작 인생에서 중요한 가치를 잊어버린다. 잠비아 고아들을 만나면서 나는 믿음에 대해서도 많이 배웠다. 아이들은 오히려 나보다 더 하나님의 말씀을 절실히 원했다. 하나님이 자기들을 사랑한다는 복음을 들으면 아이들은 숨이 멎을 정도로 기뻐했다. 내 삶이 그들보다 더 낫다고 절대 생각하지 않는다. 그냥 다를 뿐이다. 내 삶에 하나님의 뜻이 숨 쉬고 있듯이, 나는 하나님이 그들에게도 똑같이 삶의 목적을 심어주셨을 거라고 믿는다. 물론 내 소명 중 하나는 내 인생을 바꾸신 예수 그리스도에 대한 이야기를 잠비아 아이들에게 가서 들려주는 일이다. 하나님은 내게 그런 기회를 주셨고, 나는 아이들이 자신을 위한 하나님의 은혜에 눈 뜨는 모습을 목격하고 있다.

우리 삶에서 하나님의 은혜는 우리가 무엇을 하느냐에 달려 있지 않다. 하나님의 은혜는 예수 그리스도께서 하신 일에 달려 있다. 우리가 그럴 만하기 때문에, 혹은 우리가 얻기를 열망하기 때문에 우리가 하나님의 은혜를 입는 것이 아니다. 우리가 하나님을 사랑하든 사랑하지 않든 하나님은 변함없이 우리를 사랑하신다. 내 삶을 돌이켜봐도 하나님의 변함없는 사랑은 의심의 여지가 없다. 어렸을 때 나는 내가 얼마나 하나님을 원하는지 몰랐다. 하지만 하나님은 그때 이미 그곳에서 나를 지켜보고 계셨다. 하나님의 은혜란 이런 것이다.

하나님의 은혜로 나는 아프리카를 사랑하고, 클레이튼은 야구를 사랑한다. 우리 두 사람은 평생 그 두 가지 소명을 제대로 이해해서 하나님의 영광으로 돌리고 싶다. 우리는 하나님이 주신 은혜를 그런 시선으로 바라본다. 시선은 아름다운 것이다. 하나님의 은혜라는 렌즈를 통해서 사람과 사물, 그리고 조건을 바라보면 하나님의 은혜가 도처에 널려 있다. 하나님은 우리의 익숙한 삶이라는 벽을 허물고 우리를 완전히 낯선 곳으로 이끌기도 하신다. 하나님은 나를 아프리카로 이끄셨다. 그 덕분에 나는 나와 그 밖의 다른 이들의 삶에 하나님의 손길이 미치고 있다는 사실을 깨달았다. 지구 반대편에서 느끼는 하나님의 은혜는 예전과 180도 달랐다. 나는 새로운 시선으로 내 삶을 바라볼 수 있었다. 하나님은 평생 내가 믿을 수 있는 분이시다. 나는 사방에서 하나님의 은혜로운 손길을 본다. 하나님의 손길을 많이 보면 볼수록 나는 내 최우선 가치를 바꾸고 싶어진다. 아프리카를 방문할 때마다 나는 이전과는 전혀 다른 시선을 가지고 집으로 돌아온다.

내가 나 된 것은 물론 하나님의 은혜 때문이다. 하지만 나에 대한 하나님의 은혜는 아직 끝나지 않았다. 하나님은 지금까지 내 인생의 모든 요소를 사용하여 나를 하나님께 집중하도록 만드셨다. 과거를 되돌아보면 볼수록 하나님이 베푸실 은혜에 대한 확신이 생긴다. 그렇기 때문에 나는 미래에 대한 원대한 바람이 있다. 하나님은 내가 특별한 가족여행을 떠나는 대가족의 일원이 될 거라는 걸 이미 알고 계셨다. 하나님은 우리 가족이 사람마다 독특한 별명을 하나씩 만들어서 다른 사람들을 골치 아프게 만들 거라는 것도 알고 계셨다. 하나님은 또한 내가 만나게 될 슈쉬, 룰루, 퍼지, 디, 피치, 니니, 팅크 같은 사람들도 미리 계획에 넣으셨다. 이 모든 것이 우연이 아니었다. 모두가 하나님의 은혜였다. 과거, 현재, 미래에 내가 누리는 모든 것들이 전부 하나님의 은혜 덕분이다.

15
남달라 보일 수 있는 용기

클레이튼 커쇼

자신의 튀는 모습에 편안해 하는 사람은 없다. 하지만 그럴 때라도 나와 비슷한 친구가 있다면 그나마 위안이 된다. 누구나 자기가 주변 사람들과 뭔가 잘 맞지 않는다고 느낄 때가 있다. 특히 예민한 10대 때는 두 말 할 필요도 없다. 엘런과 나도 예외가 아니었다. 이를테면 엘런은 중학교 때 번개 문양이 새겨진 머리끈과 치아 교정기를 달고 다녔다. 최근에 우리는 그 치아 교정기를 우연히 발견했는데, 나는 치아 교정기가 아직도 엘런에게 꼭 맞을 거라는데 10달러를 걸었다. 반면 나는 항상 내 또래들보다 큰 몸집이 콤플렉스였다. 물론 지금이야 괜찮고 감사한 마음까지 들지만, 어렸을 때 덩치 큰 아이로 산다는 게 늘 편안하지만은 않았다.

조쉬는 내 어릴 적 친구로, 예나 지금이나 키는 나의 반 밖에 안 되지만 근육이 나보다 두 배나 많다. 당시 초등학생이던 우리는 서로 집이 아주 가까웠기 때문에 매일 자전거를 타고 같이 학교에 갔다. 우리는 기발한 아이디어를 짜내서 자전거 뒷바퀴 쪽에 고정 핀을 박아 나는 그 위에 타고, 조쉬는 핸들을 잡고 페달을 밟아 학교를 다닌 적도 있었다. 나는 어릴 때부터 승부 근성이 강해서 자전거로 조쉬를 이기기 위해서라면 무슨 짓이든 했다(실제로 한 번도 이긴 적은 없었다). 한 번은 학교를 마치고 조쉬와 자전거 경주를 벌이다가 문틀에 들이받고는 잠시 정신을 잃은 적도 있다. 조쉬는 있는 힘을 다해 나를 일으켜 세웠다. 머리가 핑핑 돌던 나는 비틀거리면서 자전거 거치대 쪽으로 걸어갔다. 조쉬는 나를 자전거 뒷바퀴 고정 핀 위에 태우고 집으로 가려고 했지만 가볍지 않은 내 몸무게가 문제였다. 결국 내가 자전거를 몰아야만 했다. 조쉬는 내 등 뒤에서 내가 똑바로 운전하는지를 확인했다. 나중에 안 사실이지만 나는 그때 가벼운 뇌진탕 부상을 입은 상태였다. 튀는 모습은 늘 불편하지만, 재미있는 추억이 있어 그런 고통도 참아낼 수가 있다.

하이랜드 파크 고등학교에서 남들보다 튀는 모습이 반드시 좋은 일은 아니었다. 남들과 잘 섞이면 좀 더 편하게 살 수 있는 법이다. 많은 학생들이 다니던 우리 고등학교에서 기독교인이라는 게 특별한 의미는 없었다. 명목상이지만 많은 학생들이 기독교를 믿고 있었고, 또 그것을 장려하는 분위기였다. 그들은 예수님을 따른다고 주장은 했지만, 실제로는 자기 하고 싶은 대로 행동했다. 친구들은 기독교 신념을 지키기 위해 즐길 수 있는 시간을 희생할 의사가 전혀 없었다. 당시 하나님에 대한 내 신앙심이 커져 가는 시기였지만, 나는 한편으로 친구들 무리에 잘 섞이기 위해서도 노력했다. 지금도 그렇지만, 나는 예전부터 공개적인 것보다는 아주 개인적으로 하나님께 다가갔다. 사람들은 아직도 나의 신앙생활에 대해서 말이 많은 것 같다. 나는 하나님에 대한 믿음을 아주 소중히 여기지만, 그 대신 나는 아주 개인적으로 하나님께 다가간다.

고등학교 시절,'내게 가치관이 비슷한 친구들이 여러 명 있어 참 다행이었다. 우리는 애초부터 고등학교 4년을 최대한 활용해보자는 결심을 했다. 다른 친구들처럼 우리도 주말을 마음껏 즐기고 싶었지만, 뭔가 색다른 방식으로 즐기고 싶었다. 신나는 파티를 즐기러 갔다가도 우리는 그 날 밤을 디켄슨의 집에서 농구를 하거나, 엘런의 집에서 초콜릿 파티를 벌이는 것으로 마무리했다. 우리는 술을 안 마셨지만, 술 마시는 친구들과도 잘 어울렸다. 우리와 성향이 다르다고 그 친구들과 완전히 담을 쌓고 지내고 싶지는 않았다. 서로가 서로에게 의지가 되어주던 우리는 함께 있으면 늘 편안했다. 그 덕분에 우리는 고등학교 4년을 알차게 보낼 수 있었다. 과감하게 친구들과는 다른 길을 걸은 우리는 그 모든 순간을 사랑했다.

그렇게 4년을 보낸 우리는 졸업을 맞이했다. 친구들은 대학 입학을 위해 떠났고, 나는 야구에 뛰어 들었다. 엘런이 텍사스 에이앤엠A&M 대학교에서 평범한 대학생활을 하는 동안, 나는 멀리 인적이 드문 도시에서 야구를 직업으로 삼기 위해 애를 쓰고 있었다. 그때 나는 태어나서 처음으로 집을 떠나서 생활했다. 나는 전국 각지에서 모인 선수들과 만났다. 베네수엘라나 도미니카공화국처럼 다른 나라에서 건너온 선수들도 있었다. 다시 한 번 나는 내가 주변 선수들과는 동떨어진 사람으로 느껴졌다. 하지만 그것만 제외하면 주변 동료들의 옷 사이즈는 모두 나와 비슷한 엑스엑스라지xxL였다. 난생 처음 있는 일이었다. 하지만 이미 나는 사람마다 신념과 배경이 다른 큰 집단 속에 들어와 있었다. 여러 가지 면에서 그것은 신선한 충격이었다. 물론 이질적인 차이가 부담이 되기도 했다. 갑작스럽게 동료들과 방을 같이 쓰게 된 나는 동료들의 이름을 부르는 일 외에는 어떻게 행동해야 할지 막막했다. 그저 이 친구들도 나만큼 야구를 좋아하는구나 하고 생각만 할 뿐이었다. 하지만 시간이 흐르자 결국 우리는 친구가 되었다. 하지만 처음 몇 주 동안 내가 물 위의 기름 같았던 그 어색한 기분은 평생 잊을 수가 없다.

마이너리그는 내게 많은 기회의 문을 열어 주었다. 특히 야구 선수로서 나에게 주어진 시간들은 각별했다. 하지만 마이너리그에서 나는 야구를 떠나서 큰 인생 공부를 했다. 나는 그곳에서 나와 다른 사람을 이해하고 받아들이는 연습을 집중적으로 익혔다. 마이너리그에 오기 전까지 나는 전혀 다른 사람들이 섞여 있는 장소에 가본 적이 한 번도 없었다. 작은 마을에서 어린 시절을 통째로 보내다보면 나나 다른 사람이 별반 달라 보이지 않는다. 댈러스의 작은 도시에서 살다가 마이너리그에 와보니 세상이 달라 보였다. 마이너리그에서 전국 각지에서 온 선수들뿐만 아니라 전 세계에서 온 선수들과 어울리다 보니 그 무엇보다도 내 정체성을 확실히 할 필요가 있겠다는 생각이 들었다.

그때까지 내 신념 때문에 내가 유별나 보일 거라고는 상상조차 못했다. 하지만 마이너리그에 와서 나는 처음으로 그럴 수도 있다는 것을 배웠다. 집에서는 주일마다 다 같이 교회에 가고, 화요일 저녁마다 성경 스터디에 참여하는 일은 너무나 당연했다. 하지만 마이너리그 생활은 집에 있을 때와는 완전히 달랐기 때문에 나는 내가 당연하게 생각하던 일들을 계속 하려고 애를 썼다. 집을 떠나올 때 많은 짐을 챙겨 오진 않았지만, 성경과 기독교 서적 한 권만은 빠뜨리지 않고 챙겨왔다. 나는 매일 하나님과 함께 하는 시간을 가지려고 노력했고, 그런 나의 행동이 몇몇 동료들에게 특이하게 보였던 것 같다. 사람들은 흔히 누군가가 자기가 생각하는 정상이라는 틀에서 벗어나면 질문을 하기 시작한다. 동료들은 내게 "지금 뭐 읽고 있어? 그걸 왜 읽는 건데?"라며 질문을 던졌다. 난생 처음으로 나는 내 믿음에 대해서 그 친구들에게 설명을 해야만 했다. 나는 그때 베드로전서 3장 15절을 읽고 있는 중이었다. "너희 마음에 그리스도를 주로 삼아 거룩하게 하고 너희 속에 있는 소망에 관한 이유를 묻는 자에게는 대답할 것을 항상 준비하되 온유와 두려움으로 하고" 그때서야 나는 내 주변의 사람들과 다른 소망을 가지고 있는 나 자신의 모습을 깨달았다. 나를 독특하게 생각하는 사람들이 내 믿음에 대해 물을 때, 나는 그 질문에 제대로 답해주고 싶었다.

단순한 질문으로 뜻밖의 큰 결실을 볼 때가 있다. 내 믿음을 다른 사람들과 공유하는 것도 그와 마찬가지였다. 어느 날 늦은 오후, 타자들이 타격 연습을 하고 있는 동안 나는 외야에서 플라이 볼을 잡는 연습을 하고 있었다. 그때 동료 한 명이 내게 다가왔고, 우리는 가벼운 대화를 나누기 시작했다. 그 친구는 내 말하는 투가 다른 선수들하고는 좀 다르다고 느꼈던 모양이다. 그때나 지금이나 나는 한 번도 욕설을 해본 적이 없다. 아마 그래서 그 친구가 나를 좀 특이하게 느꼈던 것 같다. 그 친구는 내가 욕을 안 하려고 너무 애를 쓰는 것 같다고 지적했다. 그 친구가 물었다. "너는 왜 욕을 안 해? 그게 무슨 대수라고." 나는 그때까지 그 친구가 말한 식으로 생각해본 적이 단 한 번도 없었다. 하나님에 대해 설명할 수 있는 절호의 기회가 왔다는 생각이 들었다. 대개 외야에서는 복잡한 대화를 할 여유가 없다. 하지만 나는 가끔씩 동료들과 하나님의 존재와 하나님이 내 인생에 미친 영향, 심지어 내가 욕을 안 하는 이유에 대해서까지 대화할 기회를 얻었다. 우리의 대화는 보통 그 정도에서 끝이 났지만, 더 깊은 대화까지 이어지는 경우도 있었다.

하나님의 은혜로 우리는 사람들에게 특이한 삶을 사는 사람으로 비춰진다. 맞는 말이다. 만약 우리가 예수님을 닮아간다면 우리는 분명히 특별한 사람으로 사람들에게 인식될 것이다. 약간 별날지는 모르겠지만 말이다. 이런 비유는 어떨까? 여기 물 한 컵이 있다. 컵에 소금을 조금만 넣어도 컵 전체가 소금기를 띠게 된다. 하나님이 우리 삶에 미치는 영향은 바로 그와 같다. 하나님을 아는 순간 모든 것이 변한다. 심지어 자기가 쓰는 언어도 달라진다. 예수님은 제자들에게 땅 위의 소금 같은 존재가 되라고 말씀하셨다. 그 말씀은 우리 삶 전체가 소금기를 띠어야 한다는 말과 같다. 우리 삶에서 하나님을 떼어놓고 생각할 수 있는 일은 아무 것도 없다. 우리는 언제나 하나님의 자녀이고, 하나님은 우리를 예수님의 형상으로 재탄생시키시려고 늘 노력하고 계신다. 하나님을 믿는 우리들은 특별해 보이는 것을 두려워해서는 안 된다. 하나님은 자신을 따르는 사람들을 사용해서 길 잃은 세상에서 뭔가 특별한 일, 뭔가 선한 일을 하시기 때문이다.

믿음이 깊어지면서 나는 한 가지 사실을 계속 확인해야만 했다. 도덕적인 삶으로는 결코 하나님의 인정을 받지 못한다는 사실을 나는 늘 되뇌었다. 하나님이 우리를 변화시키실 때 우리의 삶은 특별해 보이기 시작하기 때문에, 우리는 스스로 뭔가 선한 행위를 했다고 착각하기 쉽다. 심지어 하나님이 우리에게 빚을 지고 있다는 생각마저 들기도 한다. 하지만 우리가 하나님의 사랑을 받을 만큼 선한 행위를 하기란 불가능하고, 따라서 도덕성으로는 우리가 하나님을 절대 감동시킬 수 없다. 우리는 예수님에 대한 믿음만으로 구원받았다는 사실을 기억하자. 하나님께 다시 받은 심장으로 우리는 말하고 행동해야 한다. 선한 행위를 한다고 해서 결코 하나님의 은혜를 얻을 수 없다. 그건 은혜가 아닐 것이다. 은혜란 정말 받을 만한 자격이 없는 사람이 무언가를 받는 일이다. 하나님의 은혜는 우리 자신이나 완벽한 삶을 사는 능력에 달려 있는 게 아니라는 사실을 기억하면 위안을 얻을 수 있다. 다행스럽게도 하나님의 은혜는 이 땅에서 우리를 위해 완벽한 삶을 살다가 돌아가신 예수님께 달려 있다.

나는 예전에 사람들이 내 믿음이나 내 '특이함'에 대해서 질문을 해오면 제대로 된 대답을 하지 못할까봐 겁이 나서 허둥지둥했다. 하지만이제 나는 질문 그 자체보다 질문에 대답하는 내 태도가 더 중요하다는사실을 잘 안다. 물론 제대로 된 대답을 하면 좋겠지만, 많은 경우 나는실제로 그렇게 하지 못한다. 나는 사람들을 사랑하고 싶고, 내 믿음에대해서 사람들과 이야기하고 싶다. 하나님은 이 부분에서 나에게 많은도움을 주셨다. 대답하기 힘든 질문에 어떻게 반응하느냐가 제일 중요하다. 나는 이제 온유함과 두려움으로, 예수님 안에 있는 내 소망을 다른 사람과 함께 나누는 법을 배우고 있다. 거기서부터는 놀라운 하나님께서 대화를 이끌어 나가실 것이다.

단 한 사람도 똑같아 보이지 않는 야구 세계에서 살아간다는 것은 정말 멋진 일이다. 늘 서로의 차이가 충돌하기 때문에, 질문도 많이 받고하나님에 대해 이야기할 기회도 그만큼 많다. 나는 고등학교 때부터 특별한 삶을 살려고 노력했지만, 그때는 과감한 질문을 하거나 깊은 생각에서 내 믿음을 시험하려는 사람은 아무도 없었다. 그래서 여기 우리모두가 한 번 생각해봐야 할 몇 가지 질문을 해본다. 우리는 지금 다른사람들이 우리가 왜 특별한지 묻도록 그렇게 살아가고 있는가? 그게아니면 그저 다른 사람들과 동화되는 데만 집중하고 있는가? 예수님이우리를 위해 힘쓰고 계실 때 우리는 크게 변화할 수밖에 없고, 진정한변화로 사람들은 놀라 질문하기 시작한다.

고등학교 때 누군가 내 믿음에 대해서 대답하기 어려운 질문을 던졌었다면 얼마나 좋았을까? 친구들과 나는 여러 모로 달랐지만, 어쨌든 서로 잘 어울렸다. 고등학교 시절 예수님을 위한 나의 삶은 마치 강물을 거슬러 가는 것처럼 힘든 일이었지만, 되돌아보면 그만큼 가치 있는 일이었다. 마이너리그는 하나님과 함께 걷는 내 인생에 새로운 전기가 돼주었다. 먼저 하나님은 나를 사람들로 하여금 특이하게 보이도록 하신 후에, 나중에는 나의 특이함이 전혀 문제가 되지 않도록 해주셨다. 특별해 보이는 용기가 있는 사람은 인생에서 하나님의 특별함을 보게 된다. 당신이 가진 소망에 대해서 질문하는 사람이 있는가? 당신의 소망이 정말로 예수님 안에 머무르는 일이라면, 소망이 이미 이루어진 것처럼 살게 해달라는 기도부터 드려 보자. 또한 다른 사람의 질문을 받게 되면, 당신을 현재의 모습으로 만들어주신 분에 대해서 말하는 일을 두려워하지 마라. 하나님은 늘 당신이 특별하게 보이길 원하신다. 하나님은 항상 당신이 예수님처럼 보이길 원하신다. 그리고 당신이 예수님을 점점 더 닮아갈 때 당신이 왜 특별한지 사람들은 더 많은 호기심을 가지게 될 것이다.

16
늘 어려운 시작

엘런 커쇼

유치원 때 나는 정말 못 말리는 아이였다고 한다. 그리고 사고는 거기서 멈추지 않았다. 매년 학교 가는 첫날, 나는 걷잡을 수 없을 만큼 두려움에 떨었다. 초등학생치고 나만큼 불안해 했던 학생은 아마 그 유례를 찾을 수 없을 것이다. 보통 초등학생들은 새해, 새 학기를 들뜬 마음으로 기다렸던 반면, 나에게 새 학기는 악몽에 가까웠다. 나는 낯선 교실에서 새로운 친구들, 새로운 선생님과 처음부터 다시 시작해야 한다는 게 너무 싫었다. 심지어 새로운 점심시간조차 마음에 안 들었다. 나는 '새롭다'는 말에 엄청난 두려움을 느꼈다. 왜냐하면 새로움은 모든 것을 똑같게 유지하고 싶은 내 고집을 꺾어 놓았기 때문이다. 나는 익숙한 게 좋았다. 10년 동안 매일 점심으로 땅콩버터와 젤리만 먹는다고 해도 상관없었다. 나는 정말이지 변화를 죽도록 싫어했다.

부모님은 학교를 눈물바다로 만들던 나를 학교에 두고 오신 이야기를 아직도 가끔 하신다. 다행히 학교에는 사랑스런 선생님이 여러 분 계셔서 그때마다 나를 새로운 교실로 데려가고, 우는 나를 다독이며 여러 모로 챙겨주셨다. 지금 와서 돌이켜보면, 어릴 때 변화라는 바람은 다른 친구들보다 나라는 배를 더 많이 흔들어 놓았다. 심지어 요즘도 가끔씩 변화의 바람이 무서울 때가 있다. 하지만 변화는 좋은 것이라는 사실을 나에게 일깨워 주기 위해서 하나님이 나를 위해 얼마나 많이 노력하셨는지를 떠올리면 그래도 힘이 난다. 내가 변화의 중요성을 깨닫기까지 하나님께서는 내게 여러 번 시험을 치르도록 하셨다. 나는 임시로 들어오신 선생님이 무서워 '병결病缺'을 낼 정도로 겁이 많은 아이였다. 하지만 하나님의 도움으로 놀라운 발전을 거듭했다. 이제 나는 대서양을 건너는 비행기에 오르는 일이 얼마나 짜릿한지, 야구 선수의 아내로 살아가기 위해 캘리포니아로 이사하는 일이 얼마나 흥미로운지 잘 아는 사람이 되었다. 마치 마법처럼 하나님은 변화를 바라보는 내 시각을 완전히 뒤집어 놓으셨다.

시작은 늘 어렵다. 하지만 뭔가 새로운 일에 뛰어드는 과정은 정말 흥미롭다. 이를테면 신입생 때 룸메이트와 침대를 같이 맞춰서 사거나, 첫 여권을 발급받거나, 신혼부부로 새 아파트로 이사했던 일은 정말 신이 났다. 그런 일들은 아직까지 인생에서 뭔가 바뀌는 과정에서 얻은 달콤한 기억으로 남아 있다. 새로운 도전 앞에서, 내가 지금 변화의 과정 속에 있구나 하는 생각이 들면 망설이게 된다. 나는 아직도 친구나

154

가족에게 작별 인사를 하기가 힘들다. 작별 인사는 인생의 한 시기가 끝났다는 의미이기 때문이다. 작별 인사보다 더 견디기 힘든 일은 인생의 전환점에 서 있던 내 모습들을 돌이켜보는 일이다.

고등학교 신입생에게 세상에서 가장 어려운 일이 뭐냐고 물어보면 열에 아홉은 새로운 친구들과 잘 지내는 일이라고 대답할 것이다. 나도 그런 학생 중 한 명이었다. 나는 친구들이 나를 좋아해주고, 나와 친구가 되고 싶어 하길 간절히 바랐다. 다른 친구들도 나처럼 열심히 친구를 사귀려고 애쓰는 모습을 보면서, 친구들과 잘 어울리지 못하는 아이의 마음은 어떨지 짐작이 갔다. 다행히 나는 새로운 친구들도 잘 사귀고, 새로운 학교에도 잘 적응했다. 고등학교를 졸업할 무렵에는 학교가 내 집처럼 편안했다. 내 친구들은 주말도 나와 비슷하게 보냈기 때문에 나는 점심을 누구랑 같이 먹을지, 야구 경기를 누구랑 보러 갈지 고민해본 적이 없다. 그 친구들 덕분에 나에게 고등학교 생활은 마치 내 손에 딱 맞는 글러브처럼 편안했다. 게다가 한 도시에서 죽 성장하다보니 우리 동네보다 더 좋은 곳은 없을 것 같다는 착각마저 들었다. 우리 가족은 내가 아기 때 이사온 바로 그 집에서 계속 살고 있었다. 심지어 우리 집 애완견도 십 몇 년째 똑같았다. 사랑스런 애완견 레인저는 내가 태어날 때부터 우리 가족과 함께 해온 또 다른 가족이나 마찬가지였다. 레인저는 우리 가족과 함께 18년을 같이 살았다. 정말로 변한 것이 별로 없었다. 나는 그게 정말 좋았다.

대학 입학은 변화를 의미했지만, 나는 왠지 설레었다. 새로운 시작이 분명 힘들겠구나 하고 예상은 되었지만, 그곳에는 분명 새로운 기회도 있을 거라 생각했다. 졸업생들은 전국 각지의 대학으로 흩어졌다. 만약 인생에서 처음부터 다시 시작할 기회가 주어진다면 나는 이 시기를 선택할 것이다. 대학은 완전히 새 출발할 수 있는 기회였다. 스스로 마음에 안 드는 점이 있다면 대학에 가서 고치면 됐다. 대학은 나를 새롭게 정의할 수 있는 기회였다. 새로운 친구를 사귀고, 여학생 클럽에 가입하고, 채식주의자가 되는 것도 가능했다. 심지어 내가 원하면 내 이름도 바꿀 수 있었다. 대학에서 나를 잘 아는 사람은 없기 때문에 아무도 그런 변화를 눈치 채지 못할 것이었다. 하지만 새로운 시작으로 우리는 커다란 자유를 얻지만, 그 자유 때문에 자신의 정체성을 잃을 수도 있는 법이다.

변화의 시기에 클레이튼과 나는 같은 교훈을 완전히 다른 방식으로 배웠다. 클레이튼은 고등학교를 갓 졸업한 열여덟 살에 곧바로 마이너리그로 직행했다. 클레이튼과 나는 고등학교를 졸업하기 전까지 줄곧 한 도시에서만 보고 자랐다는 공통점이 있었다. 고등학교를 졸업한 우리 두 사람은 함께 둥지를 떠났지만, 그 목적지는 달랐다. 떠나는 길도 혼자였다. 클레이튼은 주변에 아는 사람이 아무도 없는 플로리다의 베로 비치에 도착했다. 클레이튼에게 변화의 시기란 자기와 다른 출신 지역, 다른 배경, 다른 신념을 가진 사람들과 만난다는 의미였다. 클레이튼에 비하면 나는 그나마 다행이었다. 같은 주州 안에서 이동한 나는 지방 사투리인 '욜y'all(당신들을 뜻하는 미국 남부 사투리 − 옮긴이)'을 마음

놓고 쓸 수 있었기 때문이다.

전화로 서로의 사정을 알려줄 기회는 우리에게 쉽지 않았다. 솔직히 여기서 '우리'란 클레이튼을 말한다. 나는 숨도 쉬지 않고 3시간 동안 두서없이 떠들 수 있었지만, 먼 곳에서 듣고 있던 클레이튼은 내 긴 수다에 그만 말문이 막혀 버렸다. 하지만 늘 그런 것은 아니었다. 우리 둘이 밤을 새다시피 하면서 즐겁게 대화를 나눈 적도 있다. 나는 학교 기숙사 안에서, 클레이튼은 숙소 밖에 앉아서 인생의 새로운 시기에 부딪히고 있는 일들을 서로 이야기했다. 우리는 새로운 사람들과 어울리고 싶은 마음과 본래 모습 그대로를 지키고 싶은 마음 사이에서 일어나는 마음속 갈등과 변화하는 시기의 어려움을 토로했다. 때로는 잘 적응하는 일이 본래 내 모습을 지키는 일보다 더 중요하다는 사실에 대해서도 이야기를 나누었다. 우리는 아옹다옹할 상대가 있어 그나마 다행이었다. 고향 친구들은 우리가 기독교인이라는 사실을 잘 알고 있었지만, 새로 사귄 친구들이 그런 사실을 알고 있으리라는 보장은 없었다. 우리 두 사람 모두 모든 것을 새로 시작하려니 힘은 들었지만, 뭔가를 새로 시작할 때 생기는 자유로움과 흥분감은 나쁘지 않았다. 클레이튼은 태어나서 처음으로 자신의 행동을 유심히 지켜보고, 자신의 신념과 배경에 대해서 물어보는 사람들을 만났다. 예수님을 믿는 클레이튼은 그 때문에 가끔씩 동료들로부터 특이하다는 시선을 받기도 했다. 물론 방식은 다르지만, 나도 클레이튼과 똑같은 기분을 느꼈다. 주변 사람들이 나와 신앙이 다를 때, 어떻게 하면 내 믿음을 이해시킬 수 있을지 고민하는 일은 흥미로웠다. 그런 방법을 찾는 일은 우리 두 사람 모두에게 훌륭한 도전이 되었다.

클레이튼과 나는 친구들 생김새나 하는 행동이 거의 비슷한 고등학교를 다녔다. 여학생들은 보통 긴 생머리를 했고, 남학생들은 대개 운동을 했다. 다른 고등학교에서는 어땠는지 몰라도, 적어도 우리 고등학교 안에서는 기독교인은 널리 환영받았다. 따라서 진짜 기독교인이거나 자기가 기독교인이라고 주장하는 학생마저 다들 멋있다고 생각했다. 따라서 학생들 대부분은 친구들과 그냥 섞여서 놀지, 아니면 신념이 맞는 친구들과 뭉쳐 다닐지 선택했다. 따라서 대학과 마이너리그라는 거대한 용광로 속에 들어간 클레이튼과 나는 독실한 기독교인의 삶과 나머지 사람들의 삶을 구분하는 법에 눈 뜨기 시작했다. 우리가 '진짜 세상'의 첫 맛을 보았다고 말해도 좋을 것 같다. 우리 두 사람은 익숙하고 편안했던 비눗방울 안에서 갑자기 세상 밖으로 내던져졌다.

인생에서 새로운 시기를 맞이할 때마다 나는 늘 하나님을 믿는 나의 정체성을 떠올린다. 세월이 지나면서 내 정체성의 일부분은 많이 바뀌었다. 예컨대 고등학교를 졸업하고 나서는 댄스 팀과 작별했고, 대학을 졸업한 후에는 여학생 클럽과 멀어졌다. 그러나 하나님 안에 머무르는 내 정체성은 아무리 계절이 바뀌어도 변함이 없다. 하지만 하나님을 믿는 내 정체성대로 살기란 그리 쉽지만은 않다. 특히 낯선 환경에서는 더욱 어렵다. 대학 시절에는 그저 바른 말만 하는 게 중요한 것이 아니라 하나님과의 진실한 관계가 중요하다는 사실을 깨닫는데 많은 노력이 필요했다. 아프리카에서는 말보다 행동이 중요하다는 교훈을 얻었다. 특히 내 주변사람들과 쓰는 언어가 다를 때 그 교훈은 더욱 절실하게 다가왔다. 말도 중요하지만 말과 행동이 일치하지 않으면 아무 소용이 없다.

나는 하나님에 대해서 더 깊게 생각하기 시작했다. 그 분이 어떤 분이신지, 나를 위해 어떤 일을 해주셨는지, 그리고 하나님이 내 인생에 어떤 의미인지를 곰곰이 따져봤다. 그러자 하나님은 오랜 세월 동안 내가 믿을 수 있는 분이시며, 나에게 더 없는 편안함을 주시는 분이라는 사실을 깨달을 수 있었다. 클레이튼도 나와 똑같은 고민을 해야만 했다. 변화하는 힘든 시기를 보내는 우리 두 사람에게 하나님은 늘 우리와 함께 하셨다. 하나님은 정체성의 고민에 빠진 우리 두 사람을 따로 똑같이 도와주셨다. 많은 친구들이 고등학교를 졸업한 후에 하나님과 멀어진 것처럼 우리도 하나님을 전혀 모르는 사람들과 섞여 사는 편한 길을 걸을 수도 있었다. 믿음을 지키는 일은 때때로 우리에게 도전으로 다가왔지만, 하나님은 우리에게 하나님을 위해 사는 삶이 그렇지 않은 삶보다 훨씬 더 만족스럽다는 사실을 확신시켜 주셨다.

하나님은 우리 삶에 그 영광을 내려주시려고 인생의 새로운 시작과 변화의 시기를 사용하신다. 하나님은 내게 모든 것이 변하는 것처럼 보일지라도 나에게 변하지 않는 가장 중요한 가치가 무엇인지 상기시켜 주신다. 예수님이 베푸신 은혜로 나는 하나님께 속해 있다. 그래서 나는 늘 마음이 편안하다. 아무도 내게서 하나님의 사랑을 빼앗아갈 수는 없다. 변화가 있을 때 나는 내 스스로를 다시 정의해야 할 것 같은 유혹에 빠지지만 하나님은 내가 하나님께 속해 있음을, 그리고 하나님은 절대 변하지 않으심을 내게 상기시켜 주신다.

변화하는 시기는 누구에게나 힘들고 혼란스럽다. 그리고 한참 지나서야 우리는 하나님이 어떻게 길을 이끌어 주셨는지 깨닫게 된다. 내가 대학교 기숙사에 처음으로 퇴사를 당했던 때가 기억난다. 내게는 정말 감당하기 힘든 순간이었고, 나는 겁에 질려 어쩔 줄을 몰랐다. 하지만 그런 순간에도 나는 하나님이 나와 함께 하심을 떠올렸다. 하나님의 존재로 나는 마음의 평화를 얻었다. 내가 처음 잠비아로 떠나던 때도 기억이 난다. 예전 같았으면 나는 완전히 겁에 질렸을 것이다. 하지만 걱정하는 대신 나는 하나님 안에서 힘과 용기를 얻었다. 또한 아내로서 클레이튼의 스프링 캠프 훈련을 함께 하기 위해 내가 공항에서 가족들과 작별하는 순간에도 나는 하나님의 신실하심을 느낄 수 있었다. 내가 기대야 할 곳이 정확히 어디인지 깨달은 나는 긴 안도의 한숨을 내쉴 수 있었다.

하나님은 내게 너무나 친절한 분이시다. 나는 이제 더 이상 유치원 때처럼 낯선 곳에서 눈물을 펑펑 쏟아내지 않는다. 하나님은 지금까지 내게 많은 인생의 새 시기를 경험하게 해주셨다. 그러는 사이에 변화의 시기가 올 때마다 하나님께서 늘 나와 함께 계신다는 사실을 나는 점점 더 굳게 믿게 되었다. 클레이튼과 나는 지금 결혼이라는 변화의 바람을 함께 헤쳐 나가고 있다. 과거에 하나님이 베푸신 은혜를 잘 아는 우리는 앞으로 하나님이 우리 결혼생활에 어떤 은혜를 베풀어 주실까 생각하며 들뜬 마음으로 기다리고 있다. 과거에 있었던 변화의 시기와 마찬가지로 우리가 가장 최근에 뛰어든 모험에서도 우리는 '너희들은 누구인가?'라는 질문과 대면하고 있다. 다시 한 번 하나님은 이 변화의 시기를 사용하여 우리 두 사람 모두가 하나님 안에 있음을 상기시켜 주고 계신다.

단지 변화의 시기가 힘들다고 해서 하나님이 우리를 방관하고 계신다고 생각하면 곤란하다. 내 경험에 의하면 우리가 통제 불능이라고 느끼는 순간에도 하나님은 자비롭게 모든 것을 주관하고 계신다. 우리가 도저히 이해할 수 없는 상황에 놓여 있을 때에도 하나님은 여전히 그곳에 계신다. 우리가 공허함을 느낄 때 하나님은 그것을 채워 주신다. 우리가 길을 잃었다고 느낄 때 하나님은 길을 인도해 주신다. 우리가 삶이 무의미하다고 느낄 때 하나님은 그 힘든 시기를 사용해서 우리가 삶의 목적을 찾도록 도와주신다. 우리는 본능적으로 변화를 싫어한다. 하지만 모든 것이 새롭게 보이는 순간에도 하나님이 우리 인생에 뭔가 새로운 일을 계획하고 계신다는 확신만 가지고 있으면 된다. 우리가 새로운 시작 앞에서 힘들어 할 때에도 하나님은 늘 우리와 함께 하시고, 항상 좋은 일을 준비하고 계신다.

나는 내 인생이 작은 배와 같다고 비유하길 좋아한다. 비가 조금 내리면 이 작은 배는 차츰 물에 젖기 시작한다. 하지만 비가 올 때마다 하나님은 이 작은 배를 지켜보고 계시면서 물이 더 많이 들어찰 때는 어떻게 해야 하는지 알려주신다. 나는 지금 인생이라는 폭풍우에 적응하는 중이다. 하나님의 은혜로 나는 폭풍우 속에서 항해하는 법을 배우고 있다. 앞으로 더 큰 비를 만날지도 모르지만, 하나님은 언제나 나를 위해 바다를 지켜주고 계실 것이다. 변화라는 폭풍우를 나는 더 이상 겁내지 않는다. 과거는 물론이고, 미래에도 하나님께서 나를 지켜주실 거라 굳게 믿기 때문이다. 인생의 새 장이 열리는 시기가 내게는 하나님이 모든 일을 해결해주실 거라는 믿음으로 새로운 난관을 극복하는 기회가 된다. 이제는 비가 더 많이 와도 상관없다. 내게는 언제나 나라는 작은 배를 지켜주는 든든한 선장님이 계시기 때문이다.

17
따로 똑같이 성장하다

엘런 커쇼

클레이튼에게

너도 잘 알겠지만, 난 정말 많이 괜찮아졌어. 사람은 떨어져 지내면 어쨌든 거기에 익숙해지는구나 하는 생각이 들어. 그래서 난 내가 자랑스러워. 밑에 내가 하고 싶은 얘기 몇 가지 적어볼까.

2007년에 내가 배운 것들

1. 자정 이후에 우리끼리 심각한 이야기는 하지 않는 게 좋겠어. 우리 둘 모두 지쳐 있고, 무슨 말을 해도 귀에 안 들어오니까.

2. 야구는 9회 경기고, 경기 할 때마다 9명의 선수가 뛴다는 걸 배웠어. 우리 오빠와 동생, 그리고 네가 야구 하는 걸 본 지 몇 년이 지난 이제야 경기에 집중이 돼.

3. 레드삭스는 보스턴이 홈이란 걸 배웠어.

4. 과제하는 게 재미없다는 걸 깨달았어. 네가 옆에서 공부하라고 재촉을 안 하니까 공부하기가 쉽지 않아.

5. 에어 하키air hockey(화이트보드처럼 생긴 판 위에서 하는 하키 게임 - 옮긴이)가 만만한 게 아니라는 걸 배웠어.

6. 빠른 볼을 던지는 법을 배웠어. 이게 다 내 투수 코치님과 분홍색 글러브 덕분이야.

7. 경기장에서 '클레이튼 파이팅!'이라고 고래고래 소리치면 관중의 따가운 눈총을 받을 수도 있다는 걸 깨달았어.

8. 디젤을 넣으면 내 차가 안 달린다는 걸 알았어. 디젤 주입구는 일반 승용차에 안 맞는다고 하더니, 그건 다 빈말이었어.

9. 너한테 전화가 오면 너를 직접 만나는 것만큼이나 기쁘다는 걸 깨달았어.

10. 소중한 사람은 옆에 없을 때 비로소 그 빈자리를 느낄 수 있다는 걸 깨달았어.

우린 이렇게 따로 떨어져 있어. 넌 플로리다의 베로 비치에, 난 텍사스 칼리지 스테이션College Station에. 우린 한 번에 하나씩 잘 해나고 있어. 다시 만날 때까지 안녕!

사랑하는 엘런이

맞다, 나는 '그런' 여대생이었다. 나는 대학에 와서도 같은 주州에 살고 있지도 않은 남자 친구와 연애를 하고 있었다. 위의 e메일처럼 우리는 주로 e메일로 연락을 주고받았다. 신입생으로 들어간 텍사스 에이앤엠A&M 대학교는 정말 흥미로운 곳이었다. 바쁜 주중 생활을 마치고 나서 나는 한 여학생 클럽에 가입했다. 나중에 깨달은 것이지만 그때 여학생 클럽에 들어간 것은 내 인생에서 큰 축복이었다. 나는 여학생 클럽에 들어가자마자 적극적인 회원이 되었다. 인생의 새로운 시기를 50명의 다른 여학생들과 함께 한다는 사실이 무척 기뻤다. 전국 각지에서 모인 친구들이었지만, 우리는 곧 서로 공통점이 너무 많다는 사실을 깨달았다. 나는 그렇게 대학교에서 친한 친구들을 찾았다. 하지만 내 남자 친구가 수백 마일 떨어진 거리에 있다는 사실을 아는 친구는 아무도 없었다.

대학교 1학년 가을에 우리는 처음으로 파트너와 함께 하는 '빙고 앤 바비큐Bingo and Barbecue' 파티를 열었다. 여학생 클럽 선배들은 자기 파트너를 물색하는 것은 물론이고, 파티에 데려올 다른 친구들의 파트너를 소개해 주느라 정신이 없었다. 나는 처음으로 클레이튼 없이 파티를 가야만 하는 처지에 놓이게 되었다. 고등학생 때 우리 두 사람은 동창회, 댄스파티, 야구부 파티를 늘 함께 했다. 클레이튼은 파티에 어울리는 내 '짝'이자, 내가 사귀던 유일한 남자 친구였다. 클럽 행사에 파트너를 반드시 데리고 가야 했던 나는 재빨리 내게 적합한 초대의 글을 생각해냈다. 나는 클레이튼과 나의 관계를 잘 아는 남자 친구를 내 파트너로 데려가고 싶었다. 다행히 우리 대학교에는 고등학교 동창생들이 많아서 파트너를 찾는데 큰 어려움은 없었다. 하지만 어쨌든 나는 변화를 경험하고 있었다. 그 해는 우리가 앞으로 따로 떨어져서 성장해 나갈 것임을 보여주었다.

결국 우리가 서로 다른 주에서 보낸 몇 년의 세월은 우리가 성장할 수 있는 좋은 계기가 되었다. 열네 살 때부터 열여덟 살 때까지 우리 두 사람은 가족과 함께 보내는 휴가는 물론이고 모든 일을 함께 했다. 특히 고3 시절은 너무 멋졌다. 우리는 그 해를 정말 많은 친구들과 함께 보냈다. 고등학교 졸업 후에 처음부터 모든 것을 새로 시작해야 했던 우리는 마치 우리 밑에 깔려 있던 양탄자가 갑자기 쑥 빠져버린 느낌을 받았다. 클레이튼과 나는 원점으로 되돌아갔다. 새로운 사람들을 만나 그들에게 좋은 첫 인상을 남기느라 바빴던 우리 두 사람은 같이 있고 싶은 마음이 간절했다.

갑자기 우리 두 사람은 이제 공통점이 별로 없는 서로 다른 세계에서 살게 되었다. 우리 두 사람의 일상은 서로 완전히 달랐다. 낮에 학교에 가는 나는 밤에 이야기를 할 시간이 있었고, 밤에 경기를 하는 클레이튼은 낮에 자유 시간이 있었다. 우리는 서로가 너무 그리웠다. 이제 우리 두 사람 앞에는 두 가지 갈림길이 놓여 있었다. 그냥 포기하고 관계를 정리하든가 그게 아니라면 시간을 만들 수 있는 발상의 전환을 해야만 했다. 가까이 앉아야 정이 두터워진다는 말도 있지 않은가. 서로 떨어져 지내본 적은 처음이었지만, 그런 생활은 우리의 상상을 뛰어넘을 만큼 힘이 들었다. 하지만 우리 두 사람은 어쨌든 힘든 생활을 견뎌보기로 했고, 우리 두 사람의 관계를 위해 충분히 그럴 만한 가치가 있다고 결론지었다.

어쩔 수 없이 멀리 떨어져 지낸 덕분에 우리는 따로 똑같이 성장할 수가 있었다. 시련이 좋은 계기가 된 것이다. 먼 거리 때문에 우리는 하나님께 더 의지할 수밖에 없었다. 늘 옆에 있는 사람이 있으면 우리는 그 사람에게 기대고 비밀을 털어놓기 마련이다. 하지만 그럴 경우, 하나님을 최우선으로 생각하기 힘들다. 먼 거리는 우리에게 불행이 아니라 감춰진 축복이었다. 서로 멀리 떨어져 있음으로 해서 우리는 하나님이 세상에서 가장 한결같은 분이라는 사실을 깨달았다. 나는 클레이튼과 연락이 닿지 않을 때 하나님을 대신 만나기 시작했다. 내가 원할 때 바로 클레이튼과 대화할 수 없었기 때문에 나는 예전보다 기도를 더 많이 했다. 그러면서 나는 늘 함께 했던 편안한 시간이 오히려 하나님에 대한 우리의 믿음을 방해했다는 사실을 깨달았다. 떨어져 보낸 시간은 우리가 하나님 안에서 제일 먼저 우리의 정체성을 확인하는 계기가 되어 주었다. 클레이튼과 떨어져 혼자 지내는 일은 결코 쉽지 않았다. 하지만 그런 시간이 오히려 우리에게는 큰 축복이었다.

예수님과 개인적으로 만나는 일은 일반적인 인간관계와는 비교할 수조차 없다. 믿음이 신실한 공동체 안에서 성장한 사람들도 때때로 믿음을 지키려고 몸부림친다. 고등학교를 졸업한 클레이튼과 내가 처음부터 모든 걸 다시 시작하기란 쉬운 일이 아니었다. 하지만 새로운 시기에 만난 고난 덕분에 우리는 하나님께 더 가까이 다가갈 수 있었다. 나에게 그때가 정말 중요한 시기였다. 예수님과 맺은 개인적인 관계는 세상의 그 어떤 인간관계보다 만족스러웠다. 클레이튼과의 관계에서 얻는 만족감을 뛰어 넘을 정도였다. 클레이튼도 나와 똑같은 경험을 했다. 몇 년 후에, 우리가 결혼에 대해 심각하게 고민을 할 때에도 하나님에 대한 사랑을 최우선 가치로 두었다. 하나님을 먼저 사랑하는 일은 우리가 서로 떨어져 있으면서 깨달은 교훈이었고, 후에 우리 두 사람이 인생의 새 장을 열어 가는데 든든한 주춧돌이 되어 주었다.

서로 떨어져 지내는 동안 나는 과제를 혼자 하는 법을 터득해야만 했다. 그 간단한 일이 나에겐 실로 큰 충격으로 다가왔다. 예전에는 숙제를 늘 클레이튼과 함께 했기 때문이다. 이제 와서 하는 말이지만 내가 시간이 없으면 클레이튼이 내 대신 숙제를 해주기도 했다. 아주 실용적인 측면에서 나는 혼자 힘으로 살아남아야만 했다. 대학교 공부는 고등학교 숙제와는 차원이 달랐다. 늘 내 주변에서 나를 구해주던 클레이튼이 없으니 나는 발등에 불이 떨어졌다. 하지만 클레이튼의 부재가 나에게는 오히려 도움이 되었다. 그 덕분에 나는 내 곁에 항상 있어 주던 누군가의 도움 없이 살아가는 법을 배웠다. 나는 대학교를 다니면서 학위 이상의 것들을 몸소 배웠다. 대학생활은 인생에서 내가 정말 필요한 일들을 배우는 좋은 기회의 장이었다.

익숙해지는데 몇 달이나 걸리긴 했지만, 우리는 서서히 각자의 생활을 이해하기 시작했다. 통화는 낮과 밤을 가리지 않고 시간 나는 대로 틈틈이 했고, 그것도 몇 분간 짧게 했다. 하지만 상황을 돌파하기 위해서 필요한 일들은 빼먹지 않았다. 클레이튼은 내가 한 번도 만나본 적이 없는 새 친구들에 대해서 이야기했고, 나는 예전에 상상도 못했을 만큼 사랑스럽고 내게 힘이 되어주는 여대생 친구들에 대해서 이야기했다. 우리는 서로 설레고, 다시 얼굴을 볼 수 있다는 생각 때문에도 설레었다.

내가 대학에 입학하고, 클레이튼이 프로 첫 시즌을 보낸 그 해에 우리는 딱 한 번밖에 만나지 못했다. 나는 클레이튼을 로스앤젤레스에서 열린 올해의 선수상ESPY 시상식에서 만났다. 클레이튼은 고등학생 투수로서 게토레이 올해의 선수에 선정되었고, 클레이튼의 어머니와 나는 하객으로 시상식에 참석했다. 클레이튼과 내가 못 본 지 수개월 만이었다. 하지만 양복을 입고 호텔 로비에서 사인을 하고 있는 클레이튼의 모습을 처음 보는 순간, 클레이튼은 예전보다 열 살은 더 나이 들어 보였다. 그 해 첫 몇 개월을 우리 두 사람은 각자의 힘으로 잘 버텨냈다. 그리고 완전히 다른 두 세계에서 성숙해지려 노력했다. 로스앤젤레스에서 보낸 며칠도 금세 지나갔다. 내가 다시 텍사스 행 비행기에 오를 때까지 우리는 서로 안부를 물을 시간도 거의 없었다. 하나님께 두 사람의 마음이 계속 한 곳을 향하도록 해달라고 기도하는 일이 얼마나 중요한지 우리 두 사람 모두 깨달았다. 삶이 나아가는 방향이 서로 사뭇 달라보였기 때문이다. 나는 유명한 프로 운동선수들 — 내가 이름조차 몰랐던 — 을 직접 만난 멋진 이야기거리를 안고 학교로 돌아왔다. 나는 그때 처음으로 캘리포니아를 경험했다. 대학교에서 다시 만난 여자 친구들은 내 남자 친구가 단순한 고등학교 유명 스타가 아님을 금방 알아챘다. 나는 어서 클레이튼을 그 친구들 앞에서 소개시켜 주고 싶었다.

첫 시즌이 끝나고 클레이튼은 나를 만나러 우리 대학 캠퍼스에 차를 몰고 왔다. 클레이튼은 남은 오프 시즌에 댈러스와 칼리지 스테이션을 오가며 보낼 계획이었다. 클레이튼은 친구들 방에 신세를 지면서 대학 생활을 처음으로 경험했다. 우리는 그 해 늦은 가을에 열린 몇 군데 커플 파티에도 늘 같이 참석했다. 물론 클레이튼이 시간을 낼 수 있었기에 가능한 일이었다. 내 친구들이 클레이튼과 서서히 친해지면서 나는 두 세계가 드디어 하나로 합쳐지는 광경을 지켜봤다. 클레이튼과 나는 테마 파티에서 특이한 복장으로 유명했다. 우리는 주로 칠면조, 요들송 가수, 그리고 체비 체이스Chevy Chase 주연의 영화 '크리스마스 대소동 Christmas Vacation'(1989)에 나왔던 그리스우드Griswold 커플 복장을 하고 나갔다. 클레이튼과 나는 파티 무대에서 마음껏 즐겼기 때문에, 클레이튼은 금세 내 절친한 친구들과 친해졌다. 친구들이 클레이튼에게 학교 어디 다니느냐고 물으면 클레이튼은 "어, 나 학교 안 다니는데"라고 아무렇지도 않게 대답했다. '클레이튼, 그냥 아무 학교나 다닌다고 그래!' 나는 그렇게 눈치를 줬다. 누가 잘못 들으면 내가 마치 고등학교 자퇴생과 연애를 하는 것 같았다. 하지만 클레이튼은 내 말에 전혀 개의치 않았다. 이렇게 집은 서로 멀리 떨어져 있었지만 마치 한 집에 사는 것처럼 다정했던 순간이 있었다. 나는 내가 사랑하는 두 세계가 만나 그렇게 빨리 하나가 되었다는 사실에 감사하다.

가장 친한 친구와 떨어져 지내는 일은 결코 쉽지가 않다. 그 과정은 정말 힘들었지만, 우리의 짧은 이별은 그만큼 가치가 있었고, 나는 그로 인해 많은 것을 배웠다. 짧게 전화 통화하는 법도 배웠고, 그 날 있었던 일들을 조리 있게 전달하는 법도 배웠다. 서로 좋은 질문을 하는 방법도 터득해서 서로를 더 많이 알 수 있었다. 가끔씩 서로 왔다 갔다하는 사이가 벅차기도 했다. 하지만 하나님은 서로 떨어져 있는 시간이 소중함을 우리에게 일찍이 일깨워 주셨다. 또한 각자 경험한 두 세계 덕분에 우리 관계는 더욱 풍성해졌다. 우리가 같은 동네에서 성장한 것은 아주 행복한 일이지만, 하나님은 자비롭게도 우리가 떨어져 있는 시간을 갖게 해주셨다. 그 시간 동안 우리는 하나님의 소중함을 다시 한 번 깨달았고, 가장 친한 친구가 멀리 떨어져 있을 때도 삶을 음미할 줄 아는 법을 배웠다.

18
세상에서 가장 특별한 기분
클레이튼 커쇼

야구 때문이 아니었다면 내가 노스캐롤라이나 주의 지블런Zebulon에 가볼 기회는 없었을 것이다. 마이너리그 생활을 하다 보면 내가 한 번도 들어본 적이 없는 소도시까지 방문하게 된다. 하지만 이 작은 도시들의 야구 사랑은 각별하다. 야구 도시 주민들은 야구를 사랑하는 사람이라면 누구든 두 팔 벌려 환영한다. 노스캐롤라이나 주의 지블런이나 내가 뛰던 그레이트 레이크스 룬스 팀의 홈인 미시간 주의 미들랜드 같은 소도시에서는 야구가 만국 공용어다. 당시 내가 뛰고 있던 잭슨빌 선스 Jancksonvill Suns의 최대 라이벌은 캐롤라이나 머드캣츠Carolina Mudcats 였다. 공교롭게도 머드캣츠의 홈이 바로 지블런이었다. 2008년 5월에 우리는 그곳으로 향하고 있었다. 우리는 플로리다 주의 잭슨빌에서 야밤에 버스를 타고 장장 12시간을 달려갔다. 뻣뻣한 몸을 이끌고 호텔에 도착한 우리는 푸짐한 식사를 한 후에 곧바로 방에서 골아 떨어졌다. 장거리 이동을 할 때마다 늘 있는 풍경이다. 다음날 나는 등판할 예정이었다.

경기장에 일찍 도착한 우리는 평소대로 삼삼오오 카드놀이를 하거나 경기장에서 볼을 주고받았다. 경기가 시작되자, 나는 라이벌 팀을 맞아 등판할 준비를 했다. 마운드에 오른 나는 1회를 손쉽게 막아냈다. 선수 대기석으로 돌아온 나는 앉아서 다음 이닝을 준비하고 있었다. 그런데 감독님이 나를 향해 아무 망설임도 없이 "그만 던져도 돼!" 하시는 게 아닌가. 그 말을 듣고 공황 상태에 빠진 나는 내가 강판 당할 만한 잘못을 했는지 생각해봤다. 마이너리그에서 감독은 선수에게, 널 아래 단계 팀으로 다시 강등시킬 수도 있다는 무언의 압박을 주곤 했다.

"무슨 말씀을 하시는 거예요?" 나는 약간 떨리는 목소리로 물었다. "이제 겨우 1회가 끝났다고요! 제 공은 아직 그렇게 나쁘지 않아요."

감독님은 평정심을 유지하며 조용히 대답하셨다.

"날 믿어, 클레이튼. 그만 던져도 돼. 지금은 이유를 말해 줄 수 없지만, 정말 여기까지야."

나는 낙담해서 다시 벤치에 털썩 주저앉았다. 도대체 무슨 일이 벌어지려고 그러지? 왠지 지금까지 내가 등판한 경기가 표적이 된 것 같았다. 강등된다는 생각에 패배감이 들었다.

갑자기 선수 대기석이 웅성대기 시작했다. 다들 내가 왜 갑작스럽게 조기 강판됐는지 그 이유를 궁금해 하는 눈치였다. 새로운 투수는 벌써 몸을 풀고 있는데, 선발 투수는 꿈쩍도 안 하고 있는 이상한 상황을 감지 못하는 사람은 없었다. 나는 이미 달아오를 대로 달아오른 내 팔을 아이싱하러 다시 라커룸으로 향했고, 결국 경기에서 빠졌다. 초조한 상태에 있던 나는 지금 무슨 일이 벌어지고 있는지 전혀 감을 잡을 수가 없었다. 코치님들은 마치 구경거리가 난 것처럼 갈팡질팡 초조해 하는 내 모습을 태연하게 지켜보셨다. 아니나 다를까, 코치님들은 나에게 잘했다 못했다 한 마디 말도 없이 남은 8이닝 동안 나를 그대로 벤치에 내버려 두셨다.

경기가 끝나고, 나를 포함한 모든 선수들은 평소대로 라커룸으로 가서 샤워를 한 뒤 저녁 식사를 했다. 모두가 평소와 다름없이 행동했기 때문에 나도 별 수 없이 보통 때처럼 행동했다. 그런데 갑자기 나를 호출하는 감독님의 쩌렁쩌렁한 목소리가 들려왔다. 이제 끝이구나. 드디어 올 게 왔어. 나는 그 날 짐을 싸서 또 다른 마이너리그 팀으로 가겠구나 하고 생각했다. 감독님 방으로 들어선 내게 감독님은 수화기를 건네주셨다.

"클레이튼, 너한테 온 전화야. 네드 콜레티Ned Colletti 단장님이 널 찾으신다."

네드 콜레티는 LA 다저스 단장님이다. '야, 이거 정말 큰일 났네. 내가 정말 경기를 망쳤나봐.' 나는 이렇게 생각했다. 어쨌든 좋은 첫 인상을 남기고 싶었던 나는 마음을 가다듬고 수화기를 건네받았다.

콜레티 단장님은 단도직입적으로 말했다.

"클레이튼, 자네 승격됐어. 이번 주 일요일 여기 LA에서 등판할 준비 하라고. 자넨 토요일 아침 첫 비행기를 타게 될 거야. 어서 자네가 와서 뛰는 모습을 보고 싶네."

그걸로 끝이었다. 내가 또 다른 팀으로 가는 건 맞지만, 내 예상과는 완전히 반대였다. 내가 방금 받은 전화는 빅 리그로 오라는 통보였다. 도무지 믿어지지가 않았다. 콜레티 단장님은 선수 이동이 완료될 때까지 비밀을 유지하라고 내게 당부하셨다. 한 선수가 승격되면, 다른 선수는 강등해야 하는 것이 원칙이었다. 받아들이기 어려운 현실이지만, 그게 바로 냉철한 프로 세계의 원리였다. 그 때문에 나는 다시 클럽하우스로 돌아가면서 마치 아무 일도 없었던 것처럼 침착함을 유지해야만 했다. 나는 잠시 밖으로 나가서 엘런에게 전화를 걸었다. 여름방학을 맞아 집으로 돌아온 고향 친구들로 가득한 방 안에서 엘런은 내 전화를 받았다. 나는 엘런에게 아무도 모르게 LA행 비행기 표를 최대한 빨리 예약하라고 말했다. 나는 승격된 후 다저 스타디움에서 뛰는 첫 경기를 엘런과 함께 하고 싶었다.

장거리 이동을 해서 지블런까지 오면서 내가 싸온 옷이라고는 낡은 티셔츠와 바지 몇 벌이 전부였다. 양복 한 벌이 있긴 했지만, 나는 그 양복을 다른 짐들과 함께 잭슨빌에 두고 왔다. 먼 거리를 이동하면서 옷을 다 챙겨 다닐 수는 없는 노릇이다. 나는 엘런에게 우리 집 옷장을 뒤져서 괜찮은 옷이 있으면 하나 골라 달라고 부탁했다. 빅 리그에 가는데 청바지에 티셔츠 차림은 왠지 성의 없어 보이는 것 같았다.

토요일 첫 비행기가 지블런 공항을 이륙해서 서쪽을 향해 날아갔다. 미국 남동부 지역을 버스를 타고 돌아다니던 내게 LA행 비행기는 그야말로 별천지였다. 비행기를 타는 일은 뭔가 대단한 일이 일어났음을 뜻했다. 다음날, 나의 메이저리그 승격 소식은 사방으로 퍼져 나갔다. 팀 동료들은 있는 힘껏 나를 격려해주고 응원해주었다. 모든 선수들이 노력한 덕분에 내가 좋은 결실을 맺은 것이라는 전화를 받으니 겸손한 마음이 들었다. 한편 어머니와 엘런은 댈러스에서 은밀하게 응원군을 모집했다. 내 어릴 적 친구들과 어머니, 엘런과 그 가족들은 나를 응원하러 LA행 비행기에 올랐다.

그때 나는 단정치는 못했지만 흥분된 마음으로 토요일 첫 비행기에 몸을 실었다. LA 공항에 도착하기 전에 나는 상대 팀이 어딘지 알아보려고 LA 다저스 경기 일정을 확인했다. LA 다저스는 당시 한창 세인트루이스 카디널스와 시리즈를 펼치고 있었다. 세인트루이스 카디널스에는 강타자들이 즐비했다. 수년 전에 LA 에인절스를 월드시리즈로 이끈 트로이 글로스Troy Glaus는 물론이고, 고등학교 때부터 내 우상이던 홈런 타자 알버트 푸홀스Albert Pujols도 그 팀에서 뛰고 있었다. 정말 꿈같은 일이었다. 내 꿈이 바로 눈앞에서 현실이 되어가고 있었다.

대부분의 사람들은 노스캐롤라이나 주의 소도시 지블런을 지도에 나와 있는 점 하나 정도로 치부할지 모른다. 하지만 나에게 지블런은 평생 기억에 남을 만한 소중한 장소로 남아 있다. 세상에서 가장 특별한 기분을 느끼게 해준 메이저리그 승격 소식을 접한 곳이기 때문이다. 야구에 대한 열정으로 미친 듯이 달려온 나의 여정에 하나님은 언제나 은혜를 베푸셨다. 하나님 때문에 나는 늘 깜짝 놀란다. 나는 드디어 로스앤젤레스 국제공항에 도착했다. 나는 여기에 단순히 여름 피서차 온 게 아니었다. LA 다저스의 승리를 위해 내 실력을 보여줘야만 했다. 나는 모든 짐이 들어있는 작은 더플백 하나를 들고 복잡한 공항 터미널로 걸어갔다. 내가 떠안은 큰 부담감을 떠올리니 가슴이 답답해졌다. 그래도 가족들이 지금 LA로 오는 중이라고 생각하니 마음이 조금 놓였다. 메이저리그 승격을 알리는 깜짝 놀랄 만한 전화를 받은 나는 그 후 며칠 동안을 흥미롭게 보냈다. 아무튼 나처럼 평생 잊지 못할 순간을 만들러 오는 사람이 아니라면 굳이 노스캐롤라이나 주의 지블런까지 오는 사람은 거의 없는 것 같다.

19
웰컴 투 메이저리그

클레이튼 커쇼

가슴이 너무 쿵쾅거려서 다저 스타디움에 울려 퍼지는 국가 소리가 귀에 하나도 안 들어왔다. 내 가슴은 마치 큰 드럼 소리처럼 계속 쿵쾅거렸다. 내 옆에 있던 사람들은 분명히 그 소리를 들었을 것이다. 손에는 땀이 났다. 혹시라도 내가 들뜬 마음을 가라앉히지 못하고 웃음을 보일까봐 나는 심호흡도 제대로 하지 못했다. 웃음을 보이는 건 곤란했다. 나는 정신을 바짝 차리려고 애를 썼다. 물론 내가 오늘 처음으로 다저스 유니폼을 입긴 했지만, 기존 선수들처럼 의젓하게 행동할 필요가 있었다. 사람들 앞에서 감정을 나타내면 내 정체가 탄로날 게 뻔했다. '별거 아냐, 그냥 게임일 뿐이라고.' 그래 맞아, 사람들은 사이드라인에 서 있는 나 같은 새파란 어린 선수는 전혀 못 알아볼지도 몰라. 경기장 가득 울려 퍼지는 국가는 내가 알던 그 국가가 아닌 것처럼 웅장했다. 정말 환상적이었다. 갑자기 뭔가가 내 눈을 사로잡았다. 나는 고개를 들어 대형 스크린을 올려다봤다. 그 순간 나는 가슴이 철렁 내려앉았다. 너무 창피한 나머지 땅을 파고 숨고 싶었다.

그 순간이 바로 나의 '메이저리그 데뷔' 무대였다. 다행히 지금이야 그때를 되돌아보며 웃을 수 있다. 하지만 당시에는 쥐구멍에라도 들어가고 싶었다. 이틀 전에 나는 네드 콜레티 단장님으로부터 평생 잊지 못할 전화를 받았다. 나는 일요일에 선발투수로 등판할 예정이었다. 나는 로스앤젤레스 국제공항에 토요일 오전에 도착했다. 나는 비행기에서 내려 구단에서 보내준 차를 타고 바로 다저 스타디움으로 향했다. 비행기와 차 안에 있으면서 나는 많은 생각을 했다. 이번 기회가 정말 중요하다는 생각이 들었다. 이 중요한 경기를 대충대충 할 수는 없었다. 일요일 오후에 엘런과 가족들이 나의 메이저리그 첫 등판의 감격을 같이 하러 경기장에 도착할 예정이었다. 엘런과 가족들을 생각하니 자신감이 생겼다. 나는 내 인생의 첫 메이저리그 경기가 열리는 일요일에 마음을 집중했다.

로스앤젤레스로 차를 타고 가면서 나는 내 눈을 믿을 수가 없었다. 이게 꿈인지 생시인지 알 수가 없었다. 차를 타고 다저 스타디움으로 향하는데 이미 주차장은 팬들의 차로 가득 차 있었다. 주위를 둘러보던 나는 입이 떡 벌어졌다. 이런 광경을 한 번도 본 적이 없었기 때문이다. 경기장은 너무나 깔끔하고 시설이 잘 갖추어져 있었다. 고등학생 때나 마이너리그 시절에 쓰던 라커룸과는 비교가 되지 않았다. 나는 다저 스타디움의 선수 라커룸에 들러 사물함에 적혀 있는 이름들을 찬찬히 살펴보았다. 내가 TV에서 보고 늘 동경하던 바로 그 선수들이었다. 내가 그런 선수들과 같이 뛰다니! 나에게 라커룸을 구경시켜 주던 구단 관계자가 한 사물함 앞에 멈춰 서자, 나는 그게 누구 사물함인지 단번에 알수 있었다. 사물함 맨 위에 '커쇼'라는 두 글자가 선명하게 새겨져 있었기 때문이다. 나는 완전히 신인이었지만, 갑자기 나도 이 팀의 일원이된 듯한 느낌이 들었다. 선수들은 이미 나의 합류 사실을 알고 있었던 것이다. 사물함에 적힌 내 이름이 이토록 꿈만 같이 느껴졌던 적은 없었다.

선수들 대부분은 이미 경기장에서 몸을 풀고 있었다. 구단 관계자는 나에게 유니폼으로 갈아입고 시간에 맞춰 경기에 나갈 준비를 하라고 일러 주었다. 한편 클럽하우스에 남아 있던 선수들은 진심으로 나를 환영해 주었다. 선수들은 나에게 와서 자기 소개를 하고 같이 뛰게 되어 기쁘다고 말해 주었다. 지금도 그렇지만 나는 여러 가지 일을 동시에 처리하는데 전혀 재능이 없다. 다음에 일어난 일을 알면 내 말이 무슨 뜻인지 이해가 갈 것이다. 내가 경기에 나갈 준비를 하는 동안 여기저기서 선수들이 말을 걸어왔고, 나는 거기에 대답을 하느라 정신이 없었다. 나는 앉아 있던 의자를 뒤로 젖혀, 등 뒤에 걸려 있는 유니폼 상의를 손으로 집었다. 그런데 유니폼 상의에서 또 다시 내 이름을 발견했다. 또 한 번 날아갈 듯한 기분이었다. 유니폼 상의에는 등 번호만 적혀 있는 게 아니었다. 그 위에 이름도 같이 적혀 있었다. 손꼽아 기다리던 그 날이 마침내 내게 온 것이었다.

한껏 들떠 있던 나는 내가 하는 행동에 주의를 많이 기울이지 않고 있었다. 나도 모르게 내 사물함 옆에 있던 제이슨 슈미트Jason Schmidt 의 셔츠에 손이 갔다. 긴장한 와중에 선수들과 대화하느라 정신이 팔린 나는 실수로 제이슨의 유니폼 상의를 꺼내 입고 있는 줄도 몰랐다. 근처에 있던 제이슨은 그 광경을 지켜봤다. 나에게 기억에 남는 메이저리 그 첫 경기를 선물해주고 싶었던 제이슨은 아무렇지도 않다는 듯이 내 사물함으로 가서(나는 이것도 눈치 채지 못했다) 내 유니폼 상의를 입었다. 모든 준비가 끝난 것 같았다. 제이슨도 유니폼을 입었고, 나도 유니폼을 입었으니. 이제는 경기장에 나갈 차례였다.

믿기 힘든 순간들이 차례차례 나에게 다가왔다. 제이슨과 나는 걸어서 경기 시작 직전에 선수 대기석으로 갔다. 나는 거기서 내게는 전설과 같은 선수들과 어깨를 맞대고 섰다. 조 토레Joe Torre 감독님이 내게 와서 악수를 청하며 메이저리그에 온 걸 환영해 주셨다. 조 토레 감독님 밑에서 선수 생활을 한다는 것은 일생에 한 번 올까 말까 한 절호의 기회였다. 그 날만큼 다저 스타디움이 내게 웅장하게 보인 적은 없었다.

국가 연주에 앞서 선수들은 필드 안으로 들어갔다. 나는 그 날 경기에 등판할 예정이 아니었기 때문에 굳이 필드 안으로 들어갈 필요가 없다고 생각했다. 그런데 제이슨이 나를 팔꿈치로 쿡 지르며 같이 나가자고 해서 나는 얼른 뛰어나갔다. 필드 안으로 들어온 우리는 선 채로 국가 연주를 기다렸다. 제이슨은 내게 자기 앞자리를 가리키며 "국가 연주 때 여기 서 있으면 돼" 하고 일러 주었다. 나는 그 자리가 어색했지만 바로 뭔가를 물어보기가 좀 그랬다. "괜찮아. 네가 어색하지 않도록 내가 바로 뒤에 서 있을 게." 제이슨이 이렇게 말하며 나를 안심시켜 주었다.

곧이어 국가 연주가 시작되었고, 바로 그 사건이 터졌다. 먼저, 그 순간에 집중하던 나에게 갑자기 방송 카메라가 크게 한 바퀴 돌면서 다가왔다. 나는 '원래 이런가 보다' 하고 가만히 있었다. 그런데 내 뒤쪽에서 움직이던 그 카메라맨은 내 등을 클로즈업했다. 대형 전광판에 비친 내 모습이 뭔가 굉장히 이상해 보였다. 내 뒤에 서 있던 선수들이 참았던 웃음을 터뜨렸고, 몇 초 — 내 느낌에 20분 같았던 — 뒤에 나는 그들이 왜 그렇게 웃는지 그 이유를 알 수 있었다. 대형 스크린에 내가 입고 있는 유니폼 상의가 비춰졌다. 그런데 유니폼 상의는 '내' 셔츠가 아니었다. 유니폼에는 '슈미트 29'라고 적혀 있었다. 커쇼가 아니라 슈미트라니! 카메라맨은 짓궂게 갑자기 방향을 바꾸어 내 바로 뒤에 서 있던 제이슨의 모습을 비추었다. 나를 희생양으로 삼아 이렇게 웃고 기묘한 상황을 즐기고 있던 제이슨은 '내' 셔츠를 입고 있었다.

경기장은 순식간에 웃음바다가 되었다. 그것도 국가가 연주되는 동안 말이다. 나도 웃음을 참지 못해 고개를 아래로 떨어뜨렸다. '클레이튼, 너 데뷔 한 번 제대로 한다.' 나는 그렇게 생각했다. 그 날만큼 국가 연주가 길게 느껴졌던 적은 없었다. 잘못된 유니폼 상의를 입고 도대체 얼마나 더 필드 안에 서 있어야 하는지 신경쓰다 보니 시간은 정말 더

디게 흘러갔다. 마침내 국가 연주가 끝나고, 모든 선수들은 다시 선수 대기석으로 우르르 몰려갔다. 제이슨은 내 유니폼을 벗어 주었고, 나는 마침내 내 유니폼을 입었다. 다른 사람 것이 아닌 바로 내 다저스 유니폼 상의를 말이다.

보통 우리는 창피했던 순간을 잊고 싶어 한다. 그리고 그런 일이 안 일어났으면 좋았을 거라고 생각한다. 하지만 유니폼 상의를 잘못 바꿔 입은 내 모습이 아무리 창피했다고 해도, 나는 전혀 후회가 없다. 그 시간은 나의 '메이저리그 진출을 환영'하는 순간이었기 때문이다. 그 날 저녁에 엘런과 우리 가족이 도착했지만, 나는 내 실수를 말할까 말까 망설였다. 하지만 내가 말을 하지 않으면 다른 사람한테 내 실수를 듣게 될 테니 차라리 말하는 편이 나았다. 적어도 가족들한테는 내 입장을 방어할 수는 있었다. 나는 그 첫 경기를 영원히 못 잊을 것이다. 혹시 내가 잊어버리더라도 내 팀 동료들이 상기시켜 줄 것이 분명하다. 나는 그 날 누가 국가를 불렀는지 기억나지 않는다. 다만 내가 들어본 국가 중에서 가장 길고, 가장 참기 힘들고, 그러면서도 가장 기억에 남는 국가였다는 사실만큼은 분명하다.

20
푸홀스는 정말 굉장해

클레이튼 커쇼

걱정이 너무 많아서 잠이 안 올 때가 있다. 눈 뜨고 누워 있으면서 가만히 천장만 뚫어져라 바라보는 그런 순간 말이다. 가끔씩 문제의 해답을 찾기도 하지만, 대개 생각은 이리저리 왔다 갔다 한다. 그리고 걱정거리는 실제보다 훨씬 더 크게 느껴진다. 다음 날 정말 중요한 일이 있어서 잠을 못 이룰 때도 있다. 그럴 때면 설레고 조마조마한 마음, 혹은 그 두 가지 감정이 복잡하게 얽혀서 잠이 오지 않는 것이다. 나는 그런 기분을 메이저리그 데뷔전이 있기 전날 밤에 느꼈다. 평생 꿈꿔왔던 그날이 불현듯 코앞에 다가왔다. 이제 하룻밤만 자고 나면 내 인생 최고의 날이 밝아올 것이었다. 그 날 밤 나는 잠을 푹 자려고 정말 애를 썼다. 불을 끄자 몸은 무디어졌지만 생각만은 정신없이 돌아다녔다. 정말 자고 싶은데 잠이 안 오니 미칠 노릇이었다.

내 데뷔전이 있기 하루 전날에 엘런과 우리 가족은 비행기를 타고 로스앤젤레스에 도착했다. 노스캐롤라이나 주 지블런에서 출발한 나는 그 몇 시간 전에 LA 공항에 도착했다. 내가 곧 메이저리그 경기에 나간다는 게 믿기지 않았지만, 경기장에 가족을 비롯한 낯익은 사람들이 함께 있을 거라고 생각하니 마음이 좀 놓였다. 고향에서 내 어릴 적 친구들도 로스앤젤레스로 날아와 나를 재미있게 해주었다. 그 날 밤 친구들과 나는 호텔 주변에서 시간을 보냈다. 호텔에 다시 들어온 나는 푹 자려고 일찍 잠자리에 들었다. 나는 침대에 앉아서 졸음이 몰려오기를 기다렸다. 엘런과 나는 몇 년 전부터 늘 하던 대로 자기 전에 잠깐 통화를 했다. 엘런은 내 방과 몇 호실 떨어져 있는 방에서 통화를 하고 있었지만, 초조한 내 마음을 잘 알고 있었다. 메이저리그에 데뷔할 수 있는 기회는 날마다 오는 게 아니었다. 엘런과 나는 잘 맞았다. 엘런은 나 자신조차 잘 설명하기 힘든 감정을 족집게처럼 알아맞혔다. 자비로운 하나님이 내일 경기도 지켜봐주실 거라는 엘런의 말에 마음이 조금 가라앉았다. 하나님이 늘 함께 해주신다는 건 너무나 당연한 사실이라 중요한 순간에 잊어먹기 일쑤였다. 나는 그 날 밤에 몇 시간 정도 잠을 잔 것 같다. 하지만 실제로는 뜬 눈으로 밤을 새운 것과 다름없었다. 나는 침대 옆 탁자에 놓인 야광 시계가 똑딱거리는 소리를 매 시간마다 지켜봤다.

하나님 덕분인지 아침이 밝아오자 기분이 좀 상쾌해졌다. 드디어 나의 데뷔 날이었다. 낮에 시합이 예정되어 있었기 때문에 나는 아침부터 서둘러 경기장으로 나가야만 했다. 나는 아침 일찍 일어나서 다저 스타디움으로 향했다. 그 다음 몇 시간 동안의 기억은 완전히 흐릿흐릿하다. 첫 등판에만 온통 정신을 집중했기 때문에 다른 세세한 일들은 기억이 나질 않는다. 나는 클럽하우스에서 몸을 풀라는 지시가 떨어지기만 기다렸다. 경기 시작 시간이 왜 그렇게 더디게 다가오는지 마치 일분이 한 시간처럼 길게 느껴졌다. 이번엔 유니폼 상의를 제대로 입었는지 꼼꼼히 확인했다. 이제 남은 건 기다리는 일밖에 없었다. 그리고 마침내 경기장에 나갈 준비를 하라는 지시가 떨어졌다.

가족과 친구들이 관중석에 앉아 있다는 건 알고 있었다. 하지만 나는 경기에 너무 집중한 나머지 관중석을 둘러볼 겨를이 없었다. 나중에 안 사실이지만, 가족과 친구들은 내가 마운드에 서면 바로 보이는 자리에서 응원을 했다고 한다. 듣기로는 그 날 가족과 친구들이 꽤 조용하게 응원을 했다고 한다. 다행히 나는 경기 이외에는 아무것도 눈에 들어오지 않았다. 선수 대기석에서 경기가 시작되길 기다리고 있던 나는 심장이 너무 쿵쾅거려서 마치 가슴을 뚫고 나올 것만 같았다. 그런 상태에서는 마운드 위에서 첫 공을 던지는 일에 집중할 수 없다. 나는 머리를 선수 대기석 벽에 기댄 채 크게 심호흡을 했다. 도움이 필요했다. 눈을 감은 채로 나는 하나님께 기도를 드렸다. '하나님, 무슨 일이 일어나더라도 저와 함께 해주세요. 오늘 저의 힘이 되어 주세요.' 데뷔를 한 이 날 이후로 나는 늘 이와 같이 기도를 올린다. 나는 하나님과 떨어져서는 아무 일도 제대로 할 수 없다. 심지어 첫 공을 잘 던지기조차 어렵

186

다. 늘 나에게 힘이 되어 주시고, 갖가지 좋은 선물을 주시는 분이 바로 하나님이다. 나는 데뷔 이후로 늘 이 사실을 경기 전에 다시 한 번 떠올려 본다.

나는 이번 경기의 중요성을 생각해 봤다. 그러자 마치 내가 어른들 세계에 뛰어든 어린 아이 같은 기분이 들었다. 나는 이미 꿈을 이루었고, 오늘 경기를 멋지게 치르고 싶었다. 하지만 과거의 경험에 비춰볼 때, 오늘 같은 경기는 아주 힘든 경기가 될 소지가 많았다. 어떤 경우가 됐든 나는 분위기에 휩쓸리지 말아야 했다. 오늘 경기가 큰 경기인 것은 맞지만 어찌됐든 경기는 경기일 뿐이다. 나는 이렇게 몇 번이고 되뇌어야만 했다. 이 경기를 이기면 정말 좋겠지만, 그 결과로 내가 궁극적인 만족감을 얻지는 못할 터였다. 물건이 됐든 감정이 됐든 세상살이에서 영원한 것은 없다. 세상엔 즐길 거리가 많지만, 결국 언젠가는 사라지게 마련이기 때문에 우리는 늘 부족하다고 느낀다. 진정한 만족감은 그런 데서 생기지 않는다. 그러나 이 세상 만물이 곧 하나님이라는 사실을 알고, 하나님과 함께 한다면 우리는 진정한 만족을 얻을 수 있다.

나는 고개를 숙이고 곧 시작될 경기에 집중했다. 마치 압박감이 별로 없다는 듯, 우리 팀은 세인트루이스 카디널스와 경기를 펼치고 있었다. 메이저리그 첫 등판을 앞둔 나에게 더 없이 좋은 소식이었다. 드디어 때가 왔다. 나는 마운드에 올라 포수 러셀 마틴Russell Martin을 향해 온 정신을 집중했다. 나는 연습 투구 몇 개를 던진 다음, 내 주변의 모든 시선과 소음을 차단하려고 애를 썼다. 정말 말도 안 되는 것 같았지만 내가 지금 다저 스타디움 마운드 위에 서 있다는 사실만큼은 부인하기 어려웠다.

첫 타자가 타석으로 걸어 들어왔다. 나는 첫 공을 던졌고, 곧바로 안정을 찾았다. 정말 흥분된 순간이었다. 첫 공이 타석을 통과하면서 마치 내 몸 전체가 숨을 쉬는 것 같았다. 다행히 나는 첫 타자를 삼진으로 잡아냈다. 러셀은 그 첫 공을 잡더니 선수 대기석 쪽으로 던졌다. 당황한 나는 그에게 종종걸음으로 걸어가서 물었다.

"무슨 일이죠? 그 공 다시 주면 안 돼요?"

"진정해, 여기 새 공 있어."

러셀이 웃으면서 말했다. 선수들은 내가 던진 첫 공을 나를 위해 잘 보관하고 있었다. 그 공은 아직도 우리 집 책상 위에 잘 모셔져 있다.

두 번째 타자가 첫 번째 타자보다 상대하기가 까다로웠다. 결국 나는 두 번째 타자에게 포볼을 허용했다. 세 번째 타자는 내가 늘 만나고 싶었던 바로 그 선수, 알버트 푸홀스였다. 푸홀스는 그때나 지금이나 메이저리그 최고의 강타자다. 두 말 할 필요도 없이 푸홀스는 내 어린 시절 우상이었다. 나는 지금 타석에 그렇게 대단한 선수인 푸홀스가 서 있다는 사실을 의식하지 않으려고 최선을 다했다. 얼마 후 나는 아직도 푸홀스와 풀 카운트까지 가는 대결을 펼치고 있었다. 쓰리 볼 투 스트라이크 상황이었다. 다음 공이 중요했다. 러셀은 나에게 커브 볼을 주문했고, 나는 '이번에 스트라이크를 던지는 공을 전혀 예상 못하겠지'

하며 6구째 공을 던졌다. 결과는? 당신의 예상대로다. 푸홀스는 2루타를 쳤고, 1루에 있던 주자를 홈으로 불러들였다. 1회에 벌써 실점을 당한 것이다. 나는 마운드 주변을 돌면서 다음 타자를 상대하기 위해 다시 평정심을 찾으려고 노력했다. 혼자 웃음이 나왔다. 이건 말도 안 됐다. 바로 내 등 뒤에서 알버트 푸홀스가 2루를 밟고 서 있다니! 어쨌든 나는 앞에 서 있는 타자에게 집중해야만 했다. 나는 이미 히트 앤 런Hit and Run을 허용한 뒤였다. 하지만 어쨌든 그때는 '나도 메이저리거 같은데' 하는 자부심이 드는 순간이었다. 그래서 마음속으로는 기분이 정말 좋았다.

그 날은 내 인생 최고의 날이었다. 나는 6회까지 무사히 잘 던졌고, 우리 팀은 안드레 이디어Andre Ethier가 연장 10회 말 끝내기 안타를 쳐서 4대 3으로 승리했다. 그렇게 경기가 끝나고 나서 나는 다시 클럽하우스로 내려가 샤워를 하고 옷을 갈아입었다. 이미 엘런에게는 선수 전용 주차장에서 고향에서 온 다른 사람들과 같이 만나자고 약속해 두었다. 주차장으로 걸어가 보니 거기에 아는 사람들이 다 모여 있었다. 가족과 친구들이 그 날 내 경기를 전부 지켜봤다고 생각하니 왠지 뿌듯했다. 친구들은 전부 내 주변으로 모였고, 친구 중 하나가 "그래, 소감이 어때?" 하고 나에게 물었다.

오만 가지 생각이 내 머리를 스쳤지만, 오로지 한 가지 생각만 분명히 떠올랐다. 나는 고개를 설레설레 저으며 "야, 푸홀스 정말 굉장하더라" 하고 대답했다. 푸홀스가 대단한 선수라는 건 진작 알고 있었지만,

그 날 나는 내 눈으로 직접 그것을 확인했다.

우리 팀 선수들은 내 뒤에 서 있던 버스에 오르고 있었다. 공항으로 가는 버스였다. 이번에는 메이저리그의 장거리 이동이 어떤 것인지 직접 체험해볼 차례였다. 내가 평생을 기다려왔던 메이저리그 첫 경기가 그렇게 빨리 지나갔다. 나는 가족과 친구들에게 와줘서 정말 고맙다는 감사의 말을 전하고 난 뒤 그들과 작별 인사를 했다. 공항으로 가는 버스에 올라 자리에 앉으니 오늘 무슨 일이 있었는지 이해가 갔다. 나는 방금 나의 메이저리그 데뷔전을 치렀다. 그것도 알버트 푸홀스가 버티고 있는 세인트루이스 카디널스를 상대로 말이다. 앞으로도 이 팀을 다시 만나겠지만, 처음으로 그들과 맞붙은 오늘의 설렘과는 비교가 안 될 터였다. 그 날 타석에서 나를 응시하던 푸홀스의 모습을 영원히 잊지 못할 것 같다.

보통 인생에서 결정적인 순간들을 제대로 표현하기란 쉽지 않다. 그런 순간에는 무슨 일이 벌어지고 있는지 제대로 이해하기도 힘들고, 그것을 말로 표현하기란 더더욱 어렵다. 나의 메이저리그 데뷔전도 마찬가지였다. 나는 그 날 되도록 많은 부분을 이해하려고 애를 썼지만, 그 날은 내가 제대로 이해하기 힘들 만큼 순식간에 많은 일들이 일어났다. 하나님이 우리 인생에서 뭔가 큰일을 벌이실 때는 그냥 편안히 누워서 즐기는 것이 최고다. 모든 것을 다 이해하겠다는 집착을 버리면 우리는 중요한 순간에 더 많이 즐길 수 있다. 메이저리그 데뷔전이 전부 기억나는 것은 아니지만, 아주 선명하게 기억나는 순간들도 있다. 나는 앞으로도 평생 그 순간들을, 그리고 그 날 전부를 기억할 것이다. 나는 운명적인 그 날 1회에 첫 안타를 맞고 싶지 않았다. 하지만 어차피 맞아야 할 내 메이저리그 첫 안타였다면, 나는 그 주인공이 알버트 푸홀스여서 너무 기쁘다.

21
그는 흥하여야 하겠고
나는 쇠하여야 하리라 하니라

클레이튼 커쇼

이제 막 메이저리그 첫 시즌이 끝이 났다. 프로 야구 선수로서 뛰는 일이 제일 즐겁지만, 오프 시즌을 고향에서 보내는 일 역시 나에게 특별하다. 댈러스는 언제나 내 마음의 고향이다. 아직도 어머니와 친구들은 그곳에 살고 있고, 내 메이저리그 첫 시즌이 끝났을 때 엘런도 거기에 있었다. 우리 두 사람은 당시 장거리 연애에 익숙해져 있었다. 휴가 때 한 달 동안 같이 보낼 날을 기다리며 우리는 긴 시간을 버텨냈다.

엘런과 나는 그 해 크리스마스가 끝난 뒤에 우리 고등학교 운동장에서 야구 캠프를 열기로 미리 계획을 세워 두었다. 엘런이 몇 년 전에 아프리카에서 시작한 봉사활동을 지원하는 기금을 모으는 일이 야구 캠프의 목적이었다. 야구 캠프는 야구에 대한 나의 열정과 선교활동에 대한 엘런의 열정을 하나로 묶는 일이어서 우리는 기쁜 마음으로 행사를 준비했다. 학부모님들은 우리가 주관하는 야구 캠프에 남자 아이들을 참가 선수로 등록하기 시작했는데, 예상보다 그 수가 훨씬 많았다. 하이랜드 파크 고등학교의 새 야구부 감독님께서는 우리 야구 캠프를 물심양면으로 지원해주셨고, 야구부 선수들은 들뜬 마음으로 우리 캠프를 도왔다.

드디어 행사 당일 아침이 밝아왔고, 우리는 모든 준비를 끝마친 상태였다. 나는 남자 아이들이 주루, 타격, 투구, 플라이 볼 연습을 할 수 있도록 경기장 주변에 각각의 구역을 표시했다. 그 날 아침 어린 참가 선수들이 물밀 듯이 경기장 안으로 몰려 왔는데, 개중에는 내 이름이 새겨진 유니폼을 입고 온 참가자도 있었다. 리틀 야구 리그에서 입던 운동복을 그대로 입고 온 아이들도 있었지만, 대부분은 다저스 모자와 유니폼을 입고 캠프에 참가했다. 등에 내 이름이 새겨진 유니폼을 입고 있는 어린 선수들이 그렇게 많은 걸 보고 나는 깜짝 놀랐다. 어릴 때 나는 야구 캠프를 혼자 다녔다. 캠프에서 우리를 가르치는 선수들을 보면서 나도 커서 그들처럼 되고 싶다는 꿈을 꾸었다. 그때 나 역시 내가 가장 좋아하는 선수의 유니폼을 입었던 것 같다. 참가 어린이들이 각자 좋아하는 팀과 선수의 유니폼을 입고 열심히 달리는 모습을 바라보면서, 메이저리그 선수를 꿈꾸던 어린 시절 내 모습이 떠올랐다. 그런 생각을 하니 겸손한 마음이 들었다. 내 꿈은 현실이 되었고, 나는 실제로 메이저리그에서 뛰고 있었다. 나는 이 기회를 최대한 활용하고 싶었다.

행사가 끝날 무렵에 모든 참가 어린이들이 모인 자리에서 나는 아이들을 격려하고 질문도 받는 시간을 가졌다. 아이들 몇 명이 손을 들었다. 아이들은 야구와 메이저리그에 대해서 질문했고, 앤디 페티트Andy Pettitte 같은 위대한 선수들과 맞서 싸울 때 느낌이 어땠느냐고 물었다. 나는 웃음이 나왔다. 나도 그만할 때 똑같은 질문을 던졌기 때문이다. 야구 캠프를 마무리 지을 무렵 나는 선수 대기석에 앉아 있었는데, 그때 놀랍게도 아이들이 내 앞에 줄을 지어 섰다. 아이들은 내 사인을 받아가고, 나와 기념사진을 찍고 싶어 했다. 참으로 남다른 기분이 드는 순간이었다. 아이들의 모자, 야구공, 야구 카드, 그 밖의 여러 곳에다 사인을 해주면서 그 나이에 프로 야구 선수의 사인을 받는 게 어떤 기분인지 기억이 났다. 어린 나에게 친구들과 야구를 하고, 유명한 야구 선수의 사인을 받는 일보다 더 멋진 일은 세상에 없었다. 지금이야 아무렇지도 않게 팬들에게 사인을 해주는 입장이 됐지만, 어릴 때 내가 받은 사인 한 장은 그 무엇과도 바꿀 수 없을 만큼 정말 소중했다.

야구는 내 인생에서 최고의 기쁨인 동시에 가장 어려운 도전이다. 우리 사회에서 프로 스포츠는 흥미로운 위치를 차지하고 있다. 사람들은 과하다 싶을 만큼 프로 선수들을 최고로 우대해준다. 나는 야구를 진심으로 사랑하기 때문에 프로 선수 생활을 하고 있지만, 지금의 야구 실력은 절대 내 노력으로만 이룬 것이 아니었다. 내 재능은 전적으로 하나님이 주신 선물이다. 나는 지금까지 세상의 주목을 받으려고 애써 본 적이 한 번도 없다. 사실 나는 예전부터 사람들의 주목을 받는 일이 어색했다. 누구보다 엘런이 그걸 잘 안다. 내가 얻은 재능은 하나님이 각광받도록 하는데 그 목적이 있다. 그 이유는 요한복음 3장 30절에서 세례 요한이 예수님에 관해서 이야기한 부분에 잘 나타나 있다. "그는 흥하여야 하겠고 나는 쇠하여야 하리라 하니라"(요한복음 3:30). 내가 하는 그 어떤 일도 하나님을 통하지 않으면 무의미하다. 따라서 내가 하는 모든 일에서, 내 명성은 줄어들고 하나님이 높아질 때 하나님은 최고로 찬양을 받으신다.

누구나 사람들에게 영향을 미치는 영역을 하나씩 가지고 있다. 나는 우연히 야구라는 분야에서 사람들에게 영향을 끼치게 되었다. 우리는 자신의 독특한 조건과 재능을 활용해서 큰 성취를 이루고, 그 결과 사람들에게 영향을 줄 수 있다. 그 무대의 크기는 전혀 중요하지가 않다. 학교에서 반장을 할 수도 있고, 친구들 사이에서 대표가 될 수도 있다. 동아리 회장이나 운동부 주장을 맡을 수도 있다. 물론 가족 대표가 될 수도 있다. 우리가 어떤 곳에 있든 하나님은 우리가 속한 바로 그 자리에서 다른 사람들에게 영향을 주길 원하신다. 하나님을 각광받도록 만들려고 세상의 이목을 끄는 대단한 일을 성취할 필요는 없다. 우리는 각자 하나님이 주신 삶의 목적을 가지고 있다. 하나님은 우리의 삶을 통해서 그 빛을 발하길 원하신다. 하나님은 흥하여야 하고 우리는 쇠하여야 한다. 성경을 한 번도 안 읽어 본 사람이라도 하나님이 세상의 주목을 받도록 애쓰며 사는 기독교인의 삶을 들여다보고 예수님이 어떤 분이신지 배울 수 있다. 내 야구 인생이 끝날 때쯤 사람들이 나보다는 예수님께 더 주목하기를 소망한다.

예수님은 하나님을 위한 삶이란 무엇인지, 어떻게 하나님을 찬양해야 하는지를 가장 잘 보여주신 분이다. 예수님은 이 세상 어느 누구보다 겸손한 분이시며, 타인을 위한 삶을 살다 가신 분이다. 그 위대하신 분께서 그토록 겸손하셨다는 걸 생각하면 정말 놀라지 않을 수가 없다. 사도 바울이 빌립보 사람들에게 쓴 편지에는 예수님의 겸손함이 잘 나타나 있다.

그러므로 그리스도 안에 무슨 권면이나 사랑의 무슨 위로나 성령의 무슨 교제나 긍휼이나 자비가 있거든 마음을 같이하여 같은 사랑을 가지고 뜻을 합하며 한마음을 품어 아무 일에든지 다툼이나 허영으로 하지 말고 오직 겸손한 마음으로 각각 자기보다 남을 낫게 여기고 각각 자기 일을 돌볼뿐더러 또한 각각 다른 사람들의 일을 돌보아 나의 기쁨을 충만하게 하라 너희 안에 이 마음을 품으라 곧 그리스도 예수의 마음이니 그는 근본 하나님의 본체시나 하나님과 동등됨을 취할 것으로 여기지 아니하시고 오히려 자기를 비워 종의 형체를 가지사 사람들과 같이 되셨고 사람의 모양으로 나타나사 자기를 낮추시고 죽기까지 복종하셨으니 곧 십자가에 죽으심이라 이러므로 하나님이 그를 지극히 높여 모든 이름 위에 뛰어난 이름을 주사 하늘에 있는 자들과 땅에 있는 자들과 땅 아래에 있는 자들로 모든 무릎을 예수의 이름에 꿇게 하시고 모든 입으로 예수 그리스도를 주라 시인하여 하나님 아버지께 영광을 돌리게 하셨느니라 (빌립보서 2:1-11)

예수님의 겸손함을 통해서 우리는 자기 자신보다 다른 사람을 먼저 생각하는 새로운 삶의 기준을 세울 수가 있다. 하나님을 믿는 우리들은 예수님의 성품을 더 많이 닮아가도록 노력해야 한다. 사도 바울의 말대로 우리는 인간관계에서 자기 자신보다 남을 더 위하는 예수님과 같은 마음이 있어야 한다. 엘런과 나는 아프리카에서 그런 마음을 단련할 수 있는 놀라운 기회를 얻었다. 그곳에 있는 사람들을 돕는 방법을 여러모로 고민하면서 우리는 남을 먼저 위하는 마음을 길렀다. 하지만 우리가 남을 도우려고 예수님처럼 지구를 반 바퀴나 돌 필요는 없다. 지금 자기가 서 있는 자리에서부터 시작하면 된다. "그는 흥하여야 하겠고 나는 쇠하여야 하리라 하니라"라는 구절을 암송해도 좋고, 하나님께 일상생활에서 다른 사람을 도울 수 있는 기회를 달라고 기도를 드려도 좋다. 그러면 하나님은 우리의 마음과 태도를 바꿔 주실 것이고, 그러면 우리는 하나님께 영광을 돌리려는 바람이 간절해진다. 예수님과 같은 겸손함이란 그토록 아름다운 일이다.

하나님은 많은 사건들을 통해서 나를 겸손하게 만드셨다. 예수님께서 나를 위해 어떤 희생을 하셨는지 기억하는 일이 나에게는 제일 중요하다. 예수님이 나를 위해 어떻게 살다가 돌아가셨고, 어떻게 다시 살아나셨는지를 떠올리면 이루 말할 수 없는 겸손함을 느낀다. 하나님이 우리를 계속 시험하실 때에도 나는 겸손함을 느낀다. 하나님이 우리를 시험하시는 이유도 바로 거기에 있다고 생각한다. 만약 인생에서 모든 일이 순조롭게 풀려간다면, 우리가 예수님을 찾을 필요를 못 느낄 것이다. 하나님은 자비롭게도 늘 내가 하나님을 얼마나 필요로 하는지 깨닫도록 여러 가지로 나를 시험하신다. 따라서 나는 늘 하나님 덕분에 겸손해지고, 하나님은 내 인생에서 점점 더 중요한 존재가 된다. 하나님은 그것으로도 부족하셨는지 평생 나를 지켜봐온 친구들도 내 옆에 두셨다. 그 친구들은 지금의 모습보다 훨씬 더 이상했던 작고 통통했던 내 어린 시절 모습까지 전부 다 기억하고 있다. 친구들은 나를 겸손하게 만드는 기억과 이야기들을 가지고 내 옆을 항상 지킬 것이다.

겸손함에 대해서 생각할 때마다 나는 예수님을 떠올리고 싶어진다. 성공하기 위해 정해진 방식대로 행동하거나, 내가 아닌 다른 사람이 되려고 애를 쓰고 싶지는 않다. 나는 그저 예수님은 흥하시고, 나는 쇠하기를 바랄 뿐이다. 나는 결혼생활에서부터 선수생활, 아프리카 봉사활동, 인간관계에 이르기까지 내 삶의 모든 영역에서 하나님의 영향이 미치기를 소망한다. 예수님은 우리에게 다른 사람은 물론이고 자기 자신에 대해서도 발상의 전환을 하라고 주문하신다. 예수님은 하나님께 영광을 바치기 위해서, 그리고 다른 이들을 하나님의 품으로 이끌기 위한 삶을 사셨다. 하나님의 도움으로 나도 예수님과 똑같은 삶을 살고 싶다. 세속적 욕망과 삶에서 짓는 죄 때문에 우리가 예수님처럼 살기란 결코 쉽지가 않다. 하지만 그런 것들이 하나님을 향한 우리의 열망을 절대 막지는 못한다. 야구 경기에서나 일상생활 속에서나 하나님은 반드시 나보다 더 흥하셔야 한다.

22

우리가 만능이 아님을
일깨워 주시는 하나님

클레이튼 커쇼

어릴 때 곤란에 빠졌을 때의 기분을 기억하는가? 예컨대 학생 때 교무실에 내려오라는 소리를 들으면 엄청나게 긴장하지 않았던가? 뭔가 잘못 했다거나, 기대에 부응하지 못했기 때문일 것이다. 자신이 무슨 실수를 했는지 잘 모른다는 표정을 지으면, 누군가 다른 사람이 그것을 지적해줬다. 그러면 무슨 일이 벌어질까 잔뜩 겁을 먹은 당신은 큰 책상 앞에서 초조하게 기다린다.

그런 감정에서 빠져 나오기란 쉽지 않다. 나이에 상관없이 우리는 늘 남을 기쁘게 해주려는 욕구가 있다. 따라서 남이 비판하는 말을 듣기란 참 어렵다. 내가 로스앤젤레스에 도착했을 때 메이저리그 문턱은 아주 높았다. 그때 나는 불과 스물한 살이었고, 나는 살아있는 전설들과 상대해야만 했다. 하지만 기대감 역시 높았다. 어쨌든 내 실력이 중요했다. 경기에서 내 몫을 제대로 해내지 못하면 다른 선수가 내 자리를 꿰찰 터였다.

2009년 시즌 초반이었다. 작년에 메이저리그에 데뷔를 하긴 했지만 아직도 모든 것이 내게는 새로웠다. 메이저리그에 진출하는 것 자체도 정말 어렵지만, 메이저리거로 살아남는 일은 더더욱 힘들었다. 서너 번만 잘못 던져도 곧바로 마이너리그로 보내질 수 있었다. 눈앞에 놓인 기회를 집중해서 놓치지 않겠다는 의지 못지않게 내 마음 속 한편에는 늘 다시 강등될지도 모른다는 두려움이 자리 잡고 있었다.

그 해 나는 시즌 초반을 힘들게 보냈고, 당연하게도 감독님은 나를 자기 사무실로 부르셨다. 갑자기 초등학교 때 느꼈던 것과 똑같은 그런 긴장감이 몰려왔다. 하지만 이번엔 문제가 훨씬 더 심각했다. 이건 내 직업과 내 꿈에 관련된 문제였다. 감독님은 바로 본론으로 들어가셨다. 우리 두 사람은 내가 뛴 경기들에 대해서 이야기를 나누었고, 나는 이번 시즌이 아주 순조로운 출발은 아니라는데 동의했다. 우리는 나의 단점들과 감독님이 원하시는 점, 그리고 앞으로 단점을 극복할 방법 등에 대해서 긴 대화를 나누었다. 나는 감독님께 앞으로 더욱 열심히 노력해서 감독님의 기대에 부응하겠다고 말씀드렸다. 메이저리그에서 계속 뛰면서 내 실력을 끌어올릴 여지가 있다는 사실에 나는 크게 안도의 한숨을 내쉬었다. 하지만 기대에 부응하지 못하고 있다는 생각에 나는 마음이 너무 아팠다. 그리고 겸허한 마음도 생겼다.

누군가로부터 내가 잘 못하고 있다는 소리를 들으면 견디기가 정말 힘이 든다. 나는 그걸 바로 잡고 싶었다. 나는 이전보다 더 많이, 더 오래 연습에 매진했다. 내 실력을 키우기 위해서는 무슨 일이든 할 각오가 되어 있었다. 2009년 시즌 초에 감독님과 면담을 가진 이후에 나는 믿음과 능력의 관계에 대해서 고민하기 시작했다. 우리는 자신의 능력이 기대에 못 미칠 때 자신에 대해서 사람들이 실망하지 않을까 걱정하기 쉽다. 또한 우리는 이런 논리를 우리와 하나님의 관계에 똑같이 적용한다. 하지만 하나님은 우리의 능력과는 관계없이 우리를 한결같이 사랑하신다. 우리가 이런 진실을 받아들인다면 우리는 실패에 대한 두려움에서 벗어날 수가 있다. 하나님이 우리를 더 사랑하거나, 또는 덜 사랑하도록 만드는 비법 같은 것은 없다. 우리에 대한 하나님의 사랑은 변함이 없다. 내가 잘 하건 잘못 하건 하나님은 변함이 없으시다. 나는 이런 사실을 감독님과의 면담 때 떠올리고 싶었고, 일상생활에서도 매일같이 떠올리려고 한다.

내가 최악의 경기를 펼치고 있을 때에도 하나님이 나와 함께 계시다고 생각하면 말할 수 없는 편안함이 찾아온다. 예수님 덕분에 나는 아직도 구원을 받고 있다. 아무도 그 사실을 바꿀 수는 없다. 하나님이 나를 사랑하시는 것은 내가 그럴 만한 자격이 있어서가 아니라, 하나님은 바로 그런 분이시기 때문이다. 아무튼 우리는 늘 하나님의 사랑이 우리의 능력에 달려 있다는 잘못된 확신을 가지고 있다. 하지만 실제로는 우리의 성취 또는 실패 때문에 하나님의 진면목이나 하나님이 자신의 자녀들을 대하는 방식이 전혀 달라지지 않는다. 각자 주어진 임무를 잘 하든 못하든(나의 경우, 내가 완봉승을 거두든 홈런 여섯 개를 맞든), 하나님 안에 머무르는 우리 가치는 변함이 없다. 이를 제대로 이해하기 전까지는 우리는 절대로 평화와 기쁨을 맛볼 수 없을 것이다. 일에서 기대에 못 미친다고 느낄 때마다 우리는 늘 사람들이 더 이상 자신을 좋아해 주지 않을 거라는 두려움에 떤다. 그렇게 되면 우리는 실제로 기대에 못 미치게 된다.

시도와 실패는 우리의 가치와 전혀 무관하다. 시도와 실패는 우리의 삶을 지탱하는 뼈대가 되어 주고, 우리를 하나님이 원하는 사람으로 바뀌도록 도와준다. 그래서 나는 나를 무릎 꿇게 만들고 또한 겸손하게 만들었던 힘든 시절을 결코 후회하지 않는다. 그 덕분에 나는 하나님의 말씀에 귀 기울이고, 하나님의 뜻을 따를 수 있었기 때문이다. 이제 나는 내 가치가 실력이나 성취에 좌우되지 않는다는 것을 잘 안다. 안 좋은 투구를 하거나 경기에서 지더라도 나는 그저 내가 완벽하지 않구나 하고 다시 한 번 떠올릴 뿐이다. 하나님의 무한한 사랑을 깨닫기 위해서 우리는 그런 실패와 좌절의 순간들이 필요하다. 결국 하나님은 최고의 감독님이나 마찬가지시다.

엘런과 나는 아프리카에서 하나님의 무한한 사랑을 다시 한 번 깨달았다. 내게 익숙한 생활을 벗어나 잠비아 고아들의 절실한 상황을 직접 경험해보니, 이 고아들에게는 우리가 전부가 될 수 없겠다는 충격을 받았다. 가난에 찌든 마을을 지나가면서 나는 엘런이 왜 이곳 아이들을 볼 때마다 가슴이 아픈지 이해했다. 나는 엘런과 같은 일을 해보고 싶었다. 하나님이 아무리 우리가 예수님의 모습에 다가갈 수 있도록 힘든 시기를 겪으라고 미리 정해두셨다고 해도, 이 아이들조차 외면하면서 어떻게 우리가 다른 일을 소망할 수 있을까? 우리는 들뜬 마음으로 계속 아프리카 선교활동을 하고 있다. 하나님의 손길이 크게 미치고 있다는 걸 알기 때문이다. 하지만 우리가 만나는 아이들을 구원할 수 없다는 걸 생각하면 힘이 든다. 우리는 아이들의 마음을 바꿀 수는 없다. 우리가 할 수 있는 일은 아이들에게 우리보다 더 많은 일을 해주실 수 있는 분, 즉 예수님을 알려주는 것이다. 아프리카에서 사람들의 고통과 절실함을 보면 강렬한 감정이 밀려온다. 우리는 더 많은 걸 해주고 싶지만, 그건 우리 소관이 아니다. 하지만 하나님은 모든 일을 다 주관하고 계시고, 모든 사람들의 삶과 마음을 알고 계신다. 하나님께서 아프리카 아이들과 늘 함께 하고 계신다는 생각을 하면, 다시 미국에 있는 집으로 돌아오는 발걸음이 한결 가벼워진다.

하나님은 자비롭게도 우리가 만능이 아니라는 사실을 일깨워 주신다. 야구 경기에서 내가 늘 최상의 투구만 할 수는 없다. 내가 잘 못하는 순간에도 하나님은 늘 변함없으시다. 그래서 나는 경기가 잘 안 풀리는 경우에도 이겨 나갈 수 있다. 아프리카 어린이의 가슴 아픈 사연을 들을 때도 마찬가지다. 하나님은 힘든 현실을 통해서 내가 하나님께 계속 의지하도록 만드신다. 야고보서에는 하나님이 내리신 시험에 관한 구절이 있다. 나는 어려운 시기를 견딜 때 이 구절을 들여다보고 힘을 얻는다.

내 형제들아 너희가 여러 가지 시험을 당하거든 온전히 기쁘게 여기라 이는 너희 믿음의 시련이 인내를 만들어 내는 줄 너희가 앎이라 인내를 온전히 이루라 이는 너희로 온전하고 구비하여 조금도 부족함이 없게 하려 함이라 (야고보서 1:2-4)

시험을 기쁘게 받아들이라는 말이 조금은 이상하다. 어떻게 이런 일이 가능할까? 야고보는 우리가 시험을 받고 있을 때도 기뻐할 수 있다는 사실을 우리에게 깨우쳐 주려 했다. 하나님은 우리를 시험하시어 우리의 믿음이 더욱 신실해지도록 하시기 때문이다. 우리는 보통 성숙이란 모든 것을 이해하는 것이라고 착각을 한다. 하지만 야고보는 우리가 모든 것을 다 이해할 수는 없다고 말한다. 우리가 진정으로 부족한 사람이라는 사실을 깨달을 때, 그때 비로소 우리는 성숙해지는 길로 나아갈 수 있다. 인생에서 시험을 당할 때 우리는 우리가 하나님께 의지하고 있다는 사실을 떠올린다. 시험을 만남으로 해서 우리는 경험하고, 겸손해지고, 특별한 방식으로 성장한다. 성공과 시험을 통해서 하나님은 우리가 예수님께 다가가도록 이끄신다. 물론 우리가 성공했을 때 하나님께 감사하기란 쉬운 일이다. 우리는 누구나 어느 분야에서든 잘 하고 싶어 한다. 하지만 나는 시험 역시 성공만큼 중요하다는 사실을 배워가고 있다.

감독님께서 2009년에 내가 뛴 경기들을 다시 한 번 잘 생각해보라고 조언해주셨을 때, 나는 그 첫 시즌을 쓰라린 시련으로 받아들였다. 하지만 시간이 지나면서 하나님은 천천히 그 시험의 이유를 나에게 알려

주셨다. 이제 나는 그때의 시련을 정말 감사하게 생각한다. 나는 그 시기에 내 자신과 하나님에 대해서 많이 배웠다. 시험을 당할 때 우리가 소중하게 여기고 사랑하는 대상이 무엇인지가 잘 드러난다. 그건 좋은 일이지만, 그 대상이 잘못된 경우가 너무나 많다. 만약 내가 그때 감독님의 조언에 완전히 주눅 들었다면 내가 최우선으로 생각하는 가치가 하나님이 아니라 야구라는 게 분명히 드러났을 것이다. 나는 야구를 분명 사랑하지만, 야구를 숭배하지는 않는다. 내가 숭배하는 대상은 오직 하나님뿐이다.

나는 지난 몇 년간 있었던 일들에 대해 이루 말할 수 없는 감사함을 느낀다. 여러 가지 시험 덕분에 나는 많이 성숙해졌다. 인생은 시험의 연속이고, 우리는 어쩔 수 없이 시험과 맞서야 한다. 하지만 시험은 우리가 자기 자신을 더 많이 들여다볼 수 있는 좋은 기회이고, 궁극적으로는 하나님에 대해서 더 많이 알 수 있는 훌륭한 기회다. 하나님은 우리가 시험을 당할 때에도 늘 우리와 함께 하신다. 우리를 사랑하는 하나님은 우리가 안주하도록 내버려 두지 않으신다. 지금 시험을 당하고 있든 아니면 성공 가도를 달리고 있든, 나는 하나님이 지금 하고 계신 일을 환영하라고 말해주고 싶다. 하나님을 믿고, 시험이 우리가 예수님의 모습에 더 가깝게 다가가는 계기가 된다는 사실을 기억하기 바란다. 겸손해지고, 굴욕을 참는 일은 절대 쉽지가 않다. 하지만 우리는 만능이 아니라는 사실을 기억하자. 그리고 그 사실을 하나님은 늘 우리에게 상기시켜 주신다.

23

스물한 살, 그리고 플레이오프

클레이튼 커쇼

내 고3 시절은 딱 세 가지로 정의할 수 있다 — 탁구, 엑스박스 그리고 야구. 우리는 늘 로버트의 집에서 '할로Halo' 게임을 하거나, 디켄슨의 집에서 탁구를 치며 놀았다. 친구들은 보통 나를 느긋한 사람이라고 생각하지만, 내가 라켓을 잡으면 사정은 완전히 달라진다. 나는 어릴 때부터 탁구로 우리 동네를 주름잡았다. 고3이 돼서도 내 탁구 실력은 어린 시절만큼 뛰어났다. 고3 시절은 나와 친구들에게 찬란한 시기였다. 하지만 아쉽게도 우리들은 인생의 다음 단계로 나아가야만 했다.

고등학교를 졸업하자마자 순식간에 많은 변화가 일어났다. 엘런은 졸업식 바로 다음 날 텍사스 주의 칼리지 스테이션으로 계절 학기를 들으러 떠났고, 나도 곧 이어 꿈에 그리던 프로 무대에 서기 위해 비행기에 올랐다. 하나님 덕분에 나는 프로 선수가 되었다. 하지만 마이너리그 생활도 마치 공기 주입식 침대에 바람이 빠지듯 순식간에 지나갔다. 나는 곧 다저스 유니폼을 입었다. 눈 깜짝할 사이에 나는 스포츠 뉴스에서만 보던 타자들과 상대하고 있었다. 어릴 때 그들의 타격을 따라하던 내가 이제는 그런 타자들에게 삼진을 뺏으려고 애를 쓰고 있었다. 겉으론 차분해 보였을지 몰라도 손에 땀이 끈적끈적하게 배어 있었다. 내 안에는 메이저리그 선수가 되리라고는 꿈에도 생각하지 못했던 어린 시절의 내가 자리 잡고 있었다.

메이저리그에 올라와서 처음 보낸 2년은 정말 환상적이었다. 조 토레 감독님과 시작한 첫 시즌은 평생 잊지 못할 것이다. 감독님은 내게 잠재력이 있다고 생각하셨지만, 그렇다고 절대 재촉하지는 않으셨다. 그리고 감독님께서 경기 때마다 나를 적당한 시기에 교체해주신 덕분에 나는 팔을 혹사하지 않을 수 있었다. 물론 고집이 센 나는 계속 던질 수 있다고 감독님께 우기기도 했지만, 나는 감독님을 믿었다. 최고의 타이밍이 언제인지 그 누구보다 잘 아는 분이셨기 때문이다. 지금 와서 드는 생각이지만 감독님의 안목은 정말 뛰어나셨다. 조 토레 감독님의 지도 아래 LA 다저스는 2년 연속 플레이오프에 진출했고, 나는 그 모든 과정을 함께 했다. 신인으로 처음 플레이오프를 경험하게 된 나에게 감독님은 구원투수라는 중책을 맡기셨다. 신인치고는 정말 대단한 경험이었다. 당시 우리 팀의 포스트시즌 진출은 정말 엄청난 일이었다. 그간 한 번도 포스트시즌에 진출한 경험이 없는 선수들이 하나로 똘똘 뭉쳐 마침내 포스트시즌에 진출하게 됐을 때 느꼈던 감동이란 말로 표현하기가 힘들 정도다. 포스트시즌은 정말 가을 야구가 무엇인지 제대로 느끼게 해주었다.

내 친구들 대부분은 그 해 다채로운 대학생활을 만끽하며 스물한 살 생일 파티를 치렀다. 반면 나는 스프링 캠프 와중에 21번째 생일을 맞았다. 그 날, 태어나서 처음으로 술도 마셨다. 나는 그때까지 내 나이를 최대한 감추려고 애를 썼지만, 결국 동료들에게 들통 나고 말았다. 우리 팀 선수들은 까마득하게 어린 내 나이와 아직도 변성기가 끝나지 않았다는 사실에 놀라움을 감추지 못했다. 정식으로 스물한 살이 되었지만 그때까지도 나는 팀 내에서 막내였다. 21번째 생일날은 기억에 많이 남는다. 나는 그 날 투수로 출전한 것은 물론이고 타석에서 홈런까지 때려냈다. 스프링 캠프에서 때린 홈런도 정식 기록으로 인정해준다면 얼마나 좋을까! 내 생일이 있은 지 불과 몇 주 후에 나는 조 토레 감독님으로부터 식사 초대를 받았다. 감독님은 나와 함께 구단 전용 비행기를 타고 로스앤젤레스로 가서 같이 만찬에 참석하자고 하셨다. 전용 비행기 안에서 나는 전설적인 다저스 투수 샌디 쿠팩스Sandy Koufax를 만났다. 나는 영광스럽게도 그와 대화할 기회를 얻었고, 그 분이 화려한 메이저리그 생활을 하면서 얻은 교훈을 옆에서 직접 들을 수 있었다. 내가 그렇게 전설적인 선수를 직접 만나보고 같이 대화도 나누다니, 도저히 믿을 수가 없었다.

그 해 가을에 우리는 다시 한 번 플레이오프에 진출했다. 나는 챔피언십 시리즈 1차전 선발투수로 뛰게 되었다. 1차전 상대는 필라델피아

필리스였고, 선발 투수는 콜 해멀스Cole Hamels였다. 1차전 경기는 언론의 집중적인 조명을 받았다. 월드 시리즈에 진출하기 위한 명문 구단 두 팀 간의 치열한 격돌이 예상됐기 때문이다. 해멀스를 상대로 플레이오프 1차전 선발 투수로 나선다는 사실이 꿈만 같았지만, 나는 그럴 만한 자격이 된다고 스스로를 북돋웠다. 그때는 잘 몰랐지만 이제 나는 언론에서 하는 말을 걸러들을 줄 알 만큼 지혜가 생겼다. 언론의 지나친 관심은 선발 투수에게 항상 독이 되는 법이다. 당시 스물한 살에 불과했던 나에게는 두 말 할 필요도 없었다. 필라델피아와의 1차전이 점점 다가오는 가운데, 나는 내가 맡은 임무에만 집중하고 최대한 언론에 대해 신경 쓰지 않으려고 노력했다.

나는 뱃속부터 떨려오는 짜릿함과 주체할 수 없는 흥분을 느끼며 1차전 마운드에 올랐다. 내가 시즌 중 저녁 경기에 나설 때마다 느끼는 바로 그런 기분이었다. 나는 그때 어떤 상황이 벌어져도 다 처리할 수 있다는 상당한 자신감이 있었다. 이 기회를 잘 살려야겠다는 설렘도 있었다. 하지만 현실은 냉혹했다. 나는 그 날 필라델피아 타자들에게 난타를 당했고, 볼넷도 여러 차례 허용했다. 그리고 나도 모르는 사이에 나는 마운드에서 내려와 있었다. 경기를 지배한 해멀스는 승리 투수가 된 반면, 나는 패전 투수가 되었다. 그리고 며칠 후에 우리 팀은 챔피언십 시리즈에서 탈락하고 말았다.

무대에 올라 스포트라이트를 받았지만, 나는 팀에 승리를 안겨주지 못했다. 나는 그때 또 한 번 겸손해졌다. 그 날 패배하기 전까지는 잘 깨닫지 못했지만, 나는 당시 엄청난 중압감을 받고 있었다. 모든 사람들이 나를 지켜보고 있었고, 내가 생각한 것 이상으로 나에게 많은 기대를 걸고 있는 것 같았다. 경기에 패한 나는 내가 팀 동료는 물론이고 모든 사람들을 실망시켰다는 자괴감에 빠졌다. 내가 실력을 발휘해야 하는 순간에 제대로 하지 못했다는 실망감이 밀려왔다.

플레이오프에서의 첫 패배 이후에도 내가 최악의 투구를 한 경기가 적지 않다. 하지만 그 해 포스트 시즌에서 얻은 교훈 덕분에 그 이후에는 패하는 경기가 있을 때에도 마음을 잘 다스릴 수 있었다. 나는 야구를 하면서 겪는 이 모든 시련을 내가 원하는 투수, 그리고 내가 바라는 사람이 되기 위한 과정의 일부라고 생각한다. 성숙해지는 데는 그 끝이 없다. 따라서 최악의 상황은 오히려 내게는 약이 된다. 실패를 계기로 해서 더욱 겸손해지고 더 많은 노력을 기울일 수 있기 때문이다. 나는 가끔씩 하나님이 "클레이튼, 인생을 다 이해하려고 하지는 말거라" 하고 그만 상기시켜 주셨으면 하고 바랄 때도 있다. 하지만 그건 정말 좋은 태도다. 플레이오프 필라델피아 전에서 내가 패전 투수가 되었을 때, 내 나이는 겨우 스물한 살이었다. 어린 나이에 부족한 점이 많았지만, 그만큼 배울 수 있는 시간도 많았다. 그때 나는 인생을 다 알고 있지도 않았고, 인생을 다 알고 있다고 스스로를 납득시킬 필요도 없었다.

하나님이 늘 겸손함이 무엇인지 알려주셔서 너무 감사하다. 내가 겪는 모든 시련들 덕분에 나는 늘 하나님께 의지할 수 있다. 사람들은 흔히 하나님은 우리가 감당할 수 없는 시련은 안 주신다고 생각한다. 하지만 내 생각은 조금 다르다. 만약 내 앞에 감당할 수 있는 일들만 닥친다면, 그냥 내 힘으로 그 시련을 극복하면 된다. 그럴 경우 하나님이나 하나님의 은혜를 구할 필요도 없어진다. 내가 감당할 수 있느냐가 중요한 것이 아니라 하나님이 내게 얼마나 필요한 존재인지를 깨닫는 게 중요하다. 따라서 나는 큰 무대에서 경기를 망쳤을 때에도 하나님 없이 내 힘만으로 모든 것을 해결할 수 없다는 사실을 다시 한 번 떠올릴 뿐이다. 실망스럽게 들릴지도 모르겠지만, 솔직하게 그게 내 진심이다. 나 역시 하나님은 내가 감당할 수 없는 시련은 안 주실 거라고 굳게 믿는다. 하나님의 도움만 있다면 말이다. 내겐 예수님만 계시면 충분하다. 예수님의 도움 없이 내가 이룰 수 있는 일은 아무 것도 없다.

나는 아직도 내 자신이 성장하는 시간을 보내고 있다고 생각한다. 수년간 메이저리그에서 잔뼈가 굵은 타자들을 상대로 제대로 공을 던지려면 상당한 시간이 필요하다. 나는 야구 선수로서 앞으로도 끊임없이 갈망하고, 열심히 노력하고 싶다. 열심히 노력할 대상이 있다는 사실 그 자체가 축복이다. 나는 야구 선수로서 최선을 다해서 노력하고, 거기에 완전히 몰두할 수 있어서 너무 감사하다. 우리는 자기가 하는 일에서 큰 목적과 가치를 발견한다. 일로 한 사람을 평가할 수는 없지만, 일은 한 사람을 평가하는 중요한 잣대가 된다. 나는 늘 최선을 다한다. 나는 야구 선수이기 이전에 하나님께 영광을 돌리고자 하는 한 인간이기 때문이다.

나는 요즘 플레이오프에서 뛰는 일이 얼마나 드문 기회인가를 새삼 깨닫는다. 10년에 한 번 올까 말까 한 그런 기회를 잡은 선수는 경기에서 이기기 위해서 젖 먹던 힘까지 발휘해야 한다. 나는 플레이오프에서 승리한 경기는 물론이고 아쉽게 패한 경기에 대해서도 늘 감사하게 생각한다. 패배한 경기들 덕분에 승부욕이 강한 나도 겸손해질 수 있었다. 스물한 살의 나이로 플레이오프에 출전한 건 정말 놀랄 만한 사건이었다. 정규 시즌과 플레이오프를 거치면서 나는 하나님이 승리와 성공만큼이나 패배와 시험을 사용하신다는 교훈을 얻었다. 우리가 시험을 당할 때 우리는 구주이신 하나님을 찾게 된다. 하나님이 최악의 순간에서도 미덕을 가져다주신다는 사실을 깨달으려면 그냥 예수님의 삶을 떠올려 보면 된다. 십자가에 못 박히신 예수님은 그때 크게 패배한 것 같았으나 그 고통을 딛고 죄와 죽음을 뛰어넘어 마침내 승리하셨다. 하나님께서 십자가를 통해서 예수님께 승리를 안겨주신 것과 같이, 하나님은 인생의 시험을 통해서 우리에게 미덕을 선사해 주신다.

경기에서 이기기도 하고, 또 지기도 하면서 긴 시즌을 보내고 나면 달콤한 오프 시즌이 찾아온다. 찬란했던 고등학교 시절은 지나갔지만, 아직도 그 시절 친구들은 그대로다. 시즌이 끝나면 나는 늘 고향 댈러스로 가서 고등학교 친구들을 만난다. 우리는 지금도 모이면 로버트의 집에서 '할로' 게임을 즐긴다. 물론 디켄슨의 집에 들러 왁자지껄하게 탁구 대결을 벌이기도 한다. 친구들이 도발적인 말을 해오기도 하지만, 내 탁구 실력이 어디 가겠는가!

24
그들도 하나님을 볼 수 있기를
엘런 커쇼

나는 지금까지 내 나이 또래의 친구들보다는 야구 경기를 훨씬 더 많이 관전했다. 클레이튼과 사귄 이후로 클레이튼이 뛰는 모습을 9년 동안 계속 지켜봐왔으니 말이다. 클레이튼을 만나기 전에도 나는 내 남자형제들이 야구 경기를 할 때마다 경기장에 응원을 갔었다. 이렇듯 야구는 내 인생에서 많은 부분을 차지하고 있다. 이렇게 오랜 세월 동안 야구를 봐 왔으면서도 야구에서 내가 가장 좋아하는 대상은 경기 그 자체가 아니다. 야구 경기를 보고 즐기는 일은 물론 재미가 있지만, 내가 가장 흥미를 느끼는 부분은 따로 있다. 바로 클레이튼이 경기하는 모습을 지켜보는 일이다.

고등학생 때까지만 해도 나는 앞으로 내 인생이 누군가의 선발 경기 일정과 투구 수를 중심으로 돌아갈 것이라고는 상상도 못했다. 물론 클레이튼의 등판 경기를 지켜보는 일이 마치 내 직업처럼 될 거라는 생각도 전혀 하지 못했다. 클레이튼은 아주 조용하고 침착한 사람이다. 어떤 경우에도 감정 기복이 심하지 않다. 나는 그래서 너무 감사하다. 우리 가족들도 잘 알다시피 나는 너무 들떠 있는 성격이기 때문이다. 성격상 우리 두 사람은 완벽한 조화를 이루고 있다. 클레이튼이 경기가 있는 날이면, 우리 집은 매우 조용한 편이다. 아침에 일어나서 아침을 먹고 경기장에 출발하기 전까지 둘이서 시간을 보낸다. 평소에 차분한 클레이튼은 경기 당일 아침에는 더욱 말수가 없어진다. 클레이튼은 그날 경기에 최대한 온 정신을 집중한다. 그러면 아무래도 떠들썩한 미디어에 신경을 뺏기지 않게 된다. 게다가 클레이튼은 자기가 정말 좋아하는 일을 하고 있기 때문에 긴장할 이유도 없다. 클레이튼은 내가 모는 차로 경기장으로 가면서 이 점을 내게 다시 한 번 확인시켜 준다. 우리는 차 창문을 내리고 클레이튼만의 특별한 의식 — 괜찮은 비욘세 노래 몇 곡을 목이 터져라 부르는 — 을 함께 즐긴다. 클레이튼은 항상 잘 해낼 것 같아 보이기 때문에 나도 클레이튼처럼 편안한 마음을 가지려고 노력한다.

클레이튼이 경기를 위해 마운드에 올라설 때마다 나는 나도 모르게 클레이튼과 똑같은 기도를 한다. 지금은 어쩌면 일상이 된 것 같다. 하지만 그것 이상으로 내 기도가 현실이 되길 바라는 마음이 더 크다. 나는 항상 감사로 기도를 시작한다. 클레이튼과 나는 항상 하나님이 주시는 온갖 좋은 선물에 대해서 이야기한다(야고보서 1장 17절 참조). 우리가 삶에서 얻는 모든 좋은 것들은 예외 없이 하나님으로부터 온다. 클레이튼이 받은 선물은 바로 야구 재능이다. 클레이튼은 완벽한 선수가 되려고 늘 열심히 노력하지만, 결국 가장 중요한 점은 그 재능이 하나님으로부터 왔다는 사실이다. 이런 진실을 말하려고 클레이튼의 야구 재능에 대해서 잠깐 언급했다. 하나님은 자녀들에게 늘 좋은 선물을 주신다. 그렇기 때문에 나는 하나님께 클레이튼의 재능으로 인해서 많은 사람들이 하나님을 향하게 해달라고 기도한다. 나는 또한 클레이튼이 공을 던지고, 경기장에서 보여주는 모습을 통해서 그의 경기를 시청하는 사람들도 하나님의 모습을 볼 수 있기를 기도한다. 이 세상에 아무도 완벽한 사람은 없으며, 경기를 망치고 기분 좋은 사람도 없다. 하지만 그런 시련이 왔을 때조차도 클레이튼이 하나님의 칭찬을 받을 만큼 현명하게 행동할 수 있도록 도와달라고 나는 하나님께 기도한다. 클레이튼 역시 자신이 그럴 수 있기를 늘 바란다.

하나님께 영광을 돌리기 위해 이 세상 모든 만물은 탄생했다. 한 번이라도 이렇게 생각해본 적이 있는가? 실제로 자연은 언제나 하나님께 영광을 돌리고 있다. 사나운 파도 앞에 서 있을 때나 눈이 쌓인 콜로라도 산봉우리들의 웅장한 모습을 바라볼 때, 나는 그 사실을 분명하게 깨닫는다. 하나님은 이 세상을 너무나 아름답고 완벽하게 만들어 놓으셨기 때문에 우리는 그것을 보고 하나님을 찬양하지 않을 수가 없다. 성도들 또한 하나님께 영광을 돌린다. 성도들은 하나님께서 만드신 피조물 중에 최고의 작품이기 때문이다. 하나님이 주신 인생의 꿈과 목적에 따라 열심히 사는 믿음의 사람들을 보면 이를 분명히 알 수 있다. 글을 쓰는 내 언니도, 지역 사회를 위해 봉사하는 우리 부모님도 하나님께 그 영광을 돌린다. 하나님은 자녀들에게 열정과 꿈을 주심으로써 결국 사람들에게 더욱 각광을 받으신다.

아프리카에 가서 이런 진실을 직접 체험한 이후로 내 가치관은 완전히 달라졌다. 나는 지금까지 하나님 안에서 그토록 기쁘고 만족하며 삶에 감사하는 사람들을 만나본 적이 없다. 잠비아 사람들도 내 안에서 하나님의 모습을 볼 수 있기를 소망한다. 나는 잠비아 사람들 안에 있는 하나님의 모습을 보고 나서 큰 변화를 겪었다. 하지만 하나님께 영광을 돌리려고 굳이 아프리카까지 갈 필요는 없다. 로스앤젤레스든 미국의 또 다른 도시에서든 클레이튼은 늘 마운드에서 자기 자리를 지킨다 — 그때마다 하나님은 영광을 받으신다. 나는 클레이튼이 공을 던질 때마다 하나님이 영광을 받으시길 기도한다. 팀이 이기는 것도 좋지만, 하나님께 영광을 돌리는 일은 훨씬 더 중요하다. 그것이 어떤 일이든 하나님께 영광을 돌릴 수 있는 일이 되어야만 한다.

사람들은 열정을 가지고 있는 사람에게 매력을 느낀다. 역사를 살펴봐도 그것은 너무나 당연한 이야기다. 열정적인 사람들은 늘 화제가 된다. 간혹 열정과 열의가 엉뚱한 방향으로 나아가면 전쟁과 같은 끔찍한 일이 벌어지기도 한다. 하지만 다른 때에는 열정이 있다는 사실은 우리 곁에 하나님이 자리하고 계심을 나타내는 증거이다. 클레이튼은 그 누구보다 야구를 사랑한다. 클레이튼은 야구를 하는 모든 순간을 사랑하기 때문에 야구를 한 번도 '일'로 생각해본 적이 없다. 클레이튼은 야구를 할 때 지겨움이 아니라 어마어마한 기쁨을 느낀다. 사람들은 우리가 각자 자기가 하는 일을 사랑하는 것을 알고 질문을 던지기 시작한다. 사람들은 우리가 어떤 소망이 있는지를 먼저 묻는다. 우리 사회에서는 자신의 열정을 기쁜 마음으로 좇는 사람을 특이하게 생각하기 때문이다. 나는 클레이튼이 늘 기쁜 마음으로 야구를 하길 기도한다. 클레이튼은 하나님이 주신 목적 그대로 살고 있기 때문이다. 나는 늘 골로새서 1장 10절의 사도 바울의 기도를 떠올린다. "주께 합당하게 행하여 범사에 기쁘시게 하고 모든 선한 일에 열매를 맺게 하시며 하나님을 아는 것에 자라게 하시고" 우리가 주께 합당하게 행하는 길을 갈 때 사람들은 우리를 통해서 예수님을 보게 될 수밖에 없다. 나는 사람들이 클레이튼이 야구하는 모습을 통해서 예수님을 볼 수 있기를 기도한다.

하나님은 모든 사람과 사물을 사용하여 우리가 하나님께 더 가깝게 다가가도록 이끄신다. 나에게는 클레이튼의 경기를 지켜보는 일이 그 중 하나다. 아프리카에서 하나님이 클레이튼과 야구를 사용하여 아이들을 하나님 가까이 다가가도록 이끄신 일은 정말 믿어지지가 않았다. 잠비아 어린 아이들과 클레이튼이 캐치볼을 하는 장면에서 나는 하나님이 임하고 계심을 보았다. 나는 그 아이들 또한 하나님의 모습을 볼 수 있기를 기도했다. 하나님은 늘 우리와 우리의 재능을 사용하여 큰 목적을 이루게 하신다. 가장 큰 목적 중의 하나는 바로 하나님께 영광을 돌리는 일이다. 클레이튼이 경기를 하는 동안 나는 늘 관중석에서 클레이튼을 지켜본다. 만족스럽게 경기를 지켜볼 때도 있고, 경기가 연장전까지 안 가길 바랄 때도 있다. 물론 로스앤젤레스에 사는 나로서는 사람들이 나를 알아주길 바란다. 하지만 내가 매번 똑같은 기도를 드린다는 건 확실하다. 그건 바로 다저스의 승리다. 그렇지만 사람들이 클레이튼의 경기하는 모습 속에서 하나님을 볼 수 있기를 나는 더 간절히 기도드린다.

25
하나님을 가까이 하라

엘런 커쇼

우리는 매일같이 만남과 헤어짐을 반복한다. 만나는 사람 중에는 잠시 나와 시간을 같이 하는 사람도 있고, 평생을 함께 하는 사람도 있다. 드문 경우이긴 하지만, 처음 만나는 사람인 데도 마치 평생 알고 지낸 사람처럼 친숙한 얼굴을 만나게 되는 경우가 있다. 이럴 때면 시간과 공간은 전혀 중요하지 않은 것처럼 보인다. 마음이 하나로 통하는 느낌은 부정할 수 없다. 나는 아프리카에서 호프를 처음 만났을 때 바로 그런 기분을 느꼈다. 우리의 만남은 이제 겨우 시작이지만, 호프는 이미 내 인생을 완전히 바꾸어 놓았다.

나는 2010년 여름에 아프리카를 네 번째로 방문했고, 그때 처음으로 호프를 만났다. 당시 열 살이던 호프는 나이가 실제보다 훨씬 더 많아 보였다. 호프는 잠비아에서 태어난 고아다. 내가 처음 호프와 만났을 때, 호프는 고개를 푹 숙이고 등은 구부리고 있었다. 호프는 내 얼굴을 안 쳐다보려고 했고, 내 앞에서 웃는 것조차 부끄러워 할 정도로 수줍음이 많았다. 호프는 그 수많은 아이들 중에서 유독 내 눈을 사로잡았는데, 아직도 그 이유는 확실히 모르겠다. 호프는 눈이 너무 많이 부어 있어서 눈을 제대로 뜰 수도 없었다. 호프를 간호사에게 데려간 후에야 나는 비로소 새로운 내 친구에 대해 더 많이 알 수 있었다. 호프의 바짓가랑이를 들어 올리자 다리에 있는 무시무시한 상처가 드러났다. 몇 가지 검사를 해본 결과 에이즈 양성 반응이 나왔다. 불행하게도 잠비아에서는 이런 일이 매일 밥 먹듯 일어나고 있다.

잠비아 고아들은 우리들이 헤아리기 어려울 만큼 지독한 질병과 가난, 고통과 상실을 겪고 있다. 그들은 일상처럼 고통을 느끼고, 죽음은 다반사로 일어난다. 이 아이들은 희망과 사랑, 그리고 기쁨이 뭔지 모른다. 고아로 태어난 아이들은 아무 감정 없이 살아가는 법을 터득했다. 하지만 내가 아프리카를 방문한 지 4년째인 지금, 아이들은 예수님이라는 복음을 접한 뒤로 생기를 되찾았다. 처음으로 하늘에 계신 아버지의 목소리를 들은 아이들의 가슴에 불이 활활 타오르는 것을 나는 많이 지켜봤다. 그리고 부모를 잃은 아픔을 서로 보듬어 안는 아이들의 모습을 보면서 하나님이 아이들의 상처를 치료하고 계심을 보았다. 자신의 아픔을 아무리 외면하려 해도 절대 그럴 수 없는 존재가 바로 우리 인간이다. 이런 이유로 우리 모두는 변함없는 뭔가를 꼭 붙잡고 싶어 한다. 하나님 덕분에 나는 이 아이들이 예수님에 대한 믿음을 굳세게

220

지키는 모습을 바라보고 있다. 어떻게 하면 우리도 어린 아이처럼 믿음을 굳건하게 지킬 수 있을까? 호프 같은 아이들을 만나고 난 후에 나는 잠비아 아이들처럼 굳센 믿음을 갖게 해달라고 하나님께 기도한다.

호프를 처음으로 본 지 몇 분 지나지 않아서 호프가 에이즈에 걸렸다는 걸 알았지만, 그 소식을 접한 나는 마치 호프의 오랜 친구처럼 가슴이 너무 아팠다. 고아들은 에이즈 감염 여부를 확인하기 어려운 게 잠비아의 슬픈 현실이다. 호프가 에이즈에 감염됐다는 말을 들었을 때, 갑자기 까닭 모를 슬픔이 북받쳐 올랐다. 나는 내가 만난 고아들 대부분이 에이즈에 감염됐다는 사실을 이미 알고 있었다. 하지만 아이가 아무 잘못도 없이 얻은 병 때문에 평생 고통 받아야 한다는 사실을 알게 된 나는 태어나서 처음으로 한 아이의 두 눈을 주의 깊게 들여다보았다. 나는 이렇게 어린 아이들이 전염병으로 고통 받는 현실에 화가 났다. 기도와 선교활동, 고아를 돕는 일보다 더 급한 일은 이 세상에 없다고 생각했기 때문이다. 다음 날, 한 시간 넘게 시간을 같이 보낸 호프와 나는 예수님에 관해서 이야기했다. 가장 힘들었던 점은 내가 호프의 부족 언어인 냥가Nyanga어를 한 마디도 못한다는 사실이었다. 나는 내 말이 호프에게 분명하게 전해지고, 하나님이 호프의 마음을 움직여서 호프가 복음을 듣게 되길 기도했다. 호프는 하늘에 계신 아버지에 대한 개념조차 이해하기가 힘들었다. 우리는 서로의 말뜻을 몰라 우스꽝스러운 장면을 연출하기도 했다. 그러다가 우리 두 사람은 동시에 에반지 큐브Evange Cube를 쳐다봤다. 에반지 큐브는 복음을 쉽고 빠르게 전하기 위해 만들어진 복음전도용 도구다. 에반지 규브의 그림을 보고 있던 호프에게 갑자기 어떤 생각이 번뜩 떠오른 것 같았다. 호프는 냥가어와 손짓으로 자기가 이해한 복음에 대해서 나에게 설명하기 시작했다. 나는 그 장면을 눈물을 글썽이며 바라보았다. 단순하지만 충격적인 진실을 깨달은 호프는 자신의 인생에서 자유를 얻었다. 예수님은 호프를 중요한 사람으로 만드셨다. 예수님께서 호프를 사랑하고, 그녀의 죄를 씻기 위해 돌아가셨다는 복음으로 모든 것이 한 번에 달라졌다.

호프와 나는 그 후 며칠 동안 함께 지내면서 서로를 알아갔다. 다른 잠비아 사람들의 도움을 받은 우리는 치료가 절실한 호프를 도울 수 있는 방법을 찾기 시작했다. 호프를 처음 만난 이후로 나는 호프가 정말 많이 달라졌음을 느낄 수 있었다. 이제 호프는 여느 아이들보다도 잘 웃고, 사람들과 쉽게 포옹한다. 유머 감각이 뛰어난 호프는 친구들로부터 사랑을 한 몸에 받고 있다. 호프는 어떻게 복음이 한 생명을 통째로 변화시킬 수 있는지를 보여주는 아름다운 사례다. 하나님을 만나고 나서 호프는 태어나서 처음으로 자신이 중요한 존재라는 느낌을 받았다. 그리고 목적과 안식처도 찾았다. 환한 웃음을 짓는 호프를 보면 그 동안 호프 마음속에서 일어난 놀라운 변화를 그대로 느낄 수가 있다.

그 해 여름 잠비아를 떠날 시간이 다가오자 나는 못내 아쉬운 마음이 들었다. 매번 여름에 잠비아를 떠날 때마다 그런 아쉬움은 있었지만, 이번엔 좀 특별했다. 아이들과 작별 인사를 하면서 나는 숨이 멎는 것만 같은 큰 아쉬움을 느꼈다. 호프와 헤어지면서 나는 호프가 정신적 ·

육체적으로, 그리고 영적으로 얼마나 도움이 절실히 필요한 아이인가를 떠올렸다. 내가 호프를 위해 그런 도움을 안 준다면 아무도 호프를 챙겨주지 않을 것 같아 너무 걱정스러웠다. 그런 내 처지에 무력하고 비참한 기분이 들었다. 선교활동을 하면서 이미 나는 클레이튼에게 편지를 써서 호프의 존재를 알려주었다. 편지를 받은 클레이튼은 한 치의 망설임도 없이 자기가 나서서 호프의 후원자가 되어주고, 호프에게 필요한 지원을 아끼지 않겠다고 약속했다. 하지만 나는 그래도 뭔가가 부족하다고 느꼈다. 나는 호프에게 더 많을 걸 해주고 싶었다. 호프를 우리 집에 데려와서 호프가 원하는 걸 다 들어줄 수 없어서 너무나 안타까웠다. 그러면 클레이튼도 호프와 친해질 수 있고, 나만큼 호프를 사랑해줄 텐데 말이다. 나는 호프에게 이전과는 완전히 다른 삶을 경험하게 해주고 싶었다.

비행기를 타고 집으로 돌아오면서 나는 낙담했다. 호프를 생각하면 가슴이 너무 아파서 이 상황을 어서 빨리 바꾸고 싶었고, 심지어 상황을 통제하고 싶은 욕심마저 생겼다. 잠비아 선교활동을 하는 동안, 하나님께서는 내가 호프에 대한 더 큰 희망을 갖도록 아래와 같은 성경구절을 내 마음속에 심어주셨다.

내가 너희를 생각할 때마다 나의 하나님께 감사하며 간구할 때마다 너희 무리를 위하여 기쁨으로 항상 간구함은 너희가 첫날부터 이제까지 복음을 위한 일에 참여하고 있기 때문이라 너희 안에서 착한 일을 시작하신 이가 그리스도 예수의 날까지 이루실 줄을 우리는 확신하노라 내가 너희 무리를 위하여 이와 같이 생각하는 것이 마땅하니 이는 너희가 내 마음에 있음이며 나의 매임과 복음을 변명함과 확정함에 너희가 다 나와 함께 은혜에 참여한 자가 됨이라 내가 예수 그리스도의 심장으로 너희 무리를 얼마나 사모하는지 하나님이 내 증인이시니라 (빌립보서 1:3-8)

나는 이제 내 뜻대로 하려는 욕심을 내려놓으려고 노력하고 있다. 실제로 나 혼자 힘으로는 호프를 도와줄 수 없었다. 비행기를 타고 집으로 돌아오면서 호프의 삶에 희망의 씨앗을 뿌리고 온 것이 얼마나 멋진 일이었는지 새삼 깨달았다. 이제 하나님은 호프가 예수님의 품에 안기게 되는 날이 올 때까지 호프의 마음속에서 계속 자리하고 계실 터였다. 예수님을 호프의 인생에 들여놓은 사람은 내가 아니었다. 하나님은 호프가 태어날 때부터 늘 호프 곁에 계셨다. 나는 그저 호프에게 예수님의 존재를 알려주었을 뿐이다. 이번에는 내가 호프를 떠나도 예수님이 그녀의 마음속에 늘 계실 거라는 믿음이 생겼다. 호프에게 하나님은 항상 그 자리에 계신다는 사실을 보여준 일은 나에게 기분 좋은 특권이었다. 호프와 며칠 같이 있는 동안 나는 하나님께 가까이 가는 것에 대해서 이야기하며 호프에게 야고보서의 한 구절을 읽어주었다.

그런즉 너희는 하나님께 복종할지어다 마귀를 대적하라 그리하면 너희를 피하리라 하나님을 가까이하라 그리하면 너희를 가까이하시리라

(야고보서 4:7-8)

"하나님을 가까이하라 그리하면 너희를 가까이하시리라" 이 구절은 나와 호프 두 사람 모두가 귀담아 들어야 할 말씀이었다. 하나님의 말씀 속에는 우리가 듣기를 원하는 바가 정확하게 나와 있다. 그때 나는 하나님께서 가까이 계시다는 사실 — 나뿐만 아니라 특히 호프와 같은 잠비아에 있는 어린이들에게도 — 을 떠올릴 수 있는 문장이 필요했다. 호프뿐만 아니라 호프가 처한 상황을 내가 바꿀 수 없다는 현실을 깨달은 나는 겸손한 마음이 들었다. 나에게는 호프의 다음 끼니를 해결해 주거나 아픈 다리를 치료해줄 수 있는 확실한 해결책조차 없었다. 나는 무력감을 느끼며 집으로 가는 비행기에 올랐다. 그리고 그때 나는 무력함이 하나님 앞에서는 훌륭한 태도라는 것을 깨달았다.

우리는 흔히 스스로를 너무 높게 평가하고, 하나님을 너무 낮게 평가하는 실수를 저지른다. 나는 한때 내 스스로의 힘과 자원으로 호프를 돌보겠다는 기대를 품었다. 대서양을 건너 텍사스로 돌아오는 비행기 안에서, 나는 내가 가진 것으로도 할 수 있는 일이 많지 않다는 사실에 기운이 꺾였다. 하지만 성경 구절 하나를 곰곰이 생각해보니, 우리에게는 예수님만 계시면 충분하다는 걸 다시 한 번 깨달았다. 나는 호프와 함께 일주일 동안 읽었던 성경 구절을 다시 한 번 떠올렸다. 예수님만 계시면 충분하다! 하늘에 계신 하나님은 우리를 늘 사랑하시고, 모든 사람의 요구를 살필 능력을 가지고 계신다. 나는 이 구절과 씨름하면서 새로운 인생을 살고 있다. 비록 나는 텍사스의 댈러스에 살고, 호프는 잠비아의 루사카에 살고 있지만 하나님은 우리 두 사람의 거리를 다 덮을 만큼 충분히 크신 분이시다.

우리에게 모든 것을 제공해 주시는 하나님의 능력을 믿고 내가 하나님께 다가가면서, 나는 내가 전혀 예상치 못한 곳에서도 하나님을 발견했다. 나는 호프도 나처럼 새로운 시선으로 세상을 바라보기를 기도했다. 나는 호프가 하나님 가까이 다가가서 모든 필요를 충족시켜 주는 하나님의 존재를 깨닫게 해달라고 기도를 드렸다. 그 해 여름 하나님께 가까이 다가가는 경험은 나를 바꾸어 놓았다. 호프에 대한 하나님 아버지의 사랑은 나의 사랑과는 비교할 수 없을 정도로 깊고 넓으며, 영원하고 고귀하다. 그렇기 때문에 나는 하나님이 호프의 모든 필요를 충족시켜 주실 거라 확신한다. 이전에 나는 하나님이 호프를 보호해 주시기만 해도 좋다고 생각했다. 하지만 하나님은 내가 호프를 가르치는 와중에 내 스스로를 돌아보도록 하셨다. 하나님께 가까이 가는 것은 정말 강렬한 체험이다. 하나님은 호프에 대한 내 생각도 바꿔 놓으시고, 내가 내 삶을 바라보는 방식도 바꿔 놓으신다. 나는 하나님을 전적으로 신뢰하고, 하나님께서 내게 가까이 오신 덕분에 나는 큰 소망을 품는다.

26

마음을 다해 임하라

클레이튼 커쇼

나도 모르게 의자 끝에 앉아서 그 분의 말씀을 한 마디도 놓치지 않으려고 애를 쓰고 있었다. 그 분의 목소리는 속삭이는 것보다 살짝 큰 정도여서 나는 몸을 앞으로 기울였다. 그 분의 손이 눈에 들어왔다. 손에는 온갖 풍파를 다 겪은 세월의 흔적이 여기저기 남아 있었다. 그 손을 보면서 그 분이 농구를 하면서 얼마나 많은 공을 던졌을지 연상이 되었다. 그리고 무엇보다도 그 분이 지금까지 영감을 준 수백만 명의 사람들이 떠올랐다. 그 분은 당시 연세가 무려 아흔일곱 살이셨다. 비록 그 분은 말씀이 별로 없으신 편이었지만, 한 마디 한 마디 정말 예리하게 말씀을 하셨다.

함께 식사를 하는 동안 그 분은 자신의 경험담을 우리에게 들려주셨고, 나에게 격려의 말씀도 해주셨다. 살아있는 전설을 눈앞에 모셔두고 있으면 한 눈 팔 겨를이 없다. 그랬다가는 순식간에 귀중한 말씀을 놓칠 수도 있기 때문이다. 그 분은 우리의 반응을 살피면서 차분하게 우리의 질문에 대답하셨다. 그러다 잠시 멈추셨다. 나는 그 분이 다음에 무슨 말을 하실지가 궁금해서 숨을 죽이고 있었다. 그러면 그 분은 자신의 생각을 꼼꼼하고 정확하게 전달하려고 천천히 대답하셨다.

식사 중이던 누군가가 손을 들고 질문을 했다.

"인생에서 가장 중요한 게 무엇입니까?"

나는 다시 몸을 앞으로 기울였다. 감독님은 그 사람의 질문에 많이 생각할 필요도 없다는 듯이 웃으면서 대답하셨다.

"믿음이 인생에서 가장 중요하고, 반드시 그래야 합니다."

나는 편안히 다시 의자에 앉으며 '믿음'이라는 그 분의 말씀을 가슴에 담았다. 한 평생 큰 성공과 명예를 누리신 감독님이셨지만 감독님은 믿음이 가장 중요하다고 말씀하셨다. 그 날 밤 저녁 식사가 끝나자 나는 감독님 자리에 다가가 시간을 내주셔서 감사하다는 인사를 드렸다. 감독님은 내 손을 잡으시더니 내 눈을 지그시 바라보셨다. 감독님은 내가 무슨 생각을 하고 있는지 알고 계셨던 것이다. 감독님은 내가 뛰고 있는 프로 야구 세계를 더 잘 알고 계시다는 듯한 표정을 지으셨다. 그 때 나는 기회로 가득 찬 세상에서 중요한 목표를 이루기 위해 도전하고 싶었다. 그것이 어떤 것이든 상관없었다. 그런 나에게 감독님은 믿음을 말씀하셨다. 그 날 밤 레스토랑을 걸어 나오면서 나는 믿음이 내 삶의 중심이 되길 바랐다. 그리고 나도 그 분과 같은 인생을 살게 해달라고 하나님께 기도했다.

존 우든John Wooden 감독님은 농구 역사상 가장 위대한 인물로 꼽힌다. 감독님은 선수와 감독으로 두 차례나 명예의 전당에 헌액되셨다. 역사상 가장 존경받는 대학 농구팀 감독으로 꼽히는 우든 감독님은 12년 동안 UCLA 농구팀 감독을 역임하면서 통산 10차례 우승을 이끄셨다. 그 중 7차례는 연속 우승 기록이다. '성공의 피라미드Pyramid of Success'를 비롯한 감독님의 리더십 철학은 아직까지도 수백만 명의 사람들에게 영감을 주고 있다. 감독님은 내가 평생 만나본 사람 중에 가장 현명한 분이셨다. 말씀하실 때마다 평생에 걸친 인생의 희로애락이 느껴졌다. 뭔가 가치 있는 이야기를 다음 세대에게 전달해주고 싶은 감독님의 진심과 열정이 그대로 느껴졌다. 감독님은 결코 자기 자신만을 위해서 인생을 살지 않으셨다. 역사상 길이 남을 감독님의 뛰어난 업적도 그 중심은 하나님과 다른 사람을 사랑하는데 있었다. 부와 명예가 무엇인지 잘 아시는 감독님이셨지만, 그럼에도 결국 인생에서 가장 중요한 것은 믿음이라고 분명히 말씀하셨다. 감독님은 우승이나 트로피, 명예의 전당 입성보다 믿음이 첫 번째라고 하셨다. 감독님께서는 믿음을 최고로 두고 한평생을 사셨다. 나는 존경하는 우든 감독님을 직접 뵐 수 있는 기회가 있어서 무한한 영광으로 생각했다.

감독님과 함께 한 식사는 나에게 중요한 의미가 있었다. 늘 멀리서 동경하던 스포츠 계의 전설을 직접 만날 수 있게 된 것이다. 어릴 때 내 야구 코치님들은 자주 존 우든 감독님을 언급하셨고, 고등학교 리더십 수업의 선생님들도 존 우든 감독님을 경이적인 지도자의 전형으로 손 꼽았다. 그때는 잘 몰랐지만 나이가 들면서 나는 우든 감독님이 얼마나 대단한 분이신지 깨달았다. 그런 분을 내가 직접 만나 뵙게 되리라고는 감히 상상도 못했다. 믿음을 최우선으로 하라는 감독님의 말씀을 나는 늘 떠올린다. 믿음이 중심이 된 삶의 중요성을 깨닫게 해준 감독님께 나는 늘 감사한다. 2010년에 존 우든 감독님이 돌아가셨을 때, 감독님 을 직접 만나 뵜던 그 영광스러운 기억을 나는 다시 한 번 떠올렸다. 감 독님은 스포츠 계에 수많은 업적을 남기고 하늘나라로 가셨지만, 그 방 식은 보통 사람과는 많이 달랐다. 감독님은 사람을 위해서가 아니라 하 나님을 위해서 최선을 다하셨다. 감독님은 다음 우승을 걱정하기 전에 하나님에 대한 믿음을 최우선으로 생각하셨다.

고등학교 2학년 때 나는 각별히 눈에 띄는 성경 구절을 우연히 발견 했다. 난생 처음으로 골로새서 3장 23절이 내 눈을 사로잡았다. "무슨 일을 하든지 마음을 다하여 주께 하듯 하고 사람에게 하듯 하지 말라" 나는 이 구절을 그 해 어느 종교 서적에서 읽었고, 그 이후로 골로새서 3장 23절은 내가 가장 좋아하는 구절이 되었다. 나는 그때 이 구절이 참 일리가 있다고 생각했다. 나는 어떻게 하면 무슨 일이든 내 전심을 다해 할 수 있을까를 고민했다. 고등학교 때부터 나는 하나님을 영광스 럽게 하는 일의 가치를 깨닫기 시작했다. 나는 그래서 야구는 물론이고 학교 공부도 열심히 하려고 최선을 다했다.

고등학교에 올라와서도 나는 앞으로 프로 선수가 되리라고는 생각하지 못했다. 그런 희망은 늘 있었지만 야구 선수라는 직업에 대해서 많은 고민을 해본 것은 아니었다. 고등학교 2학년이 흘러가면서 나는 고등학교 졸업 이후에도 야구를 계속 할 수 있는 방법을 심각하게 고민했다. 나는 곧 목표가 생겼다. 정말 열심히 노력해서 대학에서 야구 선수로 뛰고 싶었다. 목표가 생긴 다음부터 내가 야구에 전력을 쏟으면서 나는 믿음에서 조금씩 멀어지기 시작했다. 나는 열심히 노력했지만 왠지 그것만으로는 부족할 거라는 걱정을 했다. 야구는 내가 좋은 대학에 갈 수 있는 행운의 티켓이 될 수 있었다. 하지만 실패할 거라는 생각과 기대만큼 잘 해내지 못할 거라는 생각에 숨이 막힐 듯 했다. 바로 그 순간 하나님이 내 무릎에 골로새서 3장 23절을 떨어뜨려 주셨다. 정말 완벽한 타이밍이었다. 성경 구절대로 하나님께 하듯 마음을 다해 노력하고, 하나님이 주시는 결과를 믿고 기다리기로 결심했다. 그리고 하나님은 내가 상상할 수도 없었던 방식으로 내 기도에 응답해 주셨다. 그때 내 미래를 하나님께 믿고 맡긴 일은 지금 생각해도 가슴이 뿌듯하다.

하나님께 온전히 나를 맡기자, 사람들을 대하는 내 태도가 몰라보게 달라졌다. 예컨대 나는 하이랜드 파크 고등학교 야구팀에서 주장을 맡게 되었다. 또래들 사이에서는 가끔씩 리더 역할을 하기가 참 힘든 때가 있다. 나는 팀 안에서 너무 도드라져 보이고 싶지 않았지만, 감독님이 내게 주신 역할도 잘 수행하고 싶었다. 나는 먼저 내가 맡은 역할에만 묵묵히 충실하려고 노력했다. 내가 먼저 좋은 본보기가 돼서 선수들이 나를 따라오길 바랐다. 그때 나는 사람들은 리더가 권한을 앞세우기보다 솔선수범할 때 리더를 더 잘 따른다는 사실을 배웠다. 또 스스로 발전하려고 노력할 때 더 동기부여가 된다는 사실도 깨달았다. 리더가 이런 분위기를 먼저 만들면 다른 선수들도 자연스럽게 리더를 본받아 따르게 된다. 나는 팀 동료들이 내가 정말 성실한 선수이고, 하나님을 위해 노력하는 사람이라는 걸 알아주었으면 했다. 나는 하나님을 따르는 내 삶에서 말과 행동을 일치시키고 싶었다.

메이저리그에서도 마찬가지다. 내 믿음을 밖으로 말하는 것과 믿음대로 실천하는 것은 하늘과 땅 차이다. 내 믿음과 행동이 일치하는지, 일치하지 않는지는 쉽게 드러나기 마련이다. 고등학교 야구팀 주장을 맡으면서 나는 하나님을 위해 최선을 다할 때 느끼는 충족감을 다른 선수들에게도 전해 주고 싶었다. 하나님께 집중하는 내 삶의 방식은 고등학교 때나 지금이나 변함이 없다. 우리가 하나님을 위해 마음을 다해 일할 때, 우리의 시선은 주변 사람들이 아니라 하나님께 고정되어 있다. 하지만 머지않아 사람들은 우리가 뭔가 특별한 사람이라는 걸 깨닫게 된다. 그때 우리는 그들에게 우리의 삶이 왜 특별해 보이는지, 또 그 이유는 무엇인지 설명해줄 수 있다.

마음을 다해 일하면 삶에 믿기 어려울 만큼 큰 의미가 생긴다. 당신이 무슨 일을 하든, 어디에 있든 그런 사실은 중요하지 않다. 좋아하는 스포츠나 취미의 종류가 달라도 상관이 없다. 누구나 열심히 일하면 하나님의 축복을 받을 수 있다. 하나님은 우리 모두에게 큰 목적을 주셨다. 목적을 발견하면 우리는 전심을 다해 노력할 수 있다. 내가 고등학교에서 야구 연습을 열심히 할 때, 나는 하나님이 주신 큰 목적을 향해서 매일 조금씩 나아갔다. 하나님은 당신의 인생에도 목적을 주셨다. 지금 있는 그 자리에서 마음을 다해 일하면, 하나님이 당신에게 주신 목적이 얼마나 대단한 일인지 깨닫게 될 것이다.

하이랜드 파크 고등학교 3학년 때 나는 드디어 야구로 대학에 갈 수 있게 되었다. 정말 짜릿한 기분이 들었다. 하지만 하나님은 나를 위해 다른 길을 생각하고 계셨다. 2006년 신인 드래프트가 있던 날, 전국 각지에 있는 수백 명의 선수들이 지명될 예정이었다. 나도 지명을 받기를 간절히 바라며 소식이 오기를 기다리고 있었다. 그때 다저스 구단에서 나를 지명한다는 믿기 힘든 전화가 걸려왔다. 내가 고등학교 때 야구를 정말 열심히 한 이유는 그 안에 뭔가 더 큰 가치가 숨겨져 있다고 믿었기 때문이다. 나는 하나님을 위해 최선을 다해 노력했고, 나머지는 하나님이 알아서 해주실 거라고 굳게 믿었다. 하지만 나를 위해 하나님이 계획하신 일이 그렇게 대단할 줄은 꿈에도 몰랐다.

존 우든 감독님은 그 날 저녁 식사자리에서 깊은 가르침을 주셨다. 믿음이 먼저고, 열심히 일하는 건 그 다음이다. 감독님의 삶은 우리에게 분명한 사실 하나를 가르쳐주셨다. 바로 믿음을 최우선으로 생각하면 일에서 큰 만족을 얻을 수 있다는 사실 말이다. 당시 97년의 세월을 사신 존 우든 감독님은 내게 믿음보다 더 중요한 것은 없다고 말씀하셨다. 감독님이 하신 말씀의 깊은 뜻을 헤아리려면 아마도 한평생이 걸릴

지도 모르겠다. 하지만 그때 감독님이 무슨 뜻으로 그런 말씀을 하셨는지는 대충 짐작은 간다. 감독님은 평생 하나님이 중심이 된 삶을 사셨다. 나도 나중에 그런 삶을 살았다고 자부하게 되는 날이 오기를 희망한다.

27
아직은 너무 일러

엘런 커쇼

클레이튼과 나는 고등학교 때 결혼에 대해서 이야기해본 적이 없다. 단 한 번도. 그때 결혼에 대한 우리 두 사람의 생각은 똑 같았다. 아직 졸업 댄스파티에도 같이 안 나갔는데 미래에 대해서 논의한다는 게 말이 안 된다고 생각했다. 두 말 할 필요도 없었다. 사실 그때 우리들 사이에서는 고등학교를 졸업하면 헤어지는 게 유행이었다. 과거의 짐 덩어리를 안고 인생의 새 장을 맞이하고 싶어 하는 친구들은 아무도 없었다. 모두가 새 출발을 하고 싶어 했다. 따라서 클레이튼과 내가 졸업을 하고 나서도 계속 사귀기로 하는 걸 보고 이상하게 생각하는 친구도 있었다. 헤어지면 우리 두 사람에게 큰 손해였다. 우리는 서로의 이성 친구였을 뿐만 아니라 세상에서 가장 친한 친구이기도 했기 때문이다. 그래서 우리 두 사람은 일단 미리 포기하는 대신 할 수 있는 데까지 해보자고 합의를 봤다. 일단 장거리 연애를 시작하기로 했다. 문제가 생기면 그때 가서 이야기하자고 서로 의견을 모았다. 고등학교를 졸업하면서 우리가 내린 결론은 그토록 간단했다. 우리는 미리 미래에 대해서 왈가왈부하지 않고, 한 번에 하나씩 해나가는 것에 대해서만 이야기했다.

나는 그때 그렇게 결론이 나서 지금도 너무 감사하다. 우리는 미리 앞서 가지 말고 그 대신 과정을 즐기기로 했다. 그 덕분에 나는 대학에서 최고로 멋진 시간을 보낼 수 있었다. 클레이튼 역시 마이너리그 생활과 메이저리그 진입 초기를 가장 아름다웠던 시절이라고 손꼽을 거라고 믿는다. 당시 우리는 각자 서로 다른 삶을 살았다. 하지만 우리는 고향 집을 떠올리며 서로에게 의지했다. 우리 두 사람 모두 미래에 대한 약속으로 스트레스 받는 대신 자유롭게 순간 순간을 즐기며 그 시기를 보냈다.

사람들은 오랜 세월 사귄 남녀는 결국 결혼에 골인할 거라고 생각한다. 하지만 나는 대학을 졸업할 때까지 그런 생각을 전혀 해보지 못했다. 그런데 대학생활이 거의 끝나갈 무렵, 갑자기 내 남은 인생이 마치 빈 페이지처럼 느껴졌다. 그런 생각이 나를 불안하게 만들었다. 난생 처음으로 나는 칠흑 같은 어둠 속에 갇혀 있는 기분을 느꼈다. 중학생 때는 이제 고등학교에 가겠구나 하고 생각했고, 고등학생 때는 졸업만 하면 바로 대학에 들어가면 됐다. 하지만 대학교에서는 달랐다. 텍사스 에이앤엠 대학교에서 졸업반이 된 나는 앞으로 무엇을 해야 할지 전혀 감이 잡히지 않았다. 그때 나는 어떤 직업을 갖고 싶은지도 잘 몰랐고,

클레이튼과의 관계가 어디까지 갈지 알 수도 없었다. 만약 내가 로스앤젤레스로 이사를 해야 한다면 댈러스에서 직장을 구한다는 것은 말도 안 되는 얘기였다. 또 한편으로는 당시 그냥 한 명의 남자친구에 불과했던 사람에게 내 인생 전부를 걸고 싶지 않았다.

나는 졸업을 앞둔 여름방학 때 클레이튼을 몇 번 찾아갔다. 그리고 우리는 미래에 대해서 멋진 대화를 나눴다. 우리는 그때까지도 결혼에 대해서 단 한 번도 대화를 나눈 적이 없었다. 따라서 갑작스럽게 결혼에 대해서 미친 듯이 이야기할 분위기는 아니었다. 물론 시기가 시기이니만큼 결혼이 이제 화제가 될 법도 했다. 클레이튼은 그때 우리 관계의 '판도를 확 바꾸는game changer' 시기가 왔다고 생각했다. 클레이튼은 우리가 다음 단계, 즉 약혼으로까지 발전할 수 있는지 내 눈치를 살피고 있었다. 그 해 여름 내가 대학교로 다시 돌아가기 전에 우리는 정말 멋진 여름을 로스앤젤레스에서 함께 보냈다. 아마도 그때 우리 두 사람 모두 둘이서 같은 도시에서 살면 얼마나 좋은가를 깨달았던 것 같다. 오랜 시간 동안 우리 사이는 늘 한결 같았다. 두 달 동안 서로 못보고 지내도 다시 만나면 항상 기뻤다. 모든 것이 서로 잘 맞았다. 나는 그와 함께 있을 때면 늘 더 나은 사람이 된 것 같은 기분을 느꼈다. 그래서 약혼도 나쁘지 않겠다는 생각이 들었다.

그 해 야구 시즌이 끝나자 클레이튼은 텍사스로 다시 돌아왔다. 나는 앞으로 두 달이 중요한 시기가 될 거라고 예상은 했지만, 클레이튼이 확실하게 프러포즈를 할지는 아직 미지수였다. 클레이튼은 거기에 대해서 별 말이 없었다. 오히려 프러포즈에 대해서 아예 말도 꺼내기 싫은 것처럼 보였다. 그가 보내는 신호를 잘못 해석한 나는 클레이튼이 자기가 지금 무얼 하고 있는지 전혀 모르고 있다고 생각했다. 클레이튼이 프러포즈 할 계획을 이미 세워두었다는 사실을 나는 꿈에도 모르고 있었다. 일은 이미 착착 진행되고 있었다. 클레이튼은 우리 가족이나 마찬가지였기 때문에 우리 가족을 통해서 일을 꾸미고 있었다. 클레이튼은 내가 우리 언니 앤과 가장 친하고 비밀도 서로 털어놓는 사이라는 걸 잘 알았다. 언니는 어릴 때부터 나와 시시콜콜한 이야기까지 전부 털어놓는 사이였고, 클레이튼과 사귀는 내가 앞으로 잘 되기를 늘 진심으로 응원해주었다. 클레이튼 역시 오래 전부터 우리 언니와 아주 친했다. 아직도 둘이 같이 있을 땐 마치 열 살짜리 아이들처럼 서로 스스럼 없이 장난을 친다. 이렇게 짝짜꿍이 잘 맞는 두 사람 때문에 나는 골탕을 먹기도 한다. 클레이튼은 우리 언니에게 점심을 대접하면서 나와 약혼할 뜻이 있다고 미리 고백했다. 나중에 언니 말로는, 클레이튼이 샌드위치에는 손도 안 대고 언니 맞은 편 좌석에 앉아 있었다고 한다. 언니는 뭔가 특별한 일이 일어났구나 하고 직감했다. 그렇게 클레이튼과 내 언니가 클레이튼의 크리스마스 프러포즈 계획을 착착 진행하는 동안, 나는 그런 일을 전혀 예상하지 못했다. 클레이튼과 우리 가족은 무슨 일이 일어나고 있는지 내가 전혀 눈치 못 채도록 행동했다. 클레이튼이 나를 완전히 바보로 만들어 놓은 것이었다.

클레이튼의 프러포즈가 있던 그 날 밤, 나는 내 방에서 울고 있었다. 조금 있으면 클레이튼과 함께 차를 타고 저녁 식사를 하러 갈 예정이었다. 나는 우리 관계를 한 단계 발전시킬 수 있는 기회를 클레이튼이 완전히 놓치고 있다고 확신한 나머지 절망에 빠져 있었다. 이제 함께 하면 좋겠는데, 클레이튼은 왜 내 마음을 그렇게 몰라줄까? 클레이튼이 정말 우리의 장거리 연애를 그냥 재미로 생각했던 걸까? 나는 약속시간이 다 되자 흐르던 눈물을 닦고 계단을 내려가 클레이튼을 만났다. 나는 아무렇지도 않은 듯 행동했다. 그런데 오늘 따라 클레이튼은 그 차림새가 남달라 보였다. 클레이튼은 그 날 따라 새로 산 정장을 쭉 빼입고 왔다. 게다가 거의 안 깎고 다니던 턱수염까지 깔끔하게 정리를 한 게 아닌가. 우리 집 앞에는 차체가 어마어마하게 긴 하얀색 리무진 한 대가 서 있었다. 클레이튼에 대한 원망감과 마음속의 오만 가지 감정으로 혼란스럽던 나는 그때까지도 무슨 일이 벌어지고 있는지 전혀 눈치를 못 챘다. 클레이튼은 그 날 밤 나를 위해 완벽한 데이트 코스를 준비했다. 우리는 리무진을 타고 휘황찬란한 크리스마스 불빛을 보면서 하이랜드 파크 시내 이곳저곳을 구경한 다음 멋진 저녁 식사를 하러 갔다. 나는 그저 클레이튼이 이 모든 걸 준비했구나 하는 짐작만 했다. 환상적인 데이트이긴 했지만, 단지 그걸로 끝이었다.

리무진을 타고 우리 집으로 오는 길에 차가 클레이튼의 집 앞에 멈췄다. 클레이튼이 집에서 뭘 좀 가져올 게 있다고 했다. 나는 그때까지도 전혀 눈치를 못 채고 있었다. 둘이서 클레이튼의 집 현관까지 걸어가는데, 집 안에서 빤짝이는 불빛이 새나왔다. 클레이튼이 현관문을 열었고, 집 안에서는 크리스마스 캐럴송이 크게 울려 퍼지고 있었다. 나는 마치 겨울 동화의 나라에 온 기분이 들었다. 클레이튼의 집은 온통 크리스마스 분위기로 가득했다. 반짝거리는 조명, 눈과 리스 장식으로 치장한 크리스마스트리는 정말 아름다웠다. 이 층으로 올라가서 바라보니 그 모습이 더욱 화려해보였다. 커다란 크리스마스트리 하나가 거실 가운데 떡하니 자리를 잡고 있었다. 꼭대기의 빨간 리본부터 시작해서 형형색색의 장신구들이 밑바닥까지 반짝거리며 매달려 있었다. 자그마한 트리도 집안 곳곳에 흩어져 있었고, 바닥에서는 드라이아이스 연기가 은은하게 올라왔다. 그 광경은 입에서 말이 안 나올 정도로 아름다웠다. 나는 완전히 감동했다. 이 모든 것들을 나에게 보여주려고 이렇게 꼼꼼하고 세심하게 준비를 하다니! 크리스마스 분위기는 절정에 이르렀고, 내 소원은 이루어져 가고 있었다. 크리스마스트리 밑에는 작은 선물 박스 하나가 놓여 있었다. 박스에는 작은 산타클로스 조각상 하나가 들어 있었다. 그리고 클레이튼은 내게 작은 보석 케이스 하나를 내밀었다. 내 손에 딱 맞는 크기의 반지였다.

그 순간 내 삶은 완전히 달라졌다. 나는 눈물을 글썽이면서 믿기지 않는다는 듯이 클레이튼을 바라봤다. 열네 살 때 나에게 처음으로 데이트를 신청했던 클레이튼이 오늘 이렇게 내가 상상하지도 못했던 완벽하고 아름다운 프러포즈를 하다니. 클레이튼은 드디어 나에게 청혼을 했다! 결국 나는 어린 시절부터 함께 해온 가장 절친한 친구와 약혼하게 되었다. 이렇게 주도면밀하게 준비를 하다니! 집안 가득 캐럴송이 흐르는 가운데 나는 우리 두 사람을 오랜 세월 동안 지켜주신 하나님의 은혜를 떠올렸다. 하나님은 이미 우리가 일생을 함께 하도록 계획을 세워두셨다. 하나님은 우리를 천생연분으로 만들어 주셨다. 열네 살때 우리가 처음 만났을 때는 결혼하기에는 '아직은 너무 이른' 순간이었다. 우리 두 사람은 앞으로 결혼할 운명이었지만, 그때는 아직 너무 일렀다. 하나님의 타이밍은 완벽하셨다.

그 날 밤 우리 집으로 다시 차를 타고 가면서 나는 어서 빨리 가족들이 보고 싶었다. 집에 그렇게 많은 사람들이 모여 있을 줄 몰랐다. 우리 집은 사람들로 발 디딜 틈 없이 가득 차 있었다. 각지에 흩어져 있던 가족과 친구들이 이 기쁜 순간을 함께 하기 위해서 이미 모여 있었다. 집으로 들어선 나는 내 소중한 사람들로부터 뜨거운 축하 인사를 받았다. 뜨거운 축제 분위기로 그 날 밤을 보낸 우리는 다음 오프 시즌에 맞춰 서둘러 결혼 날짜를 잡았다. 우리는 결혼식마저도 야구 일정에 맞춰야만 했다.

7년간의 연애는 정말 기다린 보람이 있었다. 클레이튼의 프러포즈에 내가 "예스"라고 대답했을 때, 나는 내 평생 가장 친한 친구를 바라보았다. 오랫동안 서로를 잘 알고 있었던 우리는 결혼생활도 멋질 거라고 믿어 의심치 않았다. 우리는 늘 붙어다니던 짝꿍이었다. 이런 이유들 때문에 우리가 쉽게 약혼할 수 있었다고 생각한다. 인생에서 펼쳐지는 하나님의 뜻을 우리는 거스를 수가 없다. 클레이튼과 나는 어릴 때부터 같이 성장했다. 그리고 보면 우리가 약혼하게 된 것도 이해가 가고, 결혼 후에 로스앤젤레스에서 함께 살게 된 것도 이해가 간다. 클레이튼이 있는 곳이 어디든 나는 그와 함께 있고 싶었다. 우리가 약혼하면서 '아직은 너무 이른' 것이 또 생겼다. 바로 우리 결혼이었다. 우리는 곧 결혼식을 올릴 예정이었지만, 아직은 아니었다. 하나님은 우리가 결혼할 때까지 한 시즌 동안을 함께 기다리면서 더욱 성숙할 수 있는 기회를 주셨다. 하지만 이번엔 긴 터널 끝에도 빛이 보였다. 드디어 확정된 우리의 결혼식은 12월! 어색한 10대 커플에서 부부가 되기까지 정말 먼 길을 돌아왔다. 하지만 우리는 하나님이 힘써 주신 그 길에 감사한 마음이 컸다. 완벽한 타이밍을 위해서 하나님이 우리 결혼을 잠시 미루시더라도, 우리는 하나님의 뜻 그대로 살고 있다는 느낌이 들었다.

28

출구 없는 고속도로

엘런 커쇼

출퇴근 시간 댈러스의 교통지옥을 한 번 떠올려 보자. 수많은 자동차와 빵빵거리는 경적 소리로 어지러운 도로 위에서 운전을 하다보면 자연스럽게 라디오 볼륨을 키우게 된다. 하루 종일 일하느라 격무에 시달린 나는 아직도 고속도로 위에 정지해 있다. 이런 상황에서는 운전자는 어디든 '빨리' 가고 싶은 마음이 굴뚝같다. 하지만 차들은 한 발짝도 앞으로 가지 않는다. 누구나 빨리 이 교통지옥을 벗어나서 빨리 집에 가고 싶어 한다. 차들이 조금씩 움직이면서 나는 멀리 보이는 출구를 확인한다. 나는 고속도로에서 벗어나 좀 더 편한 길로 가려고 5차선 고속도로를 가로질러가는 무리수를 둔다. 몇 분 후에 나는 출구 쪽에 도착하지만, 출구는 이미 막혀 있다. 그 다음 출구도, 또 그 다음 출구도 마찬가지다. 머리 위의 교통 표지판에 다음과 같은 사인이 깜빡거린다. '모든 출구 막힘. 직진 하시오.' 크게 한 번 심호흡을 한 뒤에 나는 고속도로를 잘못 타서 내가 이 고생을 하고 있구나 하고 깨닫는다. 이 고속도로에서는 오른쪽이나 왼쪽이나 다른 길이 없다. 뒤쪽 길이 차들로 꽉 막혀 있는 상황에서 당연히 후진해서 갈 수도 없다. 어쩔 수 없이 직진할 수밖에 없다.

결혼도 이와 같다고 우리 목사님은 늘 말씀하셨다. 그렇다. 결혼은 모든 출구가 막힌 고속도로를 달리는 것과 같다. 때로는 꽉 막힌 고속도로에 서 있는 것처럼 답답하고 짜증나고, 또 때로는 한적한 고속도로를 쌩쌩 달리는 것처럼 모든 일이 순조롭게 흘러간다. 하지만 가장 중요한 사실은 결혼이라는 고속도로에는 출구가 없다는 사실이다. 좋든 싫은 그 고속도로에서 빠져 나갈 수가 없다. 고향 텍사스에서 목회하시던 목사님은 우리와 아주 절친했기 때문에 우리 두 사람은 목사님께 기쁜 마음으로 결혼식 주례를 부탁했다. 결혼 전에 목사님과 오후 시간에 몇 번 만나서 결혼생활에 대해 조언을 구하기도 했고, 결혼과 관련된 다양한 주제에 대해서 이야기를 나누었다. 론 스케이츠Ron Scates 목사님을 만난 것은 우리 두 사람에게 큰 축복이었다. 결혼이 출구가 없는 고속도로와 같다는 목사님의 조언은 우리에게 깊은 가르침을 주었다. 그 가르침은 우리의 마음에 와 닿았고, 그 덕분에 우리는 결혼에 대해 진지하게 생각해볼 수 있었다.

우리 사회는 결혼생활에서 헌신에 대한 진지한 고민이 없다. 텔레비전 프로그램에서는 헌신이 별로 중요하지 않다는 증거를 제시하느라 바쁘다. 직장에서든 친구관계에서든 심지어 부부관계에서도 헌신은 이제 말뿐인 단어가 되었다. 늘 빠져나갈 구멍이 있기 때문이다. 관계 속에서 더 이상 만족을 찾지 못하면 우리는 쉽게 그 길에서 빠져나간다. 스케이츠 목사님을 만나고 나서 우리는 보통사람들과는 다르게 결혼생활을 하자고 다짐했다. 그러면서 우리가 결혼을 새롭게 정의하면 얼마나 멋질까를 상상했다. 그럴 수 있으려면 먼저 출구를 찾으려는 마음을 버려야 했다. 우리는 일단 목사님의 비유에 나온 고속도로처럼 모든 출구를 막기로 했다. 절대 한눈을 팔지 않는 일이 물론 쉽지는 않겠지만, 우리 두 사람은 평생 함께 살자고 뜻을 모았다. 결혼 전에 한 이런 약속 덕분에 실제 우리 결혼생활이 조금씩 발전해가고 있다.

결혼생활에 대해서 말하기에는 우리가 아직 너무 어리고 순진하다고 생각하는 사람들도 있을 것이다. 하지만 우리 두 사람은 하나님께 온전히 의지하고, 희망을 걸고 있다고 이야기하고 싶다. 하나님의 은혜로, 헌신의 개념이 크게 흔들리고 있는 세태 속에서도 결혼은 사라지지 않는다. 하나님은 결혼을 중요하게 생각하시기 때문이다. 하나님께서는 예수님의 성도와 교회에 대한 사랑을 세상에 보여주시려고 결혼을 만드셨다. 따라서 결혼은 절대로 부서지거나 사라지지 않는다. 영광스런 하나님이 주신 결혼은 우리를 향한 하나님의 사랑을 세상에 보여주는 방법이다. 그렇기 때문에 우리는 결혼을 결코 가볍게 생각해서는 안 되고, 중대하게 여겨야 한다.

클레이튼과 나는 이른바 '결혼 전략'을 세웠다. 약혼한 상태에서 우리는 여러 명의 부부와 결혼한 친구들에게 조언을 구했다. 우리는 당시 경건한 결혼생활을 설계하기 위해서 비전과 지혜가 필요했다. 우리는 여러 사람의 조언을 듣고 나서 결혼은 절대로 완벽할 수 없다는 것을 깨달았다. 결혼이란 불완전한 두 사람이 만나서 한 가정을 이루는 일이기 때문이다. 하지만 기쁨과 만족이 가득하고, 하나님께 영광을 돌리는 결혼도 가능하다. 흔히 사람들은 결혼이 얼마나 힘들고 어려운 일인지에만 초점을 두는 경향이 있다. 하나님께서 결혼생활에 넘치도록 큰 축복을 내리신다는 사실을 강조하는 사람은 거의 없다. 그래서 우리는 목표를 높게 잡기로 했다.

우리 결혼 전략은 그렇게 많이 복잡하지 않다. 주로 우리 두 사람이 부부로서 이루고 싶은 일들에 관한 것이다. 먼저, 하나님을 최우선으로 할 것. 세상 사람들은 예수님의 자녀임을 주장하는 사람을 보고 나서야 비로소 예수님이 어떤 분인지 알게 된다. 클레이튼과 나는 우리 가족과 친구들이 예수님을 보게 되기를 바란다. 또한 우리 결혼생활을 통해서 하나님이 얼마나 훌륭하신 분인지 그들이 깨닫는 계기가 되기를 소망한다. 우리 두 사람 모두 매일 예수님을 더 많이 알아가고 싶은 열망이 있다. 만약 이런 열망을 결혼생활의 기초로 삼는다면 당신의 결혼생활에도 커다란 변화가 생길 것이다.

둘째, 타인에 대한 관심을 가질 것. 우리에게 타인에 대한 관심을 일깨워 주시려고 하나님은 지금까지 놀라운 일들을 해주셨다. 하나님 덕분에 우리는 야구와 우정, 그리고 아프리카 선교활동을 통해서 타인에게 관심을 집중할 수 있게 되었다. 우리에게는 인간관계 자체도 중요하지만, 사람들에게 예수님의 사랑을 일깨워 주는 일이 훨씬 더 중요하다. 가족과 친구들은 우리 두 사람의 인생과 결혼생활에 가장 큰 기쁨이다. 많은 분들이 우리의 결혼생활을 애정 어린 시선으로 지켜봐주시고 있다. 순전히 하나님께서 우리를 지금의 이 자리에 세워주셨기 때문이다. 하나님이 안 계셨다면 우리는 매일같이 수많은 사람들을 만날 수도 없을 것이다. 우리는 하나님이 주신 모든 인간관계를 잘 살려서 결혼생활 동안 사람들에게 집중하고 싶다.

셋째, 서로가 서로를 예수님께 다가가도록 이끌 것. 클레이튼이 믿음직스럽게 늘 내 곁을 지켜왔듯이 하나님은 지금까지 매 순간 내 옆을 지키고 계신다. 나는 지금까지 잊지 못할 순간들을 늘 클레이튼과 함께 해왔다. 지금까지 많은 성취를 이루었고, 늘 겸손한 자세를 유지하는 클레이튼이 나는 너무 자랑스럽다. 하지만 내가 제일 감사한 일은 클레이튼이 하나님을 사랑한다는 사실이다. 나는 늘 클레이튼이 나보다 하나님을 더 많이 사랑하게 해달라고 기도를 드린다. 그와 마찬가지로 나 또한 클레이튼보다 하나님을 먼저 사랑하게 해달라고 기도를 드린다. 우리는 결혼생활에서 서로가 서로를 예수님께 다가가도록 이끌고 싶은 마음이 간절하다.

마지막으로, 순간순간을 즐기면서 살 것. 우리 두 사람은 결혼과 함께 같은 도시에 살면서 이전보다 더 많은 시간을 함께 하고 있지만, 자칫 방심하다가는 서로가 멀게 느껴질 가능성도 있다. 클레이튼은 원정 경기 때문에 2주일에 한 번씩 장거리 이동을 한다. 따라서 우리 두 사람은 같이 있는 시간을 당연시 하지 않고 그 어느 때보다도 소중하게 쓰고 싶다. 웃음은 우리 결혼생활에 하나님이 주신 큰 선물이다. 싸우고 나서 우리가 화해하는데 웃음보다 더 좋은 약은 없다. 우리는 늘 두 사람만 아는 유머를 서로 주고받으며 크게 웃는다. 고등학교 다닐 때 우리 두 사람은 하도 큰 소리로 웃으며 떠들어서 주무시는 우리 부모님의 심기를 건드린 적도 있다. 나는 우리 두 사람이 주변 사람들과 함께 인생을 순간순간 즐길 때 하나님께서는 크게 기뻐하실 거라고 확신한다.

전략은 모든 스포츠에서 중요하다. 경기에서 어떤 문제가 발생했을 때 전략이 없다면 선수들은 허둥지둥하게 된다. 결혼도 그와 마찬가지다. 결혼을 하고 나면 곧 문제가 발생하기 시작한다. 삶은 문제의 연속이기 때문에 우리가 세상 사람들과 다른 특별한 길을 걷고 싶다면 전략이 필요하다. 클레이튼과 나는 결혼생활에서 겪는 모든 문제를 다 해결하지는 못했다. 앞으로도 그러기는 힘들 것이다. 하지만 나는 우리 앞에 놓인 긴 여정을 떠날 준비가 되었다고 확신한다. 다른 길로 빠져 나갈 출구는 없으며, 나는 나의 가장 좋은 친구 클레이튼 옆에 안전벨트를 단단히 맨 채 앉아 있다. 우리는 틀림없이 재미있고 도전적이며 보람 있는 여행을 하게 될 것이다.

29
기도에 생명 불어넣기

클레이튼 커쇼

한창 주일예배가 있는 와중에 나는 그 아이 바로 옆에 서 있었다. 아이작은 찬송가마다 있는 힘껏 목소리를 높여 열성적으로 불렀다. 풍부한 음색과 아름다운 잠비아 악센트가 섞인 아이작의 목소리는 건물 벽 곳곳에 부딪혀 메아리가 되어 울려 퍼졌다. 그 작은 몸에서 어떻게 그런 목소리가 나오는지! 아이작은 한 구절 한 구절을 진심으로 부르고 있었다. "타우트 레 미 토텔라Tout le me Totela." 잠비아 말로 '오직 하나님께 영광을'이라는 뜻이다. 아이작은 두 손을 머리 위에 대고 발로는 찬송가 박자에 맞춰 춤을 추었다. 이렇게 예배드리는 장면을 미국에서는 도저히 상상하기 힘들다. 미국 사람들이 이런 장면을 본다면 심기가 불편할 거다.

아이작의 노래 소리가 잦아들자 찬송가는 사람들의 흥얼거림으로 바꿰었다. 그때 내 친구인 아이작이 크게 기도를 올리기 시작했다. 나는 눈을 크게 뜨고 그 자리에 서 있었다. 주위를 둘러보던 나는 태어나 한 번도 본 적이 없는 놀라운 예배 장면을 목격했다. 주변에 모인 잠비아 사람들은 몸을 앞뒤로 흔들며 계속해서 콧노래 소리에 장단을 맞추었다. 머리를 숙이는 사람도 있었고, 하늘을 처다보는 사람도 있었다. 그 순간 하나님의 목소리가 응답해주기를 기대하고 있는 듯했다. 하나님을 힘껏 찬양하는 잠비아 사람들은 정말 진지했다. 하나님을 만나는 일이 이 사람들에게는 평생의 숙제인 것처럼 느껴졌다. 엘런은 예전에 잠비아에서 예배를 드리면 마치 천국에서 예배를 드리는 느낌이라고 전해주었다. 이제 그 심정을 나도 알 것 같다. 잠비아 사람들은 꼼짝하지도 않고 계속 예배를 드렸다. 아이작은 하나님께 죄인들에게 자비와 은혜를 베풀어 달라고 오랫동안 기도를 올렸다. 아이작의 기도는 분명하면서도 복음 중심의 생각과 신앙 고백으로 가득 찼다. 아이작은 격앙된 목소리로 하나님께 자신의 죄를 고백하고 하나님의 용서를 구했다. 자신이 지은 죄 때문에 슬퍼하던 아이작은 하나님께서 은혜롭게 구세주를 보내주실 것이라고 외치면서 기쁜 표정을 지었다.

한 쪽에서 "아멘" 하고 크고 우렁찬 목소리로 외치면 다른 쪽에서 "할렐루야" 하고 맞장구를 쳤다. 그들은 계속 걸어 다니면서 서로 서로 포옹을 했다. 나도 그들의 포옹을 받았다. 잠비아 사람들의 하나님에 대한 열정에 나는 크게 감동했다. 아이작은 내 어깨에 손을 짚더니 마치 나를 평생 알고 지내온 사람처럼 나를 껴안았다. 하나님을 만난 기뻠이 철철 넘쳐 흐르는 것 같은 아이작은 함박웃음을 지었다. 나는 아이작에게 그렇게 열정적으로 하는 기도를 듣고 있으니 정말 놀랍다고 말했다. 아이작은 피식 웃더니 이렇게 말했다. "아, 미국 사람들! 미국 사람들은 기도가 너무 약해요! 하나님은 전능하신 분이세요. 감사한 마음으로 큰 소리로 하나님께 기도드려요!" 나는 아이작의 말이 무슨 뜻인지 바로 이해했다. 아이작이 해준 말 때문에 내 기도 방식이 많이 달라졌다.

엘런과 함께 한 아프리카 여행은 정말 놀라운 경험이었다. 나는 한 번도 그런 장면을 본 적이 없었다. 잠비아 친구들 그리고 고아들과 같이 보낸 시간 동안 내 가치관이 통째로 바뀌었다. 그리고 마침내 나는 말로만 듣던 호프를 만났다. 호프를 위해서 몇 개월 동안 계속 엘런과 같이 기도만 하다가 실제로 얼굴을 맞대고 호프를 보니 정말 기분이 좋았다. 기도에 대한 하나님의 큰 응답이었다. 하나님은 내 기도에 혼을 불어 넣기 시작하셨다. 나는 내가 그동안 미국에서 기도해온 방식이 너무 수줍고 창피했다. 나도 하나님께 기도를 드려왔지만, 잠비아 사람들은 노래와 기도로써 하나님을 놀라울 정도로 더 존귀한 분으로 돋보이게 만들었다. 그들은 마치 창조주이신 하나님을 잘 알고 있는 것처럼, 구세주이신 하나님과 개인적인 친분이 있는 것처럼 삶을 살았고, 예배를 드렸다. 우리는 흔히 주일에만 예배를 드리면 되는 것처럼 행동한다. 나는 보통 하나님 안에서가 아니라 다른 곳에서 만족을 찾는 미국 사회를 떠올리며 죄책감이 들었다.

하지만 잠비아 친구들은 내 믿음이 잘못됐다고 나에게 무안을 주지 않았다. 그 대신 잠비아 친구들은 내가 예수님의 가치를 깨달을 수 있도록 격려해 주었다. 나는 그들의 모습을 보면서 우리가 얼마나 만족을 모르고 살아가고 있는지 떠올렸다. 어느 날 아침 엘런과 내가 마을 여기저기를 돌아다니고 있는데, 아이들 수백 명이 우리를 에워쌌다. 이 아이들이 사는 방식은 놀랄 만큼 단순하다. 물과 음식, 잠자리만 해결되면 아이들은 늘 즐거워한다. 반면 미국 사람들은 물질에 가치와 의미를 두고 그것을 좇기에 급급하다. 잠비아 아이들은 맨발로 뛰어다니면서 놀고, 사과 한 개로 하루를 버틴다. 나무로 엮은 허름한 지붕 아래에서 잠을 잔다. 하지만 잠비아 아이들은 항상 세상에서 가장 행복한 미소를 짓고 있다. 오래된 찬송가 한 곡이 생각난다. '오 신실하신 주Great Is Thy Faithfulness'라는 찬송가에는 '일용할 모든 것 내려주시니'라는 구절이 나온다. 잠비아 사람들은 이미 이 가사의 의미를 제대로 이해하고 있는 것 같다. 그들이 필요한 모든 것은 하나님께서 이미 다 주셨다. 미국 사람들처럼 물질에 크게 현혹될 염려가 없는 잠비아 사람들은 큰 축복을 받았다고 생각한다. 잠비아 사람은 자신들에게 진정으로 '필요한' 것이 무엇인지 잘 알고 있을 뿐만 아니라 하나님이 끝없이 베푸시는 분이라는 사실을 잘 이해하고 있다. 우리 사회에서는 자신이 부유하지 못하다고 생각하면 더 많이 가지려고 애를 쓴다. 사람들은 물질에 집착하면서 '물질'을 더 많이 소유하면 행복해질 거라고 착각을 한다. 하지만 아프리카 사람들은 완전히 반대로 생각한다. 나는 잠비아 사람들을 보면서 신선한 충격을 받았다. 내가 잠비아에서 만난 사람들의 깊은 내면에서는 만족과 기쁨을 얻는 원천, 곧 하나님이 이미 자리 잡고 있었다.

미국으로 돌아온 나는 이전의 내 모습으로 되돌아가고 싶지 않았다. 이제부터는 예배도, 기도도 예전과는 완전히 다른 방식으로 하고 싶었다. 잠비아에서 많은 것을 보고 느끼고, 아이작을 통해 큰 교훈을 얻은 나는 이전과는 다른 삶을 살고 싶었다. 미국 사회에서 사람들은 하나님을 옴짝달싹 못하게 하려고 한다. 우리들은 하나님을 작고 아담한 상자 속에 담아두고 하나님이 거기에 계속 머무시도록 하고 싶어 한다. 반면 잠비아 사람들은 하나님을 자신의 일상으로 초대해 하나님께서 삶의 모든 면에 영향을 미치도록 한다. 그리고 하나님께 드리는 예배도 열정적이다. 사랑과 자비를 갖추신 하나님이 자신들을 돌보고 계시다고 전심을 다해 믿기 때문이다. 우리는 지금 이 점을 놓치고 있다.

나는 기도를 할 때마다 아이작을 떠올린다. 예전에 그가 하나님께 예배드리던 장면을 떠올리면서 나도 아이작과 같은 느낌을 받게 되길 바란다. 우리가 하나님을 사랑하고 존경하고 예배할 때는 다른 사람들이 깜짝 놀랄 정도로 열렬히 행해야 한다. 하나님을 찬양할 때는 다른 사람들이 하나님을 알고 싶은 마음이 들도록 찬송하고 기도하며 일상생활을 해나가야 한다. 나는 아프리카에서, 내가 늘 그렇게 살지 못하는 것 같아 죄책감이 들었다. 하나님께서 허락하시면 내 모습은 달라지기 시작할 것이다. 인생에서 뭔가 큰 깨달음을 얻으려면 잠시 뒤로 물러서서 세상을 바라볼 필요가 있다. 나는 아프리카 한가운데에서, 수천 킬

로미터나 떨어져 있는 미국에서의 내 삶을 되돌아봤다. 그때 변화고 싶은 간절한 마음이 생겼다. 아프리카에 임하신 하나님께서 내 삶과 기도에 생기를 불어넣어 주신 것이다.

30
열정과 열정이 만날 때

클레이튼 커쇼

아내는 몰라보게 변해 있었다. 잠비아 땅을 밟은 지 채 몇 분도 지나지 않아서 엘런은 냥가어로 말하기 시작했다. 평생 알고 지낸 사람이 듣도 보도 못한 언어로 말을 할 때는 어떻게 반응해야 할지 참 난감하다. 게다가 집에 있을 때는 벌레 한 마리도 못 잡던 도시 여성 엘런이 갑자기 여기에 와서는 지저분한 슬럼가도 마치 자기 집 드나들 듯이 아무렇지도 않게 활보를 하고 있다. 구멍 난 청바지에 머리는 뒤로 묶고 화장도 안한 엘런은 이 칠흑 같은 마을을 겁도 없이 앞장서서 걷고 있는 중이다.

정말 길고도 긴 하루였다. 22시간의 비행시간은 키가 큰 나한테는 큰 고역이었다. 비행기에서 내린 후 이틀 동안 다리에 감각이 거의 없을 정도였다. 잠비아에 도착했을 때 나는 우리가 이곳에서 할 일이 만만치가 않겠다고 생각했다. 잠비아 방문 목적은 크게 두 가지였다. 하나는 고아들을 위한 일일 캠프를 여는 일이고, 다른 하나는 잠비아 그린힐 학교Greenhill School에 아이들을 위해 교실을 짓는 일이었다. 교실을 지을 때 필요한 육체노동은 왠지 재미있을 것 같았다. 잠비아 행 비행기 티켓을 끊어 놓고 나서부터 나는 늘 약간 긴장한 상태로 지냈다. 엘런은 이미 여러 차례 잠비아에 다녀왔지만, 나는 이번이 처음이었기 때문이다. 엘런은 지난 몇 년 동안 내게 잠비아 아이들의 사연을 들려주고, 사진도 보여주었다. 엘런을 통해서 접한 잠비아 사람들의 생활은 멀리서 듣고 보기만 해도 안타까울 정도였다. 나는 여기에 와서 감정이 복받쳐서 전혀 통제가 안 되면 어떻게 하나 하고 걱정했다. 하지만 육체노동이라면 이야기가 달랐다. 적어도 육체노동은 잘 할 자신이 있었다. 아직 아이들을 어떻게 도와야 할지 전혀 감을 잡지 못하고 있었지만, 시멘트를 섞고 흙을 나르는 일이라면 문제없었다. 하지만 결국 우리는 잠비아에서 육체노동보다 훨씬 더 값진 일을 해냈다. 뜻밖에도 잠비아 여행은 내가 완전히 다른 사람으로 탈바꿈하는 커다란 계기였다.

아프리카로 가면서 내가 안고 있던 또 다른 걱정은 몸을 만드는 일이었다. 오프 시즌에 떠난 여행이었기 때문에 나는 그 와중에도 꾸준히 훈련을 해야만 했다. 나는 휴가차 댈러스 집에 머무를 때도 늘 몸을 만들고 투구 연습을 했었다. 다음 시즌에 좋은 출발을 하려면 경기가 없을 때도 꾸준히 연습을 해두는 게 당연했다. 이런 고민을 엘런에게 털어놓자, 엘런은 잠비아에 가서도 충분히 훈련할 수 있는 아이디어가 있을 거라고 나를 안심시켰다. 결국 엘런의 예상이 그대로 들어맞았다. 나는 스트라이크 존이 그려진 파란색 투구 연습용 천을 미리 잠비아로 배송해 두었다. 그곳에서 천을 걸어둘 곳만 찾는다면 나는 매일 투구 연습이 가능했다. 그 정도만 할 수 있어도 나한테는 충분했다. 우리가 잠비아에 도착하자 많은 인파가 모여 우리를 환영해 주었다. 이미 엘런을 알고 있는 사람들도 많았다. 나를 만난다는 사실에 모두가 들떠 있었고, 특히 남자 몇 사람은 자기들이 한 작업을 나에게 어서 빨리 보여주고 싶어 했다. 우리는 그들을 따라서 공터로 나갔다. 내 투구 연습용 천이 보였다. 파란색 천은 네 모서리가 금속으로 팽팽하게 고정되어 있어서 댈러스 고향 집에 있는 연습용 천과 비교해도 손색이 없을 정도였다. 여기에서도 충분히 훈련을 할 수 있겠다는 안도감이 몰려왔다.

첫 주가 흘러가는 동안 엘런은 믿을 수 없을 정도로 잠비아 생활을 즐기고 있었다. 나는 그동안 듣기만 했던 엘런의 마음을 처음으로 제대로 느낄 수 있었다. 잠비아 아이들을 사랑하는 엘런의 모습을 보면서 나는 열정이란 무엇인지에 대해서 많이 배웠다. 어떤 일에 열정이 있으면 우리는 거기에 모든 힘을 쏟아 붓는다. 열정은 우리 몸 속 깊숙이 자리 잡고 있기 때문에 열정을 좇지 않으면 우리는 가슴이 터질 것 같은 답답함을 느끼게 된다. 나는 엘런이 아프리카에 열정이 있다는 사실은 이미 알고 있었다. 하지만 엘런이 아이들 한 명 한 명을 마치 자기 자식처럼 전부 들어 올려서 포옹하는 모습을 직접 보면서 나는 하나님이 엘런의 가슴에 얼마나 특별한 열정을 심어주셨는지를 이해할 수 있었다.

나는 엘런이 어떤 기분일지 알 수 있었다. 잠비아 고아들을 만날 때 활기찬 엘런의 모습을 보면서 마운드 위에 서 있는 내 모습을 떠올렸다. 내가 사랑하는 야구를 할 때 나는 하나님의 은혜를 피부로 느낀다. 그래서 열정을 다할 때 느낌이 어떤지 나는 잘 안다. 야구라는 열정을 좇는 나를 위해서 엘런은 수년 동안 헌신해 주었다. 엘런은 내가 뛰는 경기를 직접 보려고 전국 각지를 좇아다녔다. 내 숙소 근처 아무 호텔에서 자거나 여자 친구들과 공기 매트리스 위에서 불편한 잠을 자는 것도 마다하지 않았다. 이제는 내가 엘런의 열정 속으로 들어갈 차례였다.

첫날 학교 교실을 짓느라 열심히 육체노동을 한 우리는 완전히 기진맥진한 상태가 되었다. 우리는 오후 내내 온몸이 쑤실 정도로 시멘트를 열심히 섞었다. 우리가 머무르는 숙소로 다시 돌아온 나는 해가 지기 전에 야구 연습을 하려고 사람들을 몇 명 모았다. 선교활동을 하러 온 사람들 중에는 캐치볼을 하려고 야구 글러브를 가져온 친구들이 몇 명 있었다. 고등학교 때 야구 선수를 했다고 한다. 우리 숙소 바로 앞에는 길게 뻗은 흙길이 지나가고 있었다. 나는 길 한 쪽 끝에 서서 반대편에 서 있는 그 친구를 향해 멀리 공을 던졌다. 근처에서는 해가 지도록 웃고 떠들며 노는 아이들 목소리가 들려왔다. 우리 숙소는 마을 바로 옆에 있었다. 공을 서로 주고받고 있는데, 아이들 몇 명이 우리가 공 던지는 모습을 더 가까이에서 지켜보려고 주변을 맴돌고 있는 게 보였다. 아이들은 우리의 공 던지는 모습에 끌린 모양이었다. 키가 큰 풀 너머로 머리가 올라왔다 내려갔다 했다. 아이들이 숙소와 마을 사이에 난

258

길을 가로질러 달려오고 있었다. 머지않아 흙길 위에는 공이 오고 가는 모습을 지켜보는 아프리카 아이들로 가득 찼다. 우리가 공을 던질 때마다 점점 더 크게 환호성을 질렀다. 야구를 난생 처음 보는 아이들이 대다수였다. 아이들의 환호성이 점점 커지자 나는 웃음을 터트릴 수밖에 없었다. 나는 내 옆에 서 있는 남자 아이를 쳐다보았다. 그 아이에게 손을 내밀라는 시늉을 하면서 그 쪽으로 공을 가볍게 던져 주었다. 그 아이는 갑자기 배꼽이 빠지도록 웃기 시작했고, 곧 아이들 무리 전체가 따라 웃었다. 남자 아이가 내게 다시 공을 던질 준비를 하는 사이에 나는 글러브 꼈다. 아이들이 우르르 몰려와 공을 한 번 잡아보려고 내 앞에 줄지어 섰다. 주변에 있던 다른 친구도 글러브를 끼자 아이들이 무더기로 달려들어 그 앞에 줄을 섰다.

우리는 해가 넘어갈 때까지 잠비아 고아들과 야구공을 주고받으며 놀았다. 나는 한 번에 한 명씩 내 글러브를 벗어주며 아이들에게 글러브를 끼는 방법과 사용법을 가르쳐 주었다. 아이들의 흥분된 표정을 보면서 내가 얼마나 야구를 사랑하는지 다시금 떠올렸다. 나는 야구를 하는 모든 순간마다 그런 사랑을 느끼는 것 같다. 내게 숨 쉬는 것처럼 당연한 뭔가를 아이들에게 가르친다는 건 정말 놀라운 경험이었다. 아이들이 야구를 배우는 모습을 지켜보는 기분은 정말 특별했다. 마치 내가 나만의 언어로 아이들에게 사랑을 전하는 느낌이었다. 갑자기 딱 이해가 되었다. 나는 하나님이 내게 주신 선물을 이용해서 이 아이들과 소통할 수 있다는 사실을 깨달았다. 하나님은 내게 아이들에게 새로운 세계와 내 열정인 야구를 알려줄 기회를 주고 계셨다. 내 글러브는 아이들의 고사리 손에 끼기에는 너무 컸지만, 아이들은 금방 요령을 터득했다. 내가 공을 언더핸드로 던져주면 아이들은 그 공을 받아서 오버핸드로 다시 내 쪽으로 던졌다. 우리가 방금 전에 보여준 시범을 그대로 따라 했다. 나는 아이들의 뛰어난 이해력에 깜짝 놀랐다. 아이들은 우리가 가르쳐 준 동작을 완벽하게 따라 했다. 해가 지평선 너머로 떨어지자 아이들은 하나둘씩 천천히 집으로 돌아갔다.

그 날 아프리카의 흙길 위에서 놀라운 일이 일어났다. 두 사람의 열정이 하나로 합쳐지는 광경이 펼쳐진 것이다. 엘런이 아프리카 한복판에 서 있는 동안 나는 아이들에게 야구를 가르치고 있었다. 엘런의 열정과 나의 열정이 만난 것이다. 나는 수년 동안 우리 두 사람의 열정이 너무 다르기 때문에 앞으로 영원히 만나는 지점이 없을 거라고 생각했었다. 1월의 석양이 지는 아프리카에서 그런 순간을 맞이할 거라고는 전혀 상상도 못했다. 우리 두 사람의 열정이 나란히 함께 한 것은 처음 있는 일이었다. 열정이 합쳐지면 강력한 힘을 낸다. 그 날 하나님은 엘런과 내가 평생 탐구해야 할 일이 무엇인지 그 힌트를 주셨다.

엘런과 나는 지금 아프리카에서 하나님의 사역에 동참하는 여러 방법을 찾고 있다. 그 중 하나는 바로 야구다. 우리는 '어라이즈 아프리카 Arise Africa'라는 복음 단체와 손잡고 '커쇼의 도전Kershaw's Challenge'이라는 잠비아 고아 후원 프로그램을 만들었다. 야구와 전도 활동을 합친 우리만의 독특한 후원 프로그램이다. 내가 시즌 중에 삼진을 하나 잡을 때마다 이 프로그램에 후원금이 적립된다. 어라이즈 아프리카는 우리가 사랑을 나눌 수 있는 아주 기분 좋은 계기가 되어주었다. 앞으로 고아들에게 집과 쉼터가 되어줄 수 있는 고아원을 설립하는 것이 우리의 목표다. 하나님이 허락하신다면, 우리는 호프를 기억하기 위해 이 고아원의 이름을 '호프의 집Hope's Home'이라고 지을 것이다. 우리는 호프와 비슷한 사연을 가진 아프리카 아이들에게 집이라고 부를 만한 장소를 제공해주고 싶다. 이것은 이루기 쉬운 목표가 아니다. 그러나 하나님은 이미 특별한 방식으로 우리에게 힘을 실어주셨다. 지금까지 많은 사람들이 우리의 노력에 동참했다. 텍사스 주에 있는 리틀 리그 및 고등학교 투수들도 삼진을 잡을 때마다 일정 금액을 기부하고 있다. 아프리카에 도움의 손길이 필요하다는 인식이 널리 퍼지고, 거기에 동참하는 사람들이 늘어나는 모습을 보니 가슴이 너무 벅차다. 엘런과 나는 지금 아프리카를 향한 큰 꿈을 공유하고 있다. 하나님께서 우리 두 사람의 열정을 사용하시어 하나님의 영광을 위해서 많은 일을 이루는 날이 오기를 우리는 손꼽아 기다리고 있다.

나는 잠비아에 내 파란색 야구 연습용 천을 일부러 두고 왔다. 다시 돌아오겠다는 내 의지의 표시였다. 우리 두 사람은 하나님이 시작하신 일에 계속 참여할 계획을 가지고 있다. 아프리카에서 할 일이 아직 많이 남아 있다. 먼저 나는 꼭 그 흙길을 다시 찾아갈 예정이다. 내가 야구 글러브 몇 개를 들고 거기에 다시 섰을 때, 그 어린 친구들이 다시 나와서 나와 야구를 할 수 있기를 희망한다. 이제 첫발을 떼었을 뿐이

다. 열정은 전혀 상상하지도 못했던 곳으로 우리를 데려다 주기도 한
다. 야구라는 나의 열정이 아프리카 한가운데 어느 긴 흙길로 나를 이
끌었던 것처럼 말이다.

앤 히긴보텀

2010년 12월 4일. 나는 클레이튼 커쇼와 함께 교회 입구에 서 있었다. 바로 내가 어렸을 때부터 다녔고, 결혼식도 올린 교회였다. 클레이튼과 나는 초조하게 중요한 순간을 함께 기다리고 있었다. 교회 복도 끝에서 내 동생이자 클레이튼의 아내인 엘런이 곧 걸어 나오기 직전이었다.

문이 열리자 엘런은 자신감 있고 환한 표정을 지었다. 클레이튼의 반응을 간혹 살피는 사람들을 제외하고는 모든 사람들이 엘런을 바라보았다. 나는 웨딩드레스 입은 엘런의 그 날 모습을 평생 잊지 못할 것 같다. 내가 친동생이나 다름없이 생각하는 클레이튼과 우리 엘런이 결혼을 하게 되다니! 게다가 나는 그 날 엘런의 들러리로 서는 영광까지 얻었다. 오랫동안 클레이튼은 우리 가족이나 다름없었다. 오늘부터 클레이튼은 우리의 '진짜' 가족이 되는 것이었다. 클레이튼과 엘런은 바늘과 실처럼 서로 잘 어울렸기 때문에 나는 두 사람에게 앞으로 대단한 일이 많이 일어날 거라는 예감을 받았다.

2009년 여름에 나는 엘런과 함께 아프리카로 갔다. 무엇이 그렇게까지 엘런의 마음을 사로잡았는지 직접 보고 싶었다. 나와 내 남동생 존은 엘런과 함께 잠비아의 루사카로 가는 비행기에 올랐다. 엘런이 우리 두 사람의 열성적인 가이드 역할을 했고, 우리는 곧 놀라운 장면을 목격했다. 잠비아 아이들이 엘런을 보자마자 벌떼처럼 엘런에게 몰려들었다. 아이들은 엘런을 향해 뛰고, 노래하고, 안기면서 엘런을 놓아주지 않았다. 엘런의 모습을 자꾸 들여다볼수록 엘런이 그동안 어떤 심정이었는지 그 깊은 속내를 이해할 수 있었다. 아프리카 아이들 때문에 마음이 찢어질 듯 아파하던 엘런은 그렇게 다시 기쁨을 되찾았다.

그 해 여름, 나는 엘런의 마음을 이해할 수 있는 놀라운 경험을 했다. 나는 태어나서 처음으로 하나님께서 잠비아 아이들을 구원하고 계신다는 사실을 이해할 수 있었다. 나는 우리가 뭔가 대단한 일을 앞에서 이끌고 있다는 강렬한 감정을 느꼈다. 나는 그렇게 엘런 덕분에 아프리카를 제대로 보는 눈이 생겼다.

언젠가 로스앤젤레스에 있는 엘런의 신혼집에 들른 적이 있다. 갓 결혼한 그들의 생활 속에서 나는 뭔가 특별한 점을 발견했다. 메이저리그 야구와 갖가지 오락거리로 휘황찬란한 로스앤젤레스에서 두 사람은 고향집에 있을 때처럼 아옹다옹하며 유쾌하게 지내는 것 같았다. 두 사람은 변한 게 아무 것도 없었다. 두 사람은 사람들 눈에 띄지 않는 곳에서 단순한 삶을 즐기며 살고 있었다.

나는 차를 타고 다저 스타디움으로 가면서 두 사람의 일상을 느낄 수 있는 쉽지 않은 기회를 얻었다. 차 창문을 내린 채 다저 스타디움으로 들어가던 두 사람은 경비실과 주차장 직원을 만날 때마다 반갑게 인사하며 그들의 이름을 불렀다. 엘런과 클레이튼은 직원 가족의 안부를 묻고, 다음 날 또 만나자는 인사와 함께 차를 몰고 그 자리를 떠났다. 이렇듯 이 부부에게는 사람이 중요하다. 나는 두 사람의 색다른 면을 볼 수 있어서 즐거웠다. 복잡하고 휘황찬란한 로스앤젤레스에서 두 사람은 기꺼이 조용하고 차분하게 사는 인생을 즐기고 있었다.

2011년 7월 어느 날 아침, 클레이튼에게서 전화가 왔다. 클레이튼은 먼저 전화를 늦게 해서 미안하다고 하면서, 이번 올스타전 휴식기 때 예전처럼 고향에 못 갈 것 같다고 말했다. 수화기를 들고 있던 나는 잠시 멈칫했다. 클레이튼은 계속해서 말을 이어갔고, 자기가 2011년 내셔널리그 올스타 팀에 뽑혔다는 소식을 전했다. 또 한 번 꿈이 현실이 되는 순간이었다. 우리 가족은 엘런과 클레이튼 부부와 그 기쁨을 함께 했다. 그 해 7월 중순에 클레이튼은 제82회 메이저리그 올스타전에 출전하기 위해 아리조나 피닉스로 날아갔다. 엘런과 클레이튼은 영광스러운 올스타전을 설레는 마음으로 기다렸다. 고향 텍사스에 있던 우리들은 TV를 보면서 클레이튼이 등판하기를 손꼽아 기다렸다. 5회 초, 드디어 클레이튼이 선수 대기석에서 나와 마운드에 올랐다. 클레이튼은 단 8개의 공으로 아메리칸 리그 타자들을 막아내고 5회를 마무리했다. 굉장히 짧은 순간이었지만, 클레이튼의 첫 올스타전 출전은 우리 가족 모두에게 영원히 기억에 남을 것 같다.

내 여동생 엘런과 클레이튼은 주목 받기를 바라본 적이 없다. 두 사람은 지금까지의 성공을 모두 하나님의 영광으로 돌린다. 두 사람의 이야기를 책으로 내자는 얘기가 나오자 엘런과 클레이튼은 망설였다. 두 사람은 재빨리 "우리 두 사람 이야기는 별로 할 게 없는데. 우리 이야기만 쓰는 거면 정말로 사양할래요"라고 말했다.

나는 두 사람에게 생각을 좀 달리해보라고 적극 권유했다. "혹시라도 하나님께서 두 사람이 책을 쓰길 바라진 않으실까? 아프리카에서 충실하게 사역하고 계신 하나님의 면모를 강조하는 책이면 어떨까? 게다가 책을 내서 젊은 친구들이 하나님 사랑을 깨닫는 계기가 될 수도 있다고." 두 사람은 결국 내 생각에 동의했다. 하지만 두 사람이 책을 내게 된 이유는 주목 받기 위해서가 아니라 오직 하나님의 면모를 부각시키기 위해서다.

하나님을 믿고 2011년 시즌에 전력을 다한 클레이튼에게 놀라운 일들이 벌어지기 시작했다. 클레이튼은 자신이 2011년 시즌에 선수로서 어떤 영광을 안게 될지 전혀 몰랐다. 혹시라도 그에게 2011년이 어땠냐고 묻는다면, 클레이튼은 분명 그 모든 영광을 하나님과 팀 동료들에게 돌릴 것이다. 2011년 시즌이 드디어 종료되고, 클레이튼은 투수 부문 '3관왕'의 영예를 안았다. 클레이튼은 그 해 내셔널리그에서 다승(21승), 방어율(2.28), 탈삼진(248개) 부문에서 모두 1위에 올랐다. 하지만 투수로서 생애 최고의 기록을 거두고 있는 와중에도 클레이튼은 절대 이런 기록에 대해서 언급하지 않았다. 클레이튼은 늘 그렇듯 열심히 노력하고, 자기가 사랑하는 야구를 즐겼다. 한편 클레이튼은 하나님이 주신 재능으로 자기가 사랑하는 야구를 하면서도 다른 사람을 도울 수 있다는 사실에 늘 감사해 했다. 나는 클레이튼이 너무 겸손하다고 늘 그를 놀리지만,

남을 돕는 일보다 하나님을 영광스럽게 하는 일은 아마 없을 것이다.

2011년 시즌이 끝나자 엘런과 클레이튼은 댈러스 고향으로 돌아왔지만, 좋은 소식은 끝이 없었다. 클레이튼은 그 해 오클라호마 스포츠박물관이 최고의 좌완 투수에게 주는 워런 스판상Warren Spahn Award을 받았다. 게다가 최고의 수비력을 보여준 선수에게 수여하는 '롤링스 골드 글러브Rawlings Gold Glove'도 수상했다. 클레이튼은 마운드에 서면 공을 잡아 타자들을 아웃시키려고 늘 뛰고 슬라이딩을 하고 몸을 던졌다. 가끔씩 타자가 친 공을 라인드라이브로 잡기도 했다. 우리 가족은 공을 잡으려고 몸을 사리지 않는 클레이튼의 모습에 움찔 놀라기도 했다. 엄청나게 지기 싫어하는 성격에 뭐든지 할 수 있다는 자신감이 그렇게 역동적인 수비 장면을 연출하는 것 같았다. 곡예에 가까운 클레이튼의 이런 수비 장면들이 당시 투표단의 마음을 사로잡지 않았을까 하는 생각이다.

1956년 이래로 메이저리그에서는 그 해의 최우수 투수에게 사이영상Cy Young Award을 수여하고 있다. 아메리칸리그와 내셔널리그별로 각각 한 명씩 수여하는 사이영상은 투수 최고의 영예다. 2011년 시즌 중에 우리는 클레이튼이 그 해 사이영상을 수상하게 될지도 모른다는 소문을 들었고, 시즌 막판에 그런 소문은 점점 더 퍼져갔다. 우리가 클레이튼에게 어떻게 된 일이냐고 물어보면, 클레이튼은 리그에 얼마나 뛰어난 투수들이 많은데 그런 소리를 하냐며 바로 말을 잘랐다. 그리고 나서 2011년 11월에 투표인단의 투표가 있었고, 클레이튼은 2011년 내셔널리그 사이영상 수상자로 선정되었다. 많은 사람들이 클레이튼이 상을 받을 만하다고 칭찬했지만, 클레이튼은 그 영예를 온전히 하나님께 돌렸다.

리그에서 인정을 받는 것도 좋은 일이지만, 클레이튼은 같은 프로 선수들로부터 인정받았을 때 더 크게 기뻐했다. 2011년에 클레이튼은 메이저리그 선수협회에서 선정하는 '최고 투수상'을 받았다. 같이 뛰는 선수들에게 인정을 받았다는 사실에 클레이튼은 이루 말할 수 없는 용기를 얻었다.

하나님의 축복은 각종 수상에만 그치지 않았다. '커쇼의 도전'에도 기쁜 소식이 날아들었다. 많은 기부자들의 뜻을 모아 기금을 마련한 클레이튼은 잠비아의 루사카에 '호프의 집' 공사를 시작했다. 클레이튼과 열정을 함께 나누게 된 엘런은 아프리카에서 소망하던 꿈을 이뤄가고 있다. 엘런과 클레이튼은 절실한 도움이 필요한 아프리카의 상황을 사람들에게 알리고, 더 많은 지원을 이끌어내기 위해 노력하고 있다. 아프리카의 상황은 아직도 열악하지만, 커쇼 부부는 그래도 희망을 말하고 있다. 이미 아프리카에서 사역하고 계시는 하나님께서 앞으로도 계속 잠비아를 비롯한 아프리카 대륙을 지켜주실 거라는 확신이 있기 때문이다. 이제 엘런과 클레이튼은 아프리카 어린이들의 밝은 미래를 상상하고 있다.

다가오는 1월에(2012년) 나는 두 사람과 함께 아프리카를 방문할 감사한 기회를 얻었다. 나는 그곳에서 호프를 만나고, 꿈이 실현되어 가고 있는 모습을 보게 될 것이다. '호프의 집'이 완공되면 잠비아 고아들의 쉼터가 될 예정이다. 우리는 많은 사람들이 아프리카를 방문해서 도움의 손길을 전달하기를 기도한다. 아프리카뿐만 아니라 복음을 전할 수 있는 곳 어디에서든 사람들의 따뜻한 마음이 필요하다.

젊은 커쇼 부부의 아름다운 이야기는 이제 시작일 뿐이다. 엘런과 클레이튼은 아주 특별한 열정을 서로 공유하고 있기 때문이다. 두 사람의 열정은 아주 어린 시절부터 시작되었고, 적당한 시기에 두 열정은 하나로 뭉쳐졌다. 그게 바로 하나님의 뜻이었다. 두 사람은 함께 성숙해 가면서, 하나님을 위한 삶을 사는데 서로가 서로에게 든든한 버팀목이 되어주고 있다. 어릴 때부터 같이 성장해온 두 사람은 이제 생각하지도 못하는 사이에 보석 같은 삶을 살고 있다. 이제 두 사람은 사람과 야구에서 큰 기쁨을 찾고, 아프리카 아이들의 심장 소리를 기억하며 하루하루를 보내고 있다.

앤 히긴보텀Ann Higginbottom은 텍사스 댈러스 출신으로 그곳에서 오빠, 남동생, 여동생과 함께 성장했다. 엘런의 언니이자 클레이튼의 처형인 앤은 독특한 시각으로 커쇼 부부가 이 책을 쓰는데 많은 도움을 주었다. 지금까지 클레이튼과 엘런이 함께 한 모든 시간들을 옆에서 지켜봐온 앤은 설레는 마음으로 이 책의 집필에 참여했다.

다저스 경기를 즐겨보는 앤은 2007년에 〈하나님의 작품The Work of the Lord: Seaside Reflections〉을 출간했다. 이 책에는 앤이 십대 때 가족들과 여름 휴가지로 자주 찾던 플로리다의 아멜리아Amelia 섬을 중심으로 찍은 사진들과 하나님에 대한 기도가 담겨 있다(더 자세한 정보는 www.workoftheLord.com에서 확인할 수 있다). 앤은 그밖에도 다양한 집필 활동과 여러 권의 책에 공저자로 참여하고 있다. 앤은 현재 남편 로비와 댈러스에서 가족, 친구들과 함께 즐거운 시간을 보내고 있으며, 주일마다 파크 시티 장로교회에서 예배를 드리고 있다.

| 감사의 말 |

우리 이야기를 그것도 책이라는 형태로 다른 사람들과 나누게 될 줄은 꿈에도 몰랐다. 하나님은 늘 우리를 놀라게 하시고, 배움의 기회를 주신다. 글을 써가면서 이 책은 우리 두 사람만의 이야기가 아니라는 사실을 깨달았다. 우리는 지금까지 살아오면서 인생의 중요한 순간마다 소중한 사람들을 만났다. 이 책에는 우리가 인생을 함께 한 모든 사람들에 관한 이야기가 들어 있다. 그래서 단순히 감사하다는 말로 우리의 마음을 전할 수 있을지 모르겠다. 우리는 이 책이 하나님의 은혜와 가족들의 사랑, 그리고 좋은 친구들의 이야기로 채워져서 큰 영광이라 생각한다. 그래서 이 책은 우리의 이야기일 뿐만 아니라, 바로 그들의 이야기이기도 하다.

먼저 앤에게 감사한 마음을 전하고 싶다. 앤이 없었다면 우리는 절대 이 책을 쓰는 용기를 내지 못했을 것이다. 앤 덕분에 우리는 하나님이 우리 인생에 늘 자리하고 계시다는 사실을 깨달았다. 앤은 지금까지 글쓰기로 많은 사람들의 마음을 감동시켰고, 앞으로 계속해서 하나님이 주신 그 재능을 십분 발휘할 것이다. 지금까지 우리의 멘토이자 인생의 동반자로 늘 우리의 이야기를 들어주고 아낌없는 격려를 보내준 앤에게 깊은 감사의 마음을 전한다.

친구들에게도 고마운 마음을 전하고 싶다. 친구들은 우리 두 사람의 시시콜콜한 이야기까지 다 알고 있는 사람들이다. 우리는 함께 자라면서 잊지 못할 소중한 추억들을 많이 만들었다. 우리와 함께 꿈을 꾸며 인생을 같이 해준 친구들에게 너무 감사하다. 친구들은 하나님께서 주신 큰 축복이다. 앞으로도 우리의 우정이 영원히 변하지 않기를! 또한 아프리카를 향한 우리의 꿈을 실현할 기회를 주신 LA 다저스 구단 관계자분들께도 특별히 감사한 마음을 전하고 싶다.

마지막으로, 우리 이야기의 핵심인 가족들에게 무한한 감사의 마음을 전한다. 가족들의 사랑으로 우리는 이 책을 한 장 한 장 써내려 갈 수 있었다. 이 책을 보는 가족들이 우리가 함께 한 추억을 떠올리며 웃고, 하나님께 더 많은 격려를 받을 수 있기를 바란다. 우리의 꿈이 불가능해 보이고, 그 꿈에 뛰어들기가 두려웠을 때에도 가족들은 늘 애정어린 말로 우리를 응원해 주었다. 우리 두 사람에게는 큰 꿈이 있다. 가족들의 사랑으로 우리는 그 꿈을 이룰 수 있다고 믿는다. 가족들과 함께 하는 인생은 하나님이 주신 가장 큰 선물이다.

클레이튼 커쇼 & 엘런 커쇼

"그깟 공놀이가 뭔데…" 라는 말이 있다. 연세 지긋한 어른들이 예전에 운동 경기를 낮추어 일컫던 말이다. '그깟 공놀이'에 불과했던 스포츠의 하나인 야구가 세상을 변화시키고 있다. 좀 과장되게 말한다면 2013년 한 해 동안 145g 야구공 하나 때문에 온 국민이 행복했다. 바로 LA 다저스 류현진 선수의 빼어난 활약 때문이다. 그의 선발 등판 경기는 온 국민의 관심을 받았고, 시청자들은 그의 투구 하나 하나를 숨죽여 지켜봤다. 또한 그가 승리를 거둘 때마다 마치 자기 일인냥 기뻐했다.

한국 프로야구 출신 선수로는 처음으로 미국 메이저리그로 직행한 그는 올해 4월 7일 피츠버그 파이어리츠를 상대로 거둔 첫 승을 시작으로 총 30경기에 등판해 14승 8패, 평균자책점 3.0이라는 놀라운 기록을 세웠다. 게다가 메이저리그 데뷔 첫 해에 한국 선수로는 처음으로 메이저리그 포스트시즌에서 첫 승을 따내는 기염을 토했다. 2013년 류현진 선수는 국민들의 관심과 사랑을 한 몸에 받았다. 하지만 일명 '괴물'로 불리는 류현진 선수보다 더 괴물 같은 실력을 가진 선수가 같은 팀에 있었으니, 그가 바로 클레이튼 커쇼다.

클레이튼 커쇼는 두 말 할 필요가 없는 메이저리그 정상급 투수다. 2011년 사이영상 수상자이기도 한 커쇼는 올 시즌 16승 9패 평균자책점 1.93에 무려 232개의 탈삼진을 잡아냈다. 커쇼는 빼어난 야구 실력만큼이나 야구에 임하는 자세와 훌륭한 성품으로도 인정받고 있다. 올 시즌 처음으로 커쇼와 같은 팀에서 한 솥밥을 먹게 된 류현진 선수는 커쇼를 야구 실력뿐만이 아니라 한 인간으로서 정말 배울 점이 많은 선수라고 여러 차례 인터뷰에서 극찬한 바 있다. 1988년생으로 올해 나이 25세에 불과한 커쇼가 이렇게 직업과 인생에서 모범적인 삶을 사는 배경은 어디에 있을까?

그 비밀은 그의 신앙생활에서 찾을 수 있다. 독실한 크리스천인 커쇼는 삶의 중심을 늘 하나님께 두고 살아가고 있다. 커쇼는 텍사스 댈러스 출신으로 어렸을 때부터 교회를 다니며 신앙심을 키워갔다. 커쇼가 고등학교 3학년 때 야구에 매진해서 메이저리그 신인 드래프트에 직행할 수 있었던 이유도 하나님에 대한 간절한 믿음 때문이었다. 커쇼는 고등학교에 진학해서도 자기가 야구로 대학에 갈 수 있을지 자기 실력에 대한 확신이 없었다. 하지만 고등학교 2학년 때, 골로새서 3장 23절 "무슨 일을 하든지 마음을 다하여 주께 하듯 하고 사람에게 하듯 하지 말라"는 구절을 읽고 크게 감명을 받은 클레이튼은 하나님께 모든 것을 맡기고 야구 실력을 키우기 위해 전력투구했다. 또한 경기 일정을 위해 수백 킬로미터씩 장거리 이동을 하면서 버스 바닥에서 쪽잠을 자던 마이너리그 시절에도 커쇼는 하나님에 대한 믿음으로 시련을 이겨냈다. 그렇게 하나님은 커쇼 인생에서 늘 든든한 후원자셨다.

커쇼 인생에서 또 다른 후원자는 바로 그의 아내 엘런이다. 천생연분인지 고등학교 동창생인 두 사람은 고등학교 1학년 때부터 데이트를 해서 7년간의 연애 끝에 2010년 12월 결혼에 골인했다. 커쇼와 함께 독실한 크리스천인 엘런은 2007년 6월에 아프리카의 잠비아에서 첫 선교 활동을 시작했다. 그때 잠비아 고아들에게 깊은 영감을 얻은 엘런은 아프리카 어린이들을 후원하기 위해 2011년부터 클레이튼과 함께 '커쇼의 도전'이라는 자선단체를 만들었다. 커쇼의 도전은 2011년 커쇼가 삼진을 잡을 때마다 100달러씩 기부한 모금 활동을 시작으로 2013년 현재까지 아프리카 어린이들을 위한 다양한 자선활동을 벌이고 있다.

과연 진정한 성공이란 무엇일까? 커쇼 부부의 모습을 보면서 다시 한 번 생각해본다. 물론 돈과 명예도 중요하다. 하지만 우리는 인생이라는 짧고도 긴 여정을 반드시 누군가와 함께 걸어가야 한다. 그리고 서로 도와야 인생이라는 가시밭길을 무사히 헤쳐나갈 수가 있다. 커쇼 부부는 아프리카 아이들을 돕기 위해 발 벗고 나섰고, 두 사람의 용기는 더 많은 사람들이 아프리카로 사랑의 손길을 보내는 계기가 되었다. 우리는 알게 모르게 서로 돕고 도우며 살아가고 있다. 자기가 사랑하는 일을 발견하고, 그 일에 최선을 다하며, 그 일을 통해서 다른 사람에게도 용기를 줄 수 있다면 그만큼 가치 있는 삶도 없을 것이다.

LA 다저스는 올 시즌 4년 만에 포스트시즌에 진출했지만, 아쉽게도 월드시리즈 문턱에서 탈락하고 말았다. 이미 진정한 성공의 의미를 알고 있는 '커쉬(커쇼의 애칭)'가 내년 시즌에는 '류뚱'과 함께 포스트시즌을 넘어 26년 만에 월드시리즈에서 활약하는 모습을 기대해 본다.

"많은 사람이 나를 지켜보는데 그들에게 신앙을 대놓고
전할 수는 없습니다. 그저 기독교인이 어떻게 사는가를
보여주려고 노력합니다." –커쇼

커쇼의 어라이즈

지은이 | 클레이튼 커쇼 · 엘런 커쇼
옮긴이 | 배충효
펴낸이 | 박영발
펴낸곳 | W미디어
등록 | 제2005-000030호
3쇄 발행 | 2014년 8월 8일
주소 | 서울 양천구 목동 907 현대월드타워 1905호
전화 | 02-6678-0708
e-메일 | wmedia@naver.com

ISBN 978-89-91761-69-8   03230
값 13,800원